Fenli Puxie Zhongguoshi Xiandaihua
Chongqing Pianzhang

奋力谱写中国式现代化

重庆篇章

中共重庆市委宣传部
重庆社会科学院 编著

人民出版社

目　录

前　言

党的二十大报告庄严宣告:"从现在起,中国共产党的中心任务就是团结带领全国各族人民全面建成社会主义现代化强国、实现第二个百年奋斗目标,以中国式现代化全面推进中华民族伟大复兴。"习近平总书记强调:"以中国式现代化全面推进强国建设、民族复兴伟业,是新时代新征程党和国家的中心任务,是新时代最大的政治。"① 在以习近平同志为核心的党中央坚强领导下,中国式现代化的壮阔图景正在神州大地展开。我们必须以"新时代最大的政治"的清醒坚定和使命担当,心无旁骛沿着习近平总书记指引的正确方向,沿着中国式现代化道路笃定前行,奋力谱写中国式现代化重庆篇章。

（一）新时代新征程赋予重庆新使命

重庆作为中西部地区唯一的直辖市、国家重要的中心城市、国家历史文化名城和国际性综合交通枢纽城市,在中国式现代化建设全局中具有独特而重要的作用。习近平总书记高度重视重庆发展,十分关怀重庆人民。党的十八大以来,习近平总书记先后三次亲临重庆考察

① 习近平:《在全国政协新年茶话会上的讲话》,《人民日报》2023 年 12 月 30 日。

指导，多次对重庆工作发表重要讲话、作出重要指示，四次向中国国际智能产业博览会致贺信，在重庆发展关键时刻和重要节点，为重庆攻坚克难昂扬向上、奋勇向前行稳致远指路引航、把脉定向，赋予重庆重要战略使命和发展任务。习近平总书记提出"两点"定位、"两地"①"两高"②目标、"三个作用"③和"四个扎实"等重要指示要求，指引重庆各项事业沿着正确政治方向阔步前进。2024年4月，在新中国成立75周年、西部大开发战略实施25周年的关键节点，习近平总书记时隔五年再次亲临重庆视察，对重庆工作成绩给予肯定勉励，赋予重庆打造新时代西部大开发重要战略支点、内陆开放综合枢纽"两大定位"，部署提出"四项任务"④，并就推动新时代西部大开发形成新格局明确"六个坚持"⑤重要要求，要求不断谱写中国式现代化重庆篇章。这些重要指示和重要要求，是习近平总书记立足新时代新征程党和国家事业发

---

① 2016年1月，习近平总书记视察重庆时，对重庆提出"两点"定位、"两地"目标、"四个扎实"重要要求。"两点"定位即重庆是西部大开发的重要战略支点，处在"一带一路"和长江经济带的联结点上；"两地"目标即要求重庆建设内陆开放高地、成为山清水秀美丽之地；"四个扎实"即"扎实贯彻新发展理念，扎实做好保障和改善民生工作，扎实做好深化改革工作，扎实落实'三严三实'要求"。

② 2018年3月，习近平总书记参加十三届全国人大一次会议重庆代表团审议时，希望重庆广大干部群众"努力推动高质量发展、创造高品质生活"。

③ 2019年4月，习近平总书记视察重庆时，要求重庆努力在推进新时代西部大开发中发挥支撑作用、在推进共建"一带一路"中发挥带动作用、在推进长江经济带绿色发展中发挥示范作用。

④ 2024年4月，习近平总书记视察重庆，在听取重庆市委和市政府工作汇报时，部署提出"四项任务"，要求重庆着力构建以先进制造业为骨干的现代化产业体系、全面深化改革扩大高水平对外开放、积极探索超大城市现代化治理新路子、大力推进城乡融合发展。

⑤ 2024年4月，习近平总书记在重庆主持召开新时代推动西部大开发座谈会上提出"六个坚持"，即坚持把发展特色优势产业作为主攻方向，坚持以高水平保护支撑高质量发展，坚持以大开放促进大开发，坚持统筹发展和安全，坚持推进新型城镇化和乡村全面振兴有机结合，坚持铸牢中华民族共同体意识。

展全局，着眼重庆特有优势和基础条件，对重庆提出的战略性全局性方向性目标要求，是对重庆发展统揽全局、引领未来的战略指引，标定了重庆在中国式现代化发展全局中的历史定位，指明了重庆在新时代新征程上的奋斗坐标，为新征程重庆推进中国式现代化市域实践提供了根本指引。

习近平总书记有号令、党中央有部署，重庆见行动。中共重庆市委坚持以习近平新时代中国特色社会主义思想为指引，按照党的二十大战略部署，全面落实习近平总书记对重庆所作系列重要讲话重要指示精神，自觉在中国式现代化宏大场景中，谋划和推进现代化新重庆建设。召开市委六届二次全会，系统全面谋划新时代新征程新重庆的宏伟蓝图，旗帜鲜明提出全面建设社会主义现代化新重庆"五个新"①奋斗目标，明确了中国式现代化重庆实践的路线图、时间表、任务书，推动全市上下为建设社会主义现代化新重庆而团结奋斗。召开市委六届三次全会，着眼加强党的全面领导、全面加强党的建设、深入推进全面从严治党，深化以党的自我革命引领社会革命的市域实践，持续修复净化政治生态，营造风清气正的干事创业氛围，加快建设新时代市域党建新高地，以高质量党建引领高质量发展，为新时代新征程全面建设社会主义现代化新重庆提供坚强保证。召开市委六届四次全会，深刻领会党中央关于党和国家机构改革的战略考量，全面部署深化机构改革任务，深入推进"三攻坚一盘活"②改革突破，为现

① 市委六届二次全会提出"五个新"奋斗目标，即在全面贯彻落实习近平总书记殷殷嘱托上取得新成效、在以中国式现代化全面推进中华民族伟大复兴进程中作出新贡献、在国家高质量发展版图中争创新地位、在满足人民群众幸福美好生活中增新感受、在深入推进新时代党的建设新的伟大工程中展现新气象。

② 市委六届四次全会提出深入推进"三攻坚一盘活"改革突破，即深入推进国有企业、园区开发区、政企分离改革攻坚，全力推动国有资产盘活。

代化新重庆建设破难题、为高质量发展增动力。召开市委六届五次全会，深入学习贯彻习近平总书记视察重庆重要讲话重要指示精神，明确"奋力谱写中国式现代化重庆篇章"是现代化新重庆建设的总纲领总遵循，把打造新时代西部大开发重要战略支点、内陆开放综合枢纽"两大定位"和建设具有全国影响力的重要经济中心、科技创新中心、改革开放新高地、高品质生活宜居地"两中心两地"作为战略支撑，以此统领重庆经济社会发展各项工作。这次全会，迭代升级现代化新重庆建设目标体系、工作体系，系统制定加快打造"六个区"①的施工图，全面部署推动成渝地区双城经济圈建设走深走实等重点任务，进一步完善了现代化新重庆建设的总体构架。召开市委六届六次全会，审议通过了《中共重庆市委关于深入学习贯彻党的二十届三中全会精神，加快建设全面深化改革先行区、奋力谱写中国式现代化重庆篇章的实施意见》，全面对标党的二十届三中全会部署，着重围绕落实习近平总书记赋予重庆的"两大定位"、发挥"三个作用"和市委六届五次全会明确的"六个区"建设任务，立足国家所需、重庆所能、群众所盼、未来所向，迭代升级改革体系构架，对进一步全面深化改革作出系统部署。全会紧扣"奋力谱写中国式现代化重庆篇章"总纲领总遵循，提出加快建设全面深化改革先行区这个主题主线，提出聚力打造 12 个方面标志性改革成果要求。广袤巴渝大地充分凝聚起全面学习、全面领会、全面贯彻习近平总书记重要讲话重要指示精神的政治共识、思想共识、行动共识。

---

① 即西部地区高质量发展先行区、内陆开放国际合作引领区、全面深化改革先行区、超大城市现代化治理示范区、城乡融合乡村振兴示范区、美丽中国先行区。

（二）两江潮涌千帆竞　巴山渝水气象新

　　党的二十大以来，重庆坚决落实党中央决策部署，主动服务国家战略，聚焦发挥"三个作用"，真抓实干、稳扎稳打，改革开放取得新进展，产业发展迈出新步伐，城乡融合发生新变化，生态文明呈现新面貌，民生福祉得到新改善，各方面工作取得新成绩。重庆唱好"双城记"，把推动成渝地区双城经济圈建设作为市委"一号工程"和全市工作总抓手总牵引，打造带动全国高质量发展的重要增长极和新的动力源；聚焦高质量发展，加快构建"33618"现代制造业集群体系①，培育发展新质生产力，现代化产业体系建设迈出坚实步伐；深化改革，扎实推进数字重庆建设和"三攻坚一盘活"改革突破，以数字化变革引领开创现代化新重庆建设新局面；崇尚创新，加快构建"416"科技创新战略布局，教育强市、科技强市和人才强市建设稳步推进；注重协调，大力推动以人为核心的新型城镇化，走好大城市带大农村大山区大库区的城乡融合发展之路，城乡融合发展新格局逐步形成；倡导绿色，加快建设人与自然和谐共生的美丽中国先行区，高水平建设美丽重庆全面开局起步；厚植开放，高水平建设西部陆海新通道，加快建设内陆开放新高地，更高水平开放型经济体系加快构建；推进共享，加大保障和改善民生力度，人民福祉持续增进，人民生活品质持续提升；加快建设文化强市，扎实推动以文化人、以文惠民、以文润城、以文兴业；建设平安重

---

① 即重庆市委六届二次全会在《深入推进新时代新征程新重庆制造业高质量发展行动方案（2023—2027年）》中提出的制造业发展规划。在内容中提出聚力打造3大万亿级主导产业集群，升级打造3大五千亿级支柱产业集群，创新打造6大千亿级特色优势产业集群，培育壮大18个"新星"产业集群。

庆，全力打造更高水平的平安中国建设西部先行区，以高水平安全保障现代化新重庆建设；坚持党建统领，着力打造新时代"红岩先锋"变革型组织，加快建设新时代市域党建新高地。现代化新重庆建设迈出坚实步伐，巴渝大地在时代大潮中焕发出蓬勃的生机与活力。

我们深刻认识到，重庆各项成绩的取得，根本在于习近平总书记领航掌舵，是以习近平同志为核心的党中央坚强领导的结果，是习近平新时代中国特色社会主义思想科学指引的结果，是习近平总书记亲切关怀、悉心指导的结果。不断谱写中国式现代化重庆篇章，就是要在坚决拥护"两个确立"、坚决做到"两个维护"上思想更加坚定、行动更加自觉，始终同以习近平同志为核心的党中央保持高度一致；就是要在引领西部服务大局上展现更大担当、作出更大贡献，全面提高以一域服务西部、服务全国大局的能力和贡献度；就是要在服务和融入新发展格局推动高质量发展上当好排头兵、争创新地位，不断跑出经济社会发展新速度，积累整体跃升加速度，在国家高质量发展版图中跨越赶超、争先进位；就是要在进一步全面深化改革扩大高水平对外开放上敢为人先、开拓新局，紧盯重点领域关键环节打造标志性改革成果，紧盯向西向南开放打造标志性开放成果，勇当内陆省份改革开放探路先锋；就是要在积极探索超大城市现代化治理新路子上走在前列、引领示范，践行人民城市理念，加快打造引领数字文明新时代的市域范例；就是要在创造高品质生活增进民生福祉上取得更大进展、迈上更高台阶，牢记"中国式现代化，民生为大"，投入更多财力物力滚动办好可感可及民生实事，让人民群众高品质生活获得感成色更足、幸福感更可持续、安全感更有保障、认同感更加强烈；就是要在全面从严治党提高党的领导力组织力上展现更新气象、实现更大突破，健全政治铸魂体系，完善抓党建带全局工作体系，巩固拓展政治生态向好态势，坚定不移正风肃纪反腐，确保管党治党在现代化新重庆建设全局中始终居于统揽地位、发挥关键作用。

（三）新使命呼唤新担当　新篇章期待新作为

中共重庆市委将牢记重托、感恩奋进，锚定目标、埋头苦干，以更高站位、更高目标、更大格局，聚焦"两大定位"和"两中心两地"，重点发挥"三个关键支撑"①和"六个示范引领"②作用，加快建设"九大关键枢纽"③，重点打造"六区一高地"，奋力谱写中国式现代化重庆篇章。加快建设西部地区高质量发展先行区，唱好新时代西部"双城记"，加快构建现代化产业体系，强化科技创新和产业创新深度融合，主动承接国家战略腹地建设重大任务，在全国高质量发展版图中争创新地位。加快建设内陆开放国际合作引领区，更好发挥重庆承东启西、通江达海的关键枢纽作用，加快构建通道、物流、产业融合互促高质高效发展新机制，积极探索陆上贸易新规则体系，为国家向西向南全方位高水平对外开放作出新贡献。加快建设全面深化改革先行区，积极探索首创

---

① 即在打造西部地区高质量发展增长极动力源上发挥关键支撑作用，在构建内陆高水平开放新格局上发挥关键支撑作用，在建设国家战略腹地上发挥关键支撑作用。

② 即在构建现代化产业体系因地制宜发展新质生产力上发挥示范引领作用，在抓实大保护筑牢长江上游重要生态屏障上发挥示范引领作用，在绿色低碳发展体制机制创新上发挥示范引领作用，在推动区域协调城乡融合发展、促进乡村全面振兴上发挥示范引领作用，在全面深化改革激发活力动力上发挥示范引领作用，在探索超大城市高品质生活高效能治理上发挥示范引领作用。

③ 即创新引领的制度型开放枢纽，链接全球的门户型交通枢纽，陆海并济的综合物流枢纽，双向开放的国际经贸枢纽，内外联动的产业链供应链枢纽，高能聚合的科技创新成果转化枢纽，绿色高效的新型能源算力枢纽，高端资源要素配置枢纽，开放多元的国际交往枢纽。

性、差别化改革，如期高质量完成"三攻坚一盘活"改革突破任务，以超常规举措培育壮大民营经济，在以改革攻坚激发发展活力内生动力上作出新示范。加快建设超大城市现代化治理示范区，加快提升数字化城市运行和治理中心实战能力，健全完善"大综合一体化"城市综合治理体制机制，全面推进韧性城市建设，提高城市基层精细化治理、精准化服务水平，加强城市文明建设，在数字赋能提升超大城市治理现代化水平上创造新经验。加快建设城乡融合乡村振兴示范区，以主城都市区为龙头、以区县城和中心镇为重要载体全面推进新型城镇化，精准发力推动乡村全面振兴，持续增进民生福祉，在城乡互促共同繁荣上实现新突破。加快建设美丽中国先行区，持续打好污染防治攻坚战，加强生态系统修复和生物多样性保护，深入实施绿色低碳转型行动，在维护长江生态安全上展现新作为。毫不放松坚持党的领导、加强党的建设，以高质量党建确保习近平总书记殷殷嘱托一贯到底。

沧海横流显砥柱，万山磅礴看主峰。新征程上，我们将更加紧密地团结在以习近平同志为核心的党中央周围，牢记重托、勇担使命、久久为功、坚毅前行，坚定不移沿着习近平总书记指引的正确政治方向前进，奋力打造新时代西部大开发重要战略支点、内陆开放综合枢纽，在发挥"三个作用"上展现更大作为，奋力谱写中国式现代化重庆篇章，全力推动习近平总书记殷殷嘱托和党中央决策部署在重庆落地生根、开花结果，为强国建设、民族复兴伟业作出新的更大贡献！

一、思想领航风帆劲 踔厉奋发新征程

重庆，这个山环水绕、江峡相拥的山清水秀美丽之地，历经三次定都、四次筑城，是拥有悠久历史文化传统和深厚人文精神积淀的名城，也是有着丰富红色资源和光荣革命传统的英雄之城。党中央对重庆这座我国最年轻的直辖市高度重视，关怀备至。

党的十八大以来，习近平总书记先后三次亲临重庆视察，多次对重庆工作发表重要讲话、作出重要指示，为重庆领航指路、把脉定向，是重庆攻坚克难、团结奋斗，创造新的时代业绩的光辉指引。

党的二十大明确了以中国式现代化全面推进中华民族伟大复兴的中心任务，发出了强国建设、民族复兴的总动员令。为更好肩负伟大历史使命，重庆这座历史文化悠久且充满时代气息的魅力之城，必须立足中国式现代化宏大场景，牢记嘱托、感恩奋进，坚定沿着习近平总书记指引的方向，以一往无前的奋斗姿态和永不懈怠的精神状态，顽强拼搏、唯实争先，奋力谱写中国式现代化重庆篇章。

（一）坚定不移沿着习近平总书记指引的方向前进

习近平总书记在党的二十大报告中，全面系统阐述了中国式现代化的领导力量、中国特色、本质要求、重大原则，以及全面建成社会主义

现代化强国的战略安排和目标任务，并在之后多次就中国式现代化一系列重大理论和实践问题进行深刻阐释，极大丰富和深化了我们党对中国式现代化的认识。习近平总书记关于中国式现代化的重要论述，使中国式现代化前进的方向和道路更加清晰、更加科学、更加可感可行，为推进和拓展中国式现代化提供了理论指引和根本遵循。

1. 中国式现代化是强国建设、民族复兴的康庄大道

一个国家选择什么样的现代化道路，是由其历史传统、社会制度、发展条件、外部环境等诸多因素共同决定的。国情不同，现代化途径也会不同。习近平总书记强调："一个国家走向现代化，既要遵循现代化一般规律，更要符合本国实际，具有本国特色。"① 中国式现代化既有各国现代化的共同特征，更有基于自己国情的鲜明特色。党的二十大报告明确指出，中国式现代化是人口规模巨大的现代化、全体人民共同富裕的现代化、物质文明和精神文明相协调的现代化、人与自然和谐共生的现代化、走和平发展道路的现代化，深刻揭示了中国式现代化的中国特色和科学内涵。这既是理论概括，也是实践要求，为全面建成社会主义现代化强国、实现中华民族伟大复兴指明了一条康庄大道。

新时代新征程，中国共产党的中心任务就是团结带领全国各族人民全面建成社会主义现代化强国、实现第二个百年奋斗目标，以中国式现代化全面推进中华民族伟大复兴。以中国式现代化全面推进强国建设、民族复兴伟业，既是中国人民追求美好幸福生活的光明之路，也是促进世界和平发展的正义之路。实践表明，中国式现代化新道路越走越宽

---

① 《习近平在学习贯彻党的二十大精神研讨班开班式上发表重要讲话强调　正确理解和大力推进中国式现代化》，《人民日报》2023 年 2 月 8 日。

广，将更好发展自身、造福世界。我们要始终坚持把国家和民族发展在自己力量的基点上，把中国发展进步的命运牢牢掌握在自己手中，坚定历史自信，增强历史主动，守正创新、开拓奋进，创造新时代中国特色社会主义事业新辉煌。

2. 聚焦经济建设中心工作和高质量发展首要任务

习近平总书记在党的二十大报告中强调，高质量发展是全面建设社会主义现代化国家的首要任务。发展是党执政兴国的第一要务。没有坚实的物质技术基础，就不可能全面建成社会主义现代化强国。新时代新征程，我国经济已由高速增长阶段转向高质量发展阶段，经济社会发展必须以推动高质量发展为主题。推动高质量发展是完整、准确、全面贯彻新发展理念的必然要求，是遵循经济发展规律、保持经济持续健康发展的必然要求，是适应我国社会主要矛盾变化、解决发展不平衡不充分问题的必然要求，是有效防范化解各种重大风险挑战、以中国式现代化全面推进中华民族伟大复兴的必然要求。

强国建设、民族复兴新征程上，必须在以习近平同志为核心的党中央坚强领导下，团结带领广大人民群众，聚焦经济建设这一中心工作和高质量发展这一首要任务，咬定青山不放松，坚定不移把中国式现代化宏伟蓝图一步步变成美好现实。要把坚持高质量发展作为新时代的硬道理，完整、准确、全面贯彻新发展理念，推动经济实现质的有效提升和量的合理增长。要坚持创新、协调、绿色、开放、共享的内在统一来把握发展、衡量发展、推动发展，始终坚持质量第一、效益优先，大力增强质量意识，视质量为生命，以高质量为追求。中国式现代化必须坚持把发展经济的着力点放在实体经济上，加快建设以实体经济为支撑的现代化产业体系，以科技创新为引领，要向"新"而行、向"质"而进、向"实"发力，聚力自主创新、原始创新，推进高水平科技自立自强，加快推动新质生产力发展。要统筹兼顾、系统谋划、整体推进，正确处理好顶层设计与实践探索、战略与策略、守正与创新、效率与公平、活力与秩序、自立自强与对外开放等一系列重大关系。

3. 亿万人民是推进中国式现代化的根本力量

马克思、恩格斯在《共产党宣言》中指出："过去的一切运动都是少数人的，或者为少数人谋利益的运动。无产阶级的运动是绝大多数人的，为绝大多数人谋利益的独立的运动。"[①]毛泽东指出："人民，只有人民，才是创造世界历史的动力。"[②]习近平总书记强调，"江山就是人民，人民就是江山"[③]，"全面建成社会主义现代化强国，人民是决定性力量"[④]，"要始终把人民放在心中最高的位置"[⑤]，"我们党来自人民、植根人民、服务人民，党的根基在人民、血脉在人民、力量在人民"[⑥]。中国式现代化是亿万人民自己的事业，人民是中国式现代化的主体。只有坚持人民至上，坚持以人民为中心，紧紧依靠人民，尊重人民的首创精神，汇集全体人民的智慧和力量，才能推动中国式现代化不断向前发展。

新征程上，我们要坚持和贯彻好党的群众路线，想问题、作决策、办事情注重把准人民脉搏、回应人民关切、体现人民愿望、增进人民福

---

① 《马克思恩格斯选集》第一卷，人民出版社 2012 年版，第 411 页。
② 《毛泽东选集》第三卷，人民出版社 1991 年版，第 1031 页。
③ 《习近平著作选读》第一卷，人民出版社 2023 年版，第 38 页。
④ 习近平：《在第十四届全国人民代表大会第一次会议上的讲话》，人民出版社 2023 年版，第 3 页。
⑤ 《习近平著作选读》第一卷，人民出版社 2023 年版，第 222 页。
⑥ 《习近平著作选读》第一卷，人民出版社 2023 年版，第 123 页。

祉，努力使党的理论和路线方针政策得到人民群众衷心拥护。坚持把人民对美好生活的向往作为奋斗目标，扎实保障和改善民生，着力解决人民急难愁盼问题，努力让中国式现代化建设成果更多更公平惠及全体人民。深入发展全过程人民民主，确保人民依法通过各种途径和形式管理国家事务、管理经济和文化事业、管理社会事务，以主人翁精神满怀热忱地投入到现代化建设中来。以中国式现代化的美好愿景激励人、鼓舞人、感召人，有效促进各种社会关系和谐，促进海内外中华儿女团结奋斗，凝聚起全面建设社会主义现代化国家的磅礴伟力。

4. 坚持加强党的全面领导和党中央集中统一领导

"办好中国的事情，关键在党。"① 党政军民学，东西南北中，党是领导一切的。这是党领导人民进行革命、建设、改革最宝贵的经验。习近平总书记指出，"中国式现代化，是中国共产党领导的社会主义现代化"②，"党的领导直接关系中国式现代化的根本方向、前途命运、最终成败"③。党的领导决定中国式现代化的根本性质，确保中国式现代化锚定奋斗目标行稳致远，激发建设中国式现代化的强劲动力，凝聚建设中国式现代化的磅礴力量。坚持中国共产党领导，是中国式现代化最鲜明的特征和最突出的优势，是推进中国式现代化必须坚持的最高政治原则。

推进中国式现代化，必须坚持和加强党的全面领导。要健全总揽全局、协调各方的党的领导制度体系，完善习近平总书记重要指示批示精神和党中央重大决策部署闭环落实机制，坚定不移把党中央集中统一领

---

① 习近平：《在庆祝中国共产党成立 100 周年大会上的讲话》，人民出版社 2021 年版，第 10 页。
② 《习近平著作选读》第一卷，人民出版社 2023 年版，第 18 页。
③ 习近平：《中国式现代化是中国共产党领导的社会主义现代化》，《求是》2023 年第 11 期。

导贯彻落实到中国式现代化的各方面、全过程。要深刻领悟"两个确立"的决定性意义，切实增强"四个意识"、坚定"四个自信"、做到"两个维护"，不断提高政治判断力、政治领悟力、政治执行力，在思想上政治上行动上同以习近平同志为核心的党中央保持高度一致。坚持不懈用习近平新时代中国特色社会主义思想武装头脑、指导实践、推动工作。要全面系统把握习近平新时代中国特色社会主义思想的世界观和方法论，深切感悟新时代党的创新理论的强大真理力量和实践伟力，不断增进政治认同、思想认同、理论认同、情感认同，坚决做到内化于心、外化于行。要深刻理解中国式现代化是我们党领导全国各族人民在长期探索和实践中历经千辛万苦、付出巨大代价取得的重大成果，始终把党的领导与中国式现代化的根本方向、前途命运、最终成败联系在一起，在推进中国式现代化的实践中坚持和加强党中央集中统一领导，始终坚持党在中国式现代化建设中的领导地位。

（二）始终牢记习近平总书记殷殷嘱托

一直以来，习近平总书记对重庆发展高度重视，多次对重庆工作发表重要讲话、作出重要指示。习近平总书记对重庆人民时刻牵挂、亲切关怀，对重庆发展念兹在兹、寄予厚望，针对重庆工作作出的重要指示要求，是对重庆改革开放和现代化建设领航掌舵、高瞻远瞩的发展谋划，是做好重庆一切工作的根本遵循和行动指南。

1. 习近平总书记对重庆的亲切关怀和殷切期望

习近平总书记对重庆人民时刻牵挂。2004 年，时任浙江省委书记的习近平同志就曾亲临重庆，深入三峡库区开展对口支援工作。

党的十八大以来，习近平总书记先后三次亲临重庆视察，参加全国人大会议重庆代表团审议，四次致信中国国际智能产业博览会，多次对重庆工作发表重要讲话、作出重要指示，殷殷嘱托、谆谆教诲，暖人心田、催人奋进，传递着人民领袖深切的为民情怀，饱含着对重庆的殷切期望、深切大爱，不断激扬起巴渝儿女奔跑逐梦的无限豪情和澎湃动力。

习近平总书记的关心厚爱令我们感到无限温暖、无比振奋，习近平总书记的殷切期望让我们倍感责任重大、使命在肩。

（1）深深足迹

第一次：2016 年岁首

1 月 4 日至 6 日，新年刚过，习近平总书记首次国内视察就选择了重庆，调研地方落实新发展理念的进展情况，重点视察了果园港以及位于两江新区水土新城的京东方等企业，听取了市委、市政府的工作汇报，为国家"十三五"发展进行谋篇定调。

视察过程中，习近平总书记特别强调要贯彻好新发展理念，指出"新发展理念就是指挥棒、红绿灯"①，必须"崇尚创新、注重协调、倡导绿色、厚植开放、推进共享"②，努力提高统筹贯彻新发展理念的能力和水平。习近平总书记深刻阐释了新发展理念的内在关系，指出新发展理念是不可分割的整体，相互联系、相互贯通、相互促进。同时强调创新作为企业发展和市场制胜的关键，核心技术不是别人赐予的，不能只是跟着别人走，而必须自强奋斗、敢于突破；要促进城乡区域协调发

---

① 习近平：《论把握新发展阶段、贯彻新发展理念、构建新发展格局》，中央文献出版社 2021 年版，第 111 页。

② 习近平：《论把握新发展阶段、贯彻新发展理念、构建新发展格局》，中央文献出版社 2021 年版，第 104 页。

展；要求重庆完善各个开放平台，建设内陆国际物流枢纽和口岸高地，建设内陆开放高地。要把具有标志性、引领性、支柱性的改革任务牢牢抓在手上，主动出击、贴身紧逼、精准发力。在整个发展过程中，都要注重民生、保障民生、改善民生，让改革发展成果更多更公平惠及广大人民群众，使人民群众在共建共享发展中有更多获得感。[①] 习近平总书记在渝调研期间的一系列重要论述，进一步丰富拓展了五大发展理念的深刻内涵，既是对重庆发展的精准导航定向，也是对国家发展的深远擘画布局。

习近平总书记在渝主持召开推动长江经济带发展座谈会并发表重要讲话，拉开了推动长江经济带高质量发展的大幕。他强调，"要把修复长江生态环境摆在压倒性位置，共抓大保护，不搞大开发"，"推动长江经济带发展必须从中华民族长远利益考虑，走生态优先、绿色发展之路"。[②] 贯彻落实习近平总书记重要讲话精神，长江，这条通江达海、孕育出灿烂中华文明的母亲河，由此焕发出新的蓬勃生机。

第二次：2019 年春夏之交

迟日江山丽，春风花草香。4 月 15 日至 17 日，习近平总书记又一次亲临重庆视察指导工作，飞机、火车、汽车，连续换乘三种交通方式，一路风尘，不辞辛劳，历经 7 个小时，赴石柱县中益乡华溪村进行扶贫视察，看望贫困家庭和基层干部群众。习近平总书记说，"脱贫攻坚是我心里最牵挂的一件大事"，"全面小康路上一个也不能少。发展才

---

① 《习近平在重庆调研时强调　落实创新协调绿色开放共享发展理念　确保如期实现全面建成小康社会目标》，《人民日报》2016 年 1 月 7 日。

② 《习近平在推动长江经济带发展座谈会上强调　走生态优先绿色发展之路　让中华民族母亲河永葆生机活力》，《人民日报》2016 年 1 月 8 日。

是社会主义，发展必须致力于共同富裕"。① 让各族人民群众都过上好日子，这是习近平总书记的最大期待与心愿，这是人民领袖心中最深情的惦念与牵挂。习近平总书记不仅深入重庆边远山区，更是在七年之间踏遍全国贫困地区，用脚步丈量老百姓脱贫致富历程，亲自指挥打赢了这场举世瞩目、世所罕见的精准脱贫攻坚战。

其间，习近平总书记专门听取市委、市政府工作汇报，从战略和全局的高度为重庆发展导航定向，提出了"更加注重从全局谋划一域、以一域服务全局"、发挥"三个作用"等重要要求。在渝主持召开了解决"两不愁三保障"突出问题座谈会并发表重要讲话。②

这次视察是在全市上下喜迎新中国成立 70 周年之际、西部大开发战略实施 20 周年之际、决战决胜脱贫攻坚关键时刻开展的，也是在重庆政治生态持续向好、干部群众精神状态积极向上、经济社会发展各项事业稳步向前，但同时面临经济下行压力较大、转型升级任务艰巨等风险挑战的大背景下进行的。习近平总书记亲临重庆视察指导工作，给予重庆干部群众巨大鼓舞和信心，对推动重庆发展具有重大的现实意义和深远的历史意义。

放眼国家重大战略决策，这一年正值谋划新一轮西部大开发。2019年 3 月 19 日，中央全面深化改革委员会第七次会议审议通过了《关于新时代推进西部大开发形成新格局的指导意见》。正是在这一重要历史时期，习近平总书记亲自谋划和推动新时代西部大开发形成新格局，要求重庆在

---

① 《习近平在重庆考察并主持召开解决"两不愁三保障"突出问题座谈会时强调　统一思想一鼓作气顽强作战越战越勇　着力解决"两不愁三保障"突出问题》，《人民日报》2019 年 4 月 18 日。

② 《习近平在重庆考察并主持召开解决"两不愁三保障"突出问题座谈会时强调　统一思想一鼓作气顽强作战越战越勇　着力解决"两不愁三保障"突出问题》，《人民日报》2019 年 4 月 18 日。

推进西部大开发形成新格局中展现新作为、实现新突破，向全党和全国人民发出进军新时代西部大开发的总动员令。这不仅为重庆发展指明了方向，而且对于国家发展具有极为重要的指导作用。习近平总书记强调，要"更加注重抓好大保护""更加注重抓好大开放""更加注重推动高质量发展"。①"三个更加注重"指明了新时代西部大开发的前进方向，也寄予了重庆"努力在推进新时代西部大开发中发挥支撑作用"②的殷切期盼。

第三次：2024年暮春初夏之际

又是一年春好处，恰似相逢花盛开。4月22日至24日，习近平总书记第三次亲临重庆，深入物流园区、城市社区、数字化城市运行和治理中心等视察调研。

习近平总书记视察重庆国际物流枢纽园区时强调，物流是实体经济的"筋络"。建设成渝地区双城经济圈是党中央作出的重大战略决策。重庆、四川两地要紧密合作，不断提升发展能级，共同唱好新时代西部"双城记"。

视察重庆市九龙坡区谢家湾街道民主村社区时指出，老旧小区改造是城市更新的一个重点，也是一项民生工程。中国式现代化，民生为大。党和政府的一切工作，都是为了老百姓过上更加幸福的生活。

视察重庆市数字化城市运行和治理中心时强调指出，治理体系和治理能力现代化是中国式现代化的应有之义。希望重庆不断探索，积累新的经验。

---

① 《习近平主持召开中央全面深化改革委员会第七次会议强调　把稳方向突出实效全力攻坚　坚定不移推动落实重大改革举措》，《人民日报》2019年3月20日。
② 《习近平在重庆考察并主持召开解决"两不愁三保障"突出问题座谈会时强调　统一思想一鼓作气顽强作战越战越勇　着力解决"两不愁三保障"突出问题》，《人民日报》2019年4月18日。

习近平总书记在听取重庆市委和市政府工作汇报时，对重庆各项工作取得的成绩给予"六个新"的肯定勉励，赋予重庆打造新时代西部大开发重要战略支点、内陆开放综合枢纽"两大定位"，部署提出"四项任务"。他强调指出，重庆制造业基础较好，科教人才资源丰富，要着力构建以先进制造业为骨干的现代化产业体系，因地制宜发展新质生产力，积极推进成渝地区双城经济圈建设，大力推动绿色发展，建设美丽重庆，筑牢长江上游重要生态屏障。要以敢为人先的勇气，全面深化改革，扩大高水平对外开放。要深入践行人民城市理念，积极探索超大城市现代化治理新路子，大力推进城乡融合发展，毫不放松坚持党的领导、加强党的建设。①

4月23日下午，习近平总书记在重庆主持召开新时代推动西部大开发座谈会，强调要一以贯之抓好党中央推动西部大开发政策举措的贯彻落实，进一步形成大保护、大开放、高质量发展新格局，明确提出了"六个坚持"重要要求。这是党的十八大后，首次召开西部大开发主题的座谈会，也是党的二十大后第八次召开区域协调发展的专题会议。大漠戈壁、雪域高原、巍巍群山、滚滚江河……长久以来，对占我国国土面积七成多的西部地区，习近平总书记倾注了许多心血，饱含着深厚的感情与殷切的期望。

在新中国成立75周年、西部大开发战略实施25周年的关键节点，习近平总书记亲临重庆视察，发表重要讲话，赋予重庆新定位新使命新任务，明确了新征程上重庆"干什么、怎么干"，为谱写中国式现代化重庆篇章指明了前进方向、提供了根本遵循。这是重庆发展历程中极

---

① 《习近平在重庆考察时强调　进一步全面深化改革开放　不断谱写中国式现代化重庆篇章》，《人民日报》2024年4月25日。

具历史性、标志性、里程碑意义的大事要事、喜事盛事，充分彰显了习近平总书记对重庆一以贯之的关心厚爱，为重庆带来了乘势而上跨越发展的重大历史性机遇。我们要心怀"国之大者"，着眼大局、服务大局，放大国家战略叠加、城市规模、产业基础、交通枢纽、人文生态、创业成本、创新潜力等比较优势，将其转化为发展胜势，更好引领西部地区现代化，全面提高服务大局的能力和贡献度。

（2）谆谆教导

——多次对重庆发表重要讲话

2016年1月，习近平总书记亲临重庆视察，对重庆发表重要讲话。他指出，新的发展理念就是指挥棒，要坚决贯彻。重庆集大城市、大农村、大山区、大库区于一体，协调发展任务繁重。要促进城乡区域协调发展，促进新型工业化、信息化、城镇化、农业现代化同步发展，在加强薄弱领域中增强发展后劲，着力形成平衡发展结构，不断增强发展整体性。保护好三峡库区和长江母亲河，事关重庆长远发展，事关国家发展全局。要深入实施"蓝天、碧水、宁静、绿地、田园"环保行动，建设长江上游重要生态屏障，推动城乡自然资本加快增值，使重庆成为山清水秀美丽之地。①

2018年3月10日，习近平总书记参加十三届全国人大一次会议重庆代表团审议时发表重要讲话，强调重庆要"加快建设内陆开放高地、山清水秀美丽之地，努力推动高质量发展、创造高品质生活"，"抓住'关键少数'……形成'头雁效应'"，② 推动构建良好政治生态。让既定

---

① 《习近平在重庆调研时强调　落实创新协调绿色开放共享发展理念　确保如期实现全面建成小康社会目标》，《人民日报》2016年1月7日。

② 《习近平李克强栗战书赵乐际分别参加全国人大会议一些代表团审议》，《人民日报》2018年3月11日。

的行动纲领、战略决策、工作部署兑现，既是习近平总书记的明确要求，也是重庆的庄严承诺。

2019 年 4 月，习近平总书记再次亲临重庆视察并发表重要讲话，强调重庆要切实打好脱贫攻坚战，发挥"三个作用"，即"努力在推进新时代西部大开发中发挥支撑作用、在推进共建'一带一路'中发挥带动作用、在推进长江经济带绿色发展中发挥示范作用"，"更加注重从全局谋划一域、以一域服务全局"。同时指出要围绕中国共产党为什么"能"、马克思主义为什么"行"、中国特色社会主义为什么"好"等重大问题，广泛开展宣传教育，加强思想舆论引导。①

2020 年 1 月 3 日，习近平总书记在中央财经委员会第六次会议上发表关于推动成渝地区双城经济圈建设的重要讲话，深刻阐明了推动成渝地区双城经济圈建设的重大意义、总体思路、基本要求和重点工作，既是"总蓝图"又是"施工图"，锚定了成渝地区未来发展的坐标方位。习近平总书记重要讲话的发表时间，时值新时代推进西部大开发形成新格局的第一年，又是我国即将全面建成小康社会、实现第一个百年奋斗目标，乘势而上开启全面建设社会主义现代化国家新征程、向第二个百年奋斗目标进军的重要时间节点，更加凸显出重大战略意义。

2020 年 10 月 16 日，习近平总书记主持中共中央政治局会议，审议《成渝地区双城经济圈建设规划纲要》。会议指出，推动成渝地区双城经济圈建设，有利于形成优势互补、高质量发展的区域经济布局，有利于拓展市场空间、优化和稳定产业链供应链，是构建以国内大循环为主体、国内国际双循环相互促进的新发展格局的一项重大举措。会议强

---

① 《习近平在重庆考察并主持召开解决"两不愁三保障"突出问题座谈会时强调　统一思想一鼓作气顽强作战越战越勇　着力解决"两不愁三保障"突出问题》，《人民日报》2019 年 4 月 18 日。

调，要全面落实党中央决策部署，突出重庆、成都两个中心城市的协同带动，注重体现区域优势和特色，使成渝地区成为具有全国影响力的重要经济中心、科技创新中心、改革开放新高地、高品质生活宜居地。会议对成渝地区提出了"两中心两地"的战略定位，赋予了成渝地区双城经济圈打造带动全国高质量发展的重要增长极和新的动力源的使命任务。①

2024年4月22日至23日，习近平总书记第三次亲临重庆视察并发表重要讲话，强调建设西部陆海新通道，对于推动形成"陆海内外联动、东西双向互济"的对外开放格局具有重要意义。各有关方面要齐心协力，把这一标志性项目建设好、运营好，带动西部和内陆地区高水平对外开放。建设成渝地区双城经济圈是党中央作出的重大战略决策。老旧小区改造是城市更新的一个重点。治理体系和治理能力现代化是中国式现代化的应有之义。要着力构建以先进制造业为骨干的现代化产业体系，加强重大科技攻关，积极培育新业态新模式新动能，因地制宜发展新质生产力。大力推动绿色发展，建设美丽重庆，筑牢长江上游重要生态屏障。同时强调，重庆要以敢为人先的勇气，全面深化改革，扩大高水平对外开放。深入践行人民城市理念，积极探索超大城市现代化治理新路子。要大力推进城乡融合发展。要毫不放松坚持党的领导、加强党的建设。②

习近平总书记强调，重庆要对标新时代新征程党的中心任务和党中央赋予的使命，充分发挥比较优势、后发优势，进一步全面深化改革开

---

① 《中共中央政治局召开会议　审议〈成渝地区双城经济圈建设规划纲要〉》，《人民日报》2020年10月17日。

② 《习近平在重庆考察时强调　进一步全面深化改革开放　不断谱写中国式现代化重庆篇章》，《人民日报》2024年4月25日。

放，主动服务和融入新发展格局，着力推动高质量发展，奋力打造新时代西部大开发重要战略支点、内陆开放综合枢纽，在发挥"三个作用"上展现更大作为，不断谱写中国式现代化重庆篇章。[①]

习近平总书记视察重庆发表的重要讲话、作出的重要指示，为新征程上重庆推进中国式现代化市域实践指明了前进方向、提供了根本遵循。我们要全面学习、全面领会、全面贯彻习近平总书记重要讲话重要指示精神，以感恩之心、爱戴之情、奋斗之志扛起新使命、谱写新篇章，在坚决拥护"两个确立"、坚决做到"两个维护"上思想更加坚定、行动更加自觉，在引领西部服务大局上展现更大担当、作出更大贡献，在服务和融入新发展格局推动高质量发展上当好排头兵、争创新地位，在全面深化改革扩大高水平对外开放上敢为人先、开拓新局，在积极探索超大城市现代化治理新路子上走在前列、引领示范，在创造高品质生活增进民生福祉上取得更大进展、迈上更高台阶，在全面从严管党治党提高党的领导力组织力上展现更新气象、实现更大突破。

——致信中国国际智能产业博览会和"一带一路"科技交流大会

习近平总书记对重庆数字经济发展寄予厚望，四次向在重庆举办的中国国际智能产业博览会致贺信。2018 年 8 月 23 日，首届中国国际智能产业博览会开幕，习近平总书记在贺信中强调："中国高度重视创新驱动发展，坚定贯彻新发展理念，加快推进数字产业化、产业数字化，努力推动高质量发展、创造高品质生活。"[②]2019 年 8 月 26 日，习近平总书记强调，"加快数字产业化、产业数字化，推动数字经济和实体经

---

① 《习近平在重庆考察时强调　进一步全面深化改革开放　不断谱写中国式现代化重庆篇章》，《人民日报》2024 年 4 月 25 日。

② 《习近平向首届中国国际智能产业博览会致贺信》，《人民日报》2018 年 8 月 24 日。

济深度融合"，"共创智能时代，共享智能成果"。①2021 年 8 月 23 日，习近平总书记强调，"深度参与数字经济国际合作，让数字化、网络化、智能化为经济社会发展增添动力，开创数字经济合作新局面"②。2023 年 9 月 4 日，习近平总书记强调，"深化数字领域国际交流合作，推动智能产业创新发展，加快构建网络空间命运共同体，携手创造更加幸福美好的未来"③。

2023 年 11 月 6 日，首届"一带一路"科技交流大会在重庆开幕。习近平总书记向大会致贺信指出，"科技合作是共建'一带一路'合作的重要组成部分"，要"深入实施'一带一路'科技创新行动计划，推进国际科技创新交流，与各国共同挖掘创新增长潜力，激发创新合作潜能，强化创新伙伴关系，促进创新成果更多惠及各国人民，助力共建'一带一路'高质量发展，推动构建人类命运共同体"。④

——多次对重庆工作作出重要指示批示

习近平总书记还就推进长江经济带发展、推动成渝地区双城经济圈建设走深走实、加快西部陆海新通道建设、打造国家战略腹地等国家重大战略，以及缙云山国家级自然保护区生态环境问题、长江"禁渔"、缙云山山火、万州山洪暴雨等作出重要批示，字字如磐、句句千钧。

（3）浓浓情怀

回首习近平总书记在重庆的足迹，访农户、走企业，摸实情、问民意，在循迹中我们深刻认识到习近平总书记心系人民、心忧国家的领袖

---

① 《习近平向 2019 中国国际智能产业博览会致贺信》，《人民日报》2019 年 8 月 27 日。
② 《习近平向中国—上海合作组织数字经济产业论坛、2021 中国国际智能产业博览会致贺信》，《人民日报》2021 年 8 月 24 日。
③ 《习近平向 2023 中国国际智能产业博览会致贺信》，《人民日报》2023 年 9 月 5 日。
④ 《习近平向首届"一带一路"科技交流大会致贺信》，《人民日报》2023 年 11 月 7 日。

品格和深谋远虑、胸怀天下的雄才伟略，真切感悟到习近平总书记对巴渝大地和重庆广大干部群众的深情大爱。

习近平总书记对重庆作出的重要讲话重要指示精神，体现了对重庆的关怀之情。说市情，他指出："重庆集大城市、大农村、大山区、大库区于一体，协调发展任务繁重。"① 说精神，他指出："重庆是一块英雄的土地，有着光荣的革命传统。"② 习近平总书记对重庆的情况如数家珍，关怀之情似春风吹拂着重庆这片奋进的热土。

习近平总书记对重庆作出的重要讲话重要指示精神，体现了对重庆的期望之情。不见昨夜雨湿处，聊以新颜待今朝。重庆发展潜力巨大、前景光明。从营造良好政治生态到战略定位、战略目标和具体要求，再到发挥"三个作用"，推动成渝地区双城经济圈建设、加快建设西部陆海新通道、推动长江经济带高质量发展等，这既是习近平总书记立足重庆发展中遇到的矛盾和问题，从战略层面对重庆"发展怎么看""发展路子往哪走"作出的科学指引，也是为新时代新征程新重庆擘画的宏伟蓝图。

习近平总书记对重庆作出的重要讲话重要指示精神，体现了对重庆的勉励之情。从目标定位到战略安排，从实践要求到殷切期盼，习近平总书记对重庆的重要指示，是重庆发展的方向指引、蓝图擘画，也是3000万巴渝儿女团结奋进新征程的精神动力、行动指南。大舸中流下，青山两岸移。新征程上，我们要不忘初心、牢记使命，感党恩、听党话、跟党走，保持政治定力和战略定力，要谋好新篇干在先、走在前，

---

① 《习近平在重庆调研时强调　落实创新协调绿色开放共享发展理念　确保如期实现全面建成小康社会目标》，《人民日报》2016年1月7日。

② 习近平：《用好红色资源，传承好红色基因　把红色江山世世代代传下去》，《求是》2021年第10期。

以实际行动确保习近平总书记的重要指示批示要求落地落实。

2. 习近平总书记对重庆重要讲话重要指示的实践要求

习近平总书记对重庆重要指示要求，是为重庆亲自擘画的总纲领、量身定做的总方略、领航指路的总遵循，是对重庆发展的全面规划和顶层设计，是新时代推动重庆各项事业发展的政治指引、根本遵循、动力之源。

（1）关于目标任务

营造良好政治生态。这是 2018 年习近平总书记参加重庆代表团审议时提出的重要要求。他强调，发展中根本的问题是政治上的问题，最大的腐败是政治上的腐败。要旗帜鲜明讲政治，坚决维护党中央权威和集中统一领导。要营造风清气正、朗朗乾坤、干事创业、担当作为的政治生态。并指出，领导干部要讲政德，"政德是整个社会道德建设的风向标"，"立政德，就要明大德、守公德、严私德"。[①]2024 年 4 月，习近平总书记视察重庆时进一步强调，要毫不放松坚持党的领导、加强党的建设。要一以贯之反对和惩治腐败，不断铲除腐败滋生的土壤和条件，营造风清气正的政治生态。

锚定"两地""两高"目标。即"加快建设内陆开放高地、山清水秀美丽之地，努力推动高质量发展、创造高品质生活"[②]。"两地""两高"成为重庆鲜明的目标导向。习近平总书记对重庆的目标定位，是方向要求、发展要求与目标要求的有机统一。

发挥"三个作用"。即努力在推进新时代西部大开发中发挥支撑作用、

---

① 《习近平李克强栗战书赵乐际分别参加全国人大会议一些代表团审议》，《人民日报》2018 年 3 月 11 日。

② 《习近平李克强栗战书赵乐际分别参加全国人大会议一些代表团审议》，《人民日报》2018 年 3 月 11 日。

在推进共建"一带一路"中发挥带动作用、在推进长江经济带绿色发展中发挥示范作用。"三个作用"与战略定位、战略目标相互贯通，既是认识论又是实践论，是习近平总书记在新时代赋予重庆的历史使命。发挥"三个作用"体现了全局和一域、目标和路径、客观形势和自身优势、机遇和责任的辩证统一，是从国家战略全局对重庆一域发展的精准指导。

赋予"两大定位"。2024年4月，习近平总书记在重庆视察时，立足新时代新征程党和国家工作大局，充分发挥重庆比较优势、后发优势，对重庆提出了战略性方向性目标要求，即奋力打造新时代西部大开发重要战略支点、内陆开放综合枢纽，在发挥"三个作用"上展现更大作为。这是习近平总书记统领重庆当前和未来发展的重大战略指引，与习近平总书记提出的"两点""两地""两高"和发挥"三个作用"等目标定位既一以贯之又深化发展，与共建"一带一路"、成渝地区双城经济圈建设、长江经济带高质量发展、新时代西部大开发、西部陆海新通道建设等国家重大战略紧密衔接，更加凸显了重庆在国家发展大局中的历史使命。

部署提出"四项任务"。2024年4月，习近平总书记在重庆视察时强调，重庆制造业基础较好，科教人才资源丰富，要着力构建以先进制造业为骨干的现代化产业体系；重庆要以敢为人先的勇气，全面深化改革，扩大高水平对外开放；重庆是我国辖区面积和人口规模最大的城市，要深入践行人民城市理念，积极探索超大城市现代化治理新路子；重庆集大城市、大农村、大山区、大库区于一体，要大力推进城乡融合发展。①

---

① 《习近平在重庆考察时强调　进一步全面深化改革开放　不断谱写中国式现代化重庆篇章》，《人民日报》2024年4月25日。

做到"四个扎实"。即扎实贯彻新发展理念,扎实做好保障和改善民生工作,扎实做好深化改革工作,扎实落实"三严三实"要求。习近平总书记视察重庆时,站在全局和战略的高度为重庆把脉定向,提出的"四个扎实"重要要求为重庆进一步做好各项工作、推动更大发展指明了前进方向。

推动成渝地区双城经济圈建设。2020 年 1 月 3 日,习近平总书记主持召开中央财经委员会第六次会议,作出推动成渝地区双城经济圈建设、打造高质量发展重要增长极的重大决策部署。习近平总书记在党的二十大报告中进一步强调,"推动成渝地区双城经济圈建设"。2023 年 7月,习近平总书记在四川考察时强调:"要坚持'川渝一盘棋',加强成渝区域协同发展,构筑向西开放战略高地和参与国际竞争新基地,尽快成为带动西部高质量发展的重要增长极和新的动力源。"[①] 新时代推动成渝地区双城经济圈建设,是党中央遵循区域经济发展客观规律、顺应新时代高质量发展要求作出的重大战略部署,是国家战略体系的又一重要组成部分,对探索新时代双核城市群一体化发展示范,新时代贯彻新发展理念、推动新时代西部大开发形成新格局、巩固经济战略大后方,具有重大意义。

加快建设西部陆海新通道。这是以习近平同志为核心的党中央作出的重大战略部署。西部陆海新通道前身为中新(重庆)战略性互联互通示范项目南向通道,又称国际陆海贸易新通道。2015 年 11 月,习近平主席同新加坡总理李显龙会晤,两国签署中新(重庆)战略性互联互通示范项目框架协议,开始谋划建立陆海新通道。2017 年 2 月,在中新

[①] 《习近平在四川考察时强调　推动新时代治蜀兴川再上新台阶　奋力谱写中国式现代化四川新篇章》,《人民日报》2023 年 7 月 30 日。

项目合作大背景下，首次提出中新互联互通项目南向通道，随后更名为"国际陆海贸易新通道"。2017 年 9 月，习近平主席在会见新加坡总理李显龙时强调，"希望双方建设好中新（重庆）战略性互联互通示范项目，并在地区层面带动其他国家共同参与国际陆海贸易新通道建设"①。2019 年 8 月，《西部陆海新通道总体规划》出台，通道正式上升为国家战略，并赋予重庆西部陆海新通道物流和运营组织中心的重要定位。2022 年 10 月，加快西部陆海新通道建设写入党的二十大报告。2023 年 10 月，在第三届"一带一路"国际合作高峰论坛上，习近平总书记进一步强调："积极推进'丝路海运'港航贸一体化发展，加快陆海新通道、空中丝绸之路建设。"② 由此可见，加快西部陆海新通道建设，在区域协调发展格局中具有重要战略地位。

推动长江经济带绿色发展。推动长江经济带发展是习近平总书记亲自谋划、亲自部署、亲自推动的国家重大战略。2016 年 1 月，习近平总书记在重庆调研期间，主持召开推动长江经济带发展座谈会，鲜明提出"共抓大保护，不搞大开发"③。2018 年 4 月，习近平总书记赴湖北、湖南视察，在武汉主持召开深入推动长江经济带发展座谈会，并在会上重点阐述了推动长江经济带发展需要正确把握的关系。2020 年 11 月，习近平总书记在江苏南京主持召开全面推动长江经济带发展座谈会，提出推动长江经济带高质量发展的五项任务。2023 年 10 月，习近平总书记在江西视察期间，专门在南昌主持召开进一步推动长江经济带高质量

---

① 《习近平会见新加坡总理李显龙》，《人民日报》2017 年 9 月 21 日。
② 习近平：《建设开放包容、互联互通、共同发展的世界——在第三届"一带一路"国际合作高峰论坛开幕式上的主旨演讲》，人民出版社 2023 年版，第 8 页。
③ 《习近平在推动长江经济带发展座谈会上强调 走生态优先绿色发展之路 让中华民族母亲河永葆生机活力》，《人民日报》2016 年 1 月 8 日。

发展座谈会，总结成就，分析形势，明确任务，作出部署。透过这四次座谈会不难看出，从"推动""深入推动""全面推动"再到"进一步推动"的要求升级，从"长江经济带发展"到"长江经济带高质量发展"的理念升华，从"修复长江生态环境"到"完整、准确、全面贯彻新发展理念""纵深推进统一大市场建设""保护传承弘扬长江文化""坚持创新引领发展"再到"统筹好发展和安全"的措施完善，实现了从"共抓大保护，不搞大开发"到"正确把握五个关系""在践行新发展理念、构建新发展格局、推动高质量发展中发挥重要作用"再到"更好支撑和服务中国式现代化"的持续深化。习近平总书记关于推动长江经济带发展的重要论述的不断丰富和拓展，呈现出从初步提出到创新探索到迭代升级再到成熟稳定的演进过程。

加强国家战略腹地建设。2023 年 7 月，习近平总书记在四川视察时指出，要坚持"川渝一盘棋"，加强成渝区域协同发展。优化重大生产力布局，加强国家战略腹地建设。2023 年 12 月，中央经济工作会议首次强调，优化重大生产力布局，加强国家战略腹地建设。当前，重庆正积极把握战略机遇，加强统筹谋划，完善配套政策，以创新和务实之举，奋力在建设新时代国家战略腹地核心承载区上实现新突破。

（2）关于具体领域

加快建设现代化产业体系。新的发展理念就是指挥棒，要把思想和行动统一到新发展理念上来，坚定不移推动高质量发展，扭住深化供给侧结构性改革这条主线，把制造业高质量发展放到更加突出的位置，着力构建以先进制造业为骨干的现代化产业体系。深入实施制造业重大技术改造升级和大规模设备更新工程，加快传统产业转型升级，积极培育具有国际先进水平和竞争力的战略性新兴产业。加快构建市场竞争力强、可持续的现代化产业体系。强调要积极推动数字产业化、产业数字化，推动数字经济和实体经济深度融合。

加快科技创新步伐。调结构转方式、加快新旧动能转换，根本上要靠创新。加强重大科技攻关，强化科技创新和产业创新深度融合，积极培育新业态新模式新动能，因地制宜发展新质生产力。要咬住目标、持续发力，加大创新支持力度，优化创新生态环境，使创新成为重庆高质量发展的强大动能。要求在培育壮大智能产业方面，一手抓研发创新、一手抓补链成群，着力构建"芯屏器核网"全产业链。要继续高标准办好智博会，深度参与数字经济国际合作。要实施更加积极、更加开放的人才政策，聚集天下英才而用之。

大力推动改革开放。要全面落实党中央决策部署，牢牢把握稳中求进工作总基调，坚持新发展理念，统筹做好稳增长、促改革、调结构、惠民生、防风险、保稳定工作。要进一步全面深化改革开放，主动服务和融入新发展格局。以敢为人先的勇气，全面深化改革，扩大高水平对外开放。

加快促进城乡融合发展。要积极推进以区县城为重要载体的新型城镇化建设，有序引导、依法规范城市工商资本和科技、人才下乡，助力乡村全面振兴。抓牢抓实粮食生产，依山就势发展生态特色农业。要促进城乡区域协调发展，促进新型工业化、信息化、城镇化、农业现代化同步发展，在加强薄弱领域中增强发展后劲，着力形成平衡发展结构，不断增强发展整体性。要加快推动城乡融合发展，建立健全城乡一体融合发展的体制机制和政策体系，推动区域协调发展。

加快推进生态文明建设。要深入抓好生态文明建设，坚持上中下游协同，加强生态保护与修复，筑牢长江上游重要生态屏障。要保护好三峡库区和长江母亲河，事关重庆长远发展，事关国家发展全局。要深入实施"蓝天、碧水、宁静、绿地、田园"环保行动，建设长江上游重要生态屏障，推动城乡自然资本加快增值，使重庆成为山清水秀美丽之地。

在发展中保障和改善民生。中国式现代化,民生为大。国家越发展,越要把贫困群众的基本生活保障好。要从最困难的群体入手,从最突出的问题着眼,聚焦现阶段农民群众需求强烈、能抓得住、抓几年就能见到成效的重点实事,抓一件成一件,让农民群众可感可及、得到实惠。要从最具体的工作抓起,通堵点、疏痛点、消盲点,全面解决好同老百姓生活息息相关的教育、就业、社保、医疗、住房、环保、社会治安等问题,集中全力做好普惠性、基础性、兜底性民生建设。要着力抓好安全生产、食品药品安全、防范重特大自然灾害、维护社会稳定工作,不断增强人民群众获得感、幸福感、安全感。

加强文化建设。对中国共产党为什么"能"、马克思主义为什么"行"、中国特色社会主义为什么"好"这个重大论断,要广泛开展宣传教育,加强思想舆论引导,坚定广大干部群众对中国特色社会主义的道路自信、理论自信、制度自信、文化自信,进一步激发全体人民爱党、爱国、爱社会主义的巨大热情。要用好红色资源,传承好红色基因。

加强法治建设。要重塑宪法和法律的权威,坚持法治、反对人治,对宪法法律始终保持敬畏之心,严格依照法定权限、规则、程序行使权力、履行职责。要既讲法治又讲德治,重视发挥道德教化作用。要"把法律和道德的力量、法治和德治的功能紧密结合起来"①。领导干部要讲政德。要多积尺寸之功。各级领导干部要把依法办事作为重要准绳,思想上时刻绷紧这根弦,行动上时刻对准这个表。

全面加强党的建设。要贯彻党中央部署,切实加强党的政治建设,培养一支忠诚干净担当的高素质干部队伍,积极营造建功新时代、创造

---

① 《习近平李克强栗战书赵乐际分别参加全国人大会议一些代表团审议》,《人民日报》2018年3月11日。

新业绩的浓厚氛围和良好环境，用正确思想、优良作风、良好导向、正面典型持续激荡清风正气。要加强党的基层组织建设，推动基层党组织全面进步、全面过硬。要坚决整治形式主义、官僚主义，让基层干部从繁文缛节、文山会海、迎来送往中解脱出来。要保持惩治腐败高压态势，巩固反腐败斗争压倒性胜利。要根除重庆历史上沿袭下来的"袍哥"文化、码头文化、江湖习气，重视发挥道德教化作用，把法律和道德的力量、法治和德治的功能紧密结合起来，把自律和他律紧密结合起来，引导全社会积极培育和践行社会主义核心价值观，树立良好道德风尚，防止封建腐朽道德文化沉渣泛起。要毫不放松坚持党的领导、加强党的建设。更加注重从全局谋划一域、以一域服务全局。可以说，这既是思想方法，也是工作要求，既要求从战略上增强谋划力，又要求从战术上增强执行力，让既定的行动纲领、战略决策、工作部署兑现。

准确把握党的创新理论的立场、观点、方法，更好领会其精髓要求，是把思想方法搞对头，以思想自觉引领政治自觉的前提所在。习近平总书记对重庆所作重要讲话重要指示，是一个内涵丰富、逻辑严密的有机整体，是我们深刻理解和把握"两个结合"的又一生动注脚，蕴含着理论创新、目标要求、工作方法和实践路径，领域上既涉及经济社会发展重大问题，也涵盖政治、社会、文化、生态文明等，以及全面从严治党等要求，是习近平新时代中国特色社会主义思想的重要组成部分，必须真学真懂、真信真用，知行合一、学以致用，一体把握、一体贯彻、一体落实。

（三）立足中国式现代化宏大场景谋划和推进重庆发展

思想是行动的先导，理论是实践的指南。科学的思想之所以具有强大伟力，根本在于它是对历史规律、时代趋势、实践要求、人民美好愿望的正确反映；反过来，它又能指引时代和实践的发展。紧紧围绕习近平新时代中国特色社会主义思想在重庆的生动实践这条主线，重庆积极主动在中国式现代化的宏大场景中谋划和推进现代化各项工作，奋力在新时代走在前列、在新征程勇当尖兵，充分彰显习近平新时代中国特色社会主义思想的真理伟力和实践伟力。

1. 深刻把握现代化新重庆建设的总纲领总遵循

党的二十大报告指出，从现在起，中国共产党的中心任务就是团结带领全国各族人民全面建成社会主义现代化强国、实现第二个百年奋斗目标，以中国式现代化全面推进中华民族伟大复兴。重庆市委六届二次全会对标对表党的二十大精神，提出"新时代新征程新重庆"这一主题，对建设社会主义现代化新重庆作出了统筹谋划和全面部署。

重庆市委六届五次全会把党的二十大精神和习近平总书记视察重庆重要讲话重要指示精神有效衔接起来，一体部署、一体贯彻，立足重庆在西部和全局中的新定位，综合集成市委六届二次、三次、四次全会各项安排，全面迭代升级目标体系、工作体系，进一步确定了现代化新重庆建设的方向、思路和举措。明确提出"奋力谱写中国式现代化重庆篇章"是现代化新重庆建设的总纲领总遵循，把打造新时代西部大开发重要战略支点、内陆开放综合枢纽"两大定位"和建设具有全国影响力的重要经济中心、科技创新中心、改革开放新高地、高品质生活宜居地"两中心两地"作为战略支撑，以此统领重庆经济社会发展各项工作。重庆市委六届六次全会，对标党的二十届三中全会，紧扣"奋力谱写中国式现代化重庆篇章"总纲领总遵循，对全市进一步全面深化改革作出系统部署，强调要以感恩之心、爱戴之情、奋斗之志，谋改革抓改革。

坚决做到"习近平总书记有号令、党中央有部署，重庆见行动"。

重庆直辖以来，在风雨兼程、波澜壮阔的道路上不断前行，从相对传统走向现代，从较为落后走向繁荣，一步步实现了发展的美好愿景。今天，在新时代的春晖下，"奋力谱写中国式现代化重庆篇章"这一总纲领总遵循的提出，明确了重庆发展的鲜明时代主题，描绘了重庆发展的崭新宏伟蓝图，这对重庆的改革发展和现代化建设有着重大的意义。

2. 深刻把握"两大定位"是现代化新重庆建设总纲领总遵循的关键支撑

"两大定位"将重庆发展置于西部地区、全国大局及全球视野下进行总体考量和前瞻谋划，是应对世界格局深刻演变的战略先手棋和主动仗，是支撑重庆当前和未来发展的重大战略指向，是重庆服务和融入全国大局的最大依托、塑造和放大自身发展优势的最大机遇，是习近平总书记着眼"两个大局"为重庆量身定制的全新战略定位。

（1）全面领会"两大定位"的全局性战略性意义

"两大定位"是习近平总书记着眼统筹区域协调发展的理论升华、实践飞跃，是纵深推进现代化新重庆建设的主脉络。一是优化拓展了国家整体开放布局，与我国对外开放格局由东部沿海向西部内陆延伸的演变趋势高度契合，是拓展国家战略回旋空间，促进东西互济、南北协同、陆海统筹的重大战略抓手；二是极大彰显了西部地区在全国改革发展稳定大局中的重要地位，突破了原有就"大开发"搞"大开发"的传统路径，为西部地区积极融入全国统一大市场、参与全球竞争带来了历史性机遇，也为在向西向南开放、对内对外开放中实现"大开发"提供了解题之道、注入了强劲动能；三是更加凸显了重庆在国家高质量发展版图中的独特作用，为重庆放大比较优势、后发优势提供了全新综合场景，为构建立足重庆、带动西部、辐射全国、链接全球的内陆开放新体系提供了重大战略支撑，是重庆引领内陆地区深化对内对外开放，推进基础设施互联互通，扩大国际交流，整合全球资源，融入全球产业链供应链，主动服务和融入新发展格局的综合性枢纽性平台。

（2）准确理解"两大定位"的内涵实质

"两大定位"是系统全面、逻辑严密、贯通衔接的有机整体，具有守正创新、辩证统一、统筹兼顾、服务全局的逻辑关系。一是"两大定位"既一以贯之又与时俱进，与党的十八大以来习近平总书记提出的"两点"定位、"两地""两高"目标和"三个作用""四个扎实"等重要指示要求，以及在2020年1月中央财经委员会第六次会议上提出的"两中心两地"战略定位，既一脉相承展现战略定力，又延伸拓展提出更高要求；二是"两大定位"与系列国家战略相互赋能，通过更高层面的顶层设计为系列国家重大战略综合集成、互嵌融合、形成整体合力提供了关键支撑，具有"一子落满盘活"的综合效应；三是"两大定位"互为依托、相辅相成，都紧扣服务大局，内涵要义统一、着力方向一致、目标指向一致，对重庆在西部发展大局中的辐射带动力、区域影响力、引领支撑力、综合竞争力提出了全新要求，是重庆以一域服务全局新的战略指引和新的重大使命，在具体实践上必须一体推进、一体打造、一体见效。

（3）系统把握"两大定位"的"四梁八柱"

"两大定位"是一个全新课题，是一项系统工程，需要我们紧扣国家所需、重庆所能、群众所盼、未来所向，细化量化提出体系构架。打造新时代西部大开发重要战略支点，重点要发挥"三个关键支撑"和"六个示范引领"作用：在打造西部地区高质量发展增长极动力源上发挥关键支撑作用，在构建内陆高水平开放新格局上发挥关键支撑作用，在建设国家战略腹地上发挥关键支撑作用；在构建现代化产业体系因地制宜发展新质生产力上发挥示范引领作用，在抓实大保护、筑牢长江上游重要生态屏障上发挥示范引领作用，在绿色低碳发展体制机制创新上发挥示范引领作用，在推动区域协调城乡融合发展、促进乡村全面振兴上发挥示范引领作用，在全面深化改革激发活力动力上发挥示范引领作用，在探索超大城市高品质生活高效能治理上发挥示范引领作用。打造内陆开放综合枢纽，重点要加快建设"九大关键枢纽"：创新引领的制度型开放枢纽、链接全球的门户型交通枢纽、陆海并济的综合物流枢纽、双向开放的国际经贸枢纽、内外联动的产业链供应链枢纽、高能聚合的科技创新成果转化枢纽、绿色高效的新型能源算力枢纽、高端资源要素配置枢纽、开放多元的国际交往枢纽。

3. 深刻把握现代化新重庆建设的新目标体系

重庆市委六届二次全会全面对标落实党的二十大部署，自觉在中国式现代化大场景中谋划提出了现代化新重庆建设"五个新"奋斗目标，即在全面贯彻落实习近平总书记殷殷嘱托上取得新成效，在以中国式现代化全面推进中华民族伟大复兴进程中作出新贡献，在国家高质量发展版图中争创新地位，在满足人民群众幸福美好生活中增进新感受，在深入推进新时代党的建设新的伟大工程中展现新气象。重庆市委六届三次全会进一步提出，加快建设新时代市域党建新高地的任务。

重庆市委六届五次全会全面对标习近平总书记视察重庆重要讲话重要指示精神，在现代化新重庆"五个新"奋斗目标的基础上，迭代提出要重点打造"六个区"：西部地区高质量发展先行区、内陆开放国际合作引领区、全面深化改革先行区、超大城市现代化治理示范区、城乡融合乡村振兴示范区、美丽中国先行区。由此，迭代升级为"六区一高地"

目标体系。

在此基础上，分阶段明确了纵深推进现代化新重庆建设的目标任务：到 2027 年，重庆高质量发展、高品质生活、高效能治理的体系基本建立，在西部地区的支撑引领力、开放带动力、产业牵引力、生态保障力、协同发展力、改革突破力和城市现代化治理能力显著提升，引领带动西部地区现代化建设形成一批标志性成果，全国高质量发展的重要增长极和新的动力源作用更好发挥；到 2035 年，重庆综合实力迈入全国城市前列，富有重庆特色优势的现代化产业体系全面构建形成，高水平保护支撑高质量发展更加有力，超大城市现代化治理率先走出新路，城乡融合乡村振兴市域实践先行示范，成为内陆省份全面深化改革开放排头兵，在西部地区率先基本实现社会主义现代化，共同富裕取得更多实质性进展。

4.牢记重托、感恩奋进，锚定目标、埋头苦干，加快打造"六个区"

坚持以习近平新时代中国特色社会主义思想为指导，全面贯彻党的二十大精神，深入学习贯彻习近平总书记视察重庆重要讲话重要指示精神，对标新时代新征程党的中心任务和党中央赋予的使命，充分发挥比较优势、后发优势，完整、准确、全面贯彻新发展理念，主动服务和融入新发展格局，着力推动高质量发展，奋力打造新时代西部大开发重要战略支点、内陆开放综合枢纽，在发挥"三个作用"上展现更大作为，加快构建现代化产业体系，全面深化改革扩大高水平对外开放，积极探索超大城市现代化治理新路子，大力推进城乡融合发展，毫不放松坚持党的领导、加强党的建设，持续修复净化政治生态，坚定不移沿着习近平总书记指引的正确政治方向前进，奋力谱写中国式现代化重庆篇章，以实干实绩实效为强国建设、民族复兴伟业作出新的更大贡献。

打造西部地区高质量发展先行区，在全国高质量发展版图中争创新地位。着力唱好新时代西部"双城记"，加快构建现代化产业体系，强化科技创新和产业创新深度融合，主动承接国家战略腹地建设重大任务。实现经济增速保持较高水平，总量超过四万亿元，质量效益显著提升。加快建设国家重要先进制造业中心，加快提升三大主导产业集群全球竞争力和开放合作水平，制造业增加值占地区生产总值比重超过28%，数字经济增加值占地区生产总值比重超过50%，生产性服务业增加值占服务业比重超过60%，服务西部产业高质量发展能力显著增强。高端人才总数居西部前列，研发投入强度超过全国平均水平，建设具有全国影响力的科技创新中心取得重大进展。

打造内陆开放国际合作引领区，为国家向西向南全方位高水平对外开放作出新贡献。更好发挥重庆承东启西、通江达海的关键枢纽作用，加快构建通道、物流、产业融合互促高质高效发展新机制，积极探索陆上贸易新规则体系。推动"一带一路"、长江经济带和西部陆海新通道联动发展，加快构建出海出境大通道体系，海陆并进、多式联运的国家物流枢纽功能集成优势更加凸显，西部陆海新通道重庆枢纽货物中转率超过50%。自贸试验区、国家级高新区等开发开放平台影响力辐射力持续提升，构建与国际高标准经贸规则相衔接的制度体系，推动建设外向型经济活跃、国际交流交往密切、形象特色鲜明的国际化大都市。

打造全面深化改革先行区，在以改革攻坚激发发展活力内生动力上作出新示范。牢牢把握"首创性""差异化"这两个关键词，如期高质量完成"三攻坚一盘活"改革突破任务，以超常规举措培育壮大民营经济。积极探索首创性、差异化改革，形成一批具有重庆辨识度、全国影响力的标志性改革成果。以数字重庆建设引领全面深化改革，打造数字文明新时代的市域范例。深化拓展"三攻坚一盘活"改革突破，国有企业核心竞争力显著增强，园区开发区亩均效益大幅提升，民营经济增加值占地区生产总值比重超过 62%。

打造超大城市现代化治理示范区，在数字赋能提升超大城市治理现代化水平上创造新经验。加快提升数字化城市运行和治理中心实战能力，健全完善"大综合一体化"城市综合治理体制机制，全面推进韧性城市建设，提高基层精细化治理、精准化服务水平，加强城市文明建设。推动数字赋能超大城市治理体制机制变革重塑，提升三级数字化城市运行和治理中心贯通实战能力，推进"大综合一体化"城市综合治理，迭代完善党建引领基层治理体系，市民素质和社会文明程度明显提升，宜居韧性智慧城市建设取得明显成效，城市整体智治走在全国前列，初步形成超大城市现代化治理新模式。

打造城乡融合乡村振兴示范区，在城乡互促共同繁荣上实现新突破。以主城都市区为龙头、以区县城和中心镇为重要载体全面推进新型城镇化，精准发力推动乡村全面振兴，持续增进民生福祉。持续提升主城都市区发展承载力、辐射带动力，地区生产总值超过三万亿元。加快推进以区县城为重要载体的新型城镇化建设，人口和产业进一步向区县城、中心镇聚集，全市常住人口城镇化率超过 75%，巴渝和美乡村建设取得明显成效。统筹城乡融合发展，城乡要素流动顺畅，公共服务更加均衡，城乡居民人均可支配收入比缩小到 2.22：1。

建设美丽中国先行区，在维护长江生态安全上展现新作为。持续打好污染防治攻坚战，加强生态系统修复和生物多样性保护，深入实施绿色低碳转型行动。持续筑牢长江上游重要生态屏障，生态系统多样性、稳定性和安全性持续增强，生态质量指数稳步提升，长江干流重庆段水质稳定保持 II 类。全面构建绿色低碳新型能源体系，单位地区生产总值能耗持续下降，单位地区生产总值二氧化碳排放降低 15% 左右，绿色低碳转型发展示范效应持续彰显。

5. 加强党的全面领导，全面提高党的领导力组织力

增强党组织政治功能和组织功能，是全面贯彻党的二十大精神和习近平总书记关于党的建设的重要思想的必然要求，是兑现落实殷殷嘱托、持续修复净化政治生态的重要举措，是推进现代化新重庆建设的根本保证。

（1）着力提高"政治三力"

政治判断力、政治领悟力、政治执行力是各级党组织和党员干部最核心的能力，是党的政治建设的重要抓手。要在全面加强政治建设上提质提效，从政治上入手、从政治上落实，矢志不渝忠诚核心、拥戴核心、维护核心、捍卫核心，确保"习近平总书记有号令、党中央有部署，重庆见行动"。

在深学深信中提升政治判断力。要在夯实理论武装中提升"辨别力"，即熟练掌握运用习近平新时代中国特色社会主义思想蕴含的立场、观点、方法，科学把握形势变化、精准识别现象本质、清醒明辨是非、有效抵御风险的能力。

在融会贯通中提升政治领悟力。要从政治上领会好、领会透党中央决策部署，对"国之大者"了然于胸，聚焦主责主业，勇于创新探索，推进党建与业务深度融合发展，提升从政治和大局上看问题、观大势、作抉择的政治能力。

在笃行实干中提升政治执行力。要坚决贯彻落实党中央决策部署，始终按照党中央指明的政治方向、明确的前进路线，强化责任意识，以钉钉子精神盯着抓、反复抓，推动党的各项决策部署执行到位、终端

见效。

（2）推动工作理念创新和方法创新

一分部署，九分落实。学习贯彻习近平总书记重要讲话重要指示精神、奋力谱写中国式现代化重庆的施工图已经绘就，关键在全面落实、有效落实。未来五年将是全面建设社会主义现代化新重庆的关键时期。推动工作理念思维创新、思路举措创新、体制机制创新和方式方法创新是加强党的全面领导的关键一环。

注重对标对表、实干争先。目标导向是马克思主义科学的世界观和方法论。要不断提高政治站位，坚决把思想和行动统一到党中央决策部署上来，坚持学在前、做在前，始终保持"赶考"的清醒，在政治上主动对标、思想上主动对表、行动上主动对照，落实责任，细化举措，全面推进。要学深悟透、内化转化、狠抓落实，切实做到学思用贯通、知信行统一。把党中央的决策部署要求进一步转化为全面系统完备的任务清单，把经济社会发展目标进一步细化落实到每年和各项具体支撑、具体抓手、具体指标，一张清单抓到底，用指标数据检验工作态度和工作手段。始终以锲而不舍的劲头、昂扬向上的精神状态，在应对挑战中把握机遇，在攻坚克难中加快发展，在先行先试中乘势而上，以扎实成效推进重庆高质量发展。

注重问题导向、改革破题。"必须坚持问题导向"，是党的二十大报告提出的"六个必须坚持"中的一项重要内容。要找准现代化新重庆建设中遇到的新课题、改革发展中出现的深层次难题，直面人民群众存在的急难愁盼问题、变局中产生的重大问题、党的建设面临的突出问题，抓住主要矛盾和矛盾的主要方面，找到解决问题的切入点、着力点和平衡点，打开工作局面新突破口，把党的正确主张变成群众的自觉行动。充分发挥改革创新精神，不断提出真正解决问题的新思路新理念新办法，以破题的勇气努力实现重庆各项事业发展新突破。

注重细化量化、层层落实。推进现代化新重庆建设，工作任务繁重艰巨，需要逐个分解、层层落实，把党的领导贯穿到重庆工作全过程各方面，对标对表细化量化狠抓落实。既要立足从全局谋划一域、以一域服务全局，更要深入研究重庆经济发展、城市建设、生态环境、社会民生等各方面发展的指标化、数据化、清单化的目标任务，逐项建立工作台账、细化责任清单，一环扣一环、一步跟一步地把每项工作抓实抓细。同时，坚持层层放大，全面推行重点工作任务责任清单化管理模式，系统谋划重大举措、重大改革、重大政策、工作机制，构建起任务明确、要求具体、责任明晰、务实管用的工作闭环落实机制，确保全市发展工作任务落实，把党的领导落实到重庆实践的各领域各方面各环节。

注重专班推进、高效协同。习近平总书记多次强调，具体工作要从实际出发，盯住看，有人管，马上干。面对新征程新任务尤其是关系全局的重大事项会越来越多，需要专班推进，专人盯、专人管、专人干，构建起上下衔接、左右联动的责任链条，完善能定责、可追责的考核机制，让各条线都拉直绷紧，使各级部门不仅各司其职，还能互相配合，确保各项工作能够承接到位、推进到位、落实到位。以专班机制高效协同推进工作，建立跨部门、跨区域、跨层级的重大项目高效协同机制，有效创新集中力量办大事的重要工作方式。

注重持续改进、迭代升级。加强党的全面领导，还需要我们不断进行新的探索和创新。尤其是在工作方式方法上要注重持续改进，不断丰富创新有形抓手和有效载体，着力构建体系化、全贯通、可衡量、闭环式的长效机制，确保各项工作不断完善更新、迭代升级，有效调动各方面积极性。特别是要及时发现总结各领域各赛道落实习近平总书记重要讲话重要指示精神的生动实践、创新做法、鲜活案例。如，为激励全市上下改革创新、唯实争先，开展重庆改革发展最佳实践案例评选[①]，设立重庆市改革创新奖。

（3）持续深化落实党建统领"885"工作体系

良好的工作体系是工作高效有序运行的重要保障。党建统领"885"工作体系[②]是重庆市委深入贯彻落实党的二十大精神、习近平总书记重要讲话重要指示精神和党中央决策部署的重要举措，是加快建设现代化新重庆而探索的具有开创性、标志性的实践成果。这一体系是提升重庆管党治党之效的迫切需要，是扛好对标落实之责的系统安排，是提升防范风险之功的靶向施治，是激发唯实争先之力的机制创新，是推动基层治理体系和治理能力现代化的现实途径。这一体系有利于建立完善抓党建带全局工作机制，用党的创新理论统领各项工作，推动党的领导力、组织力、管控力整体跃升，实现抓纲带目、大成集智、闭环落实，实现对问题的全领域感知排查、全周期闭环整改、全方位管控防范，不断引导全市广大党员干部在现代化新重庆建设中攻坚克难、争创一流。

以"八张报表"为重点，强化党建统领问题管控，全领域、全方位、

---

① 2023年度重庆市改革发展最佳实践案例有：构建党建统领"885"工作体系、建设三级数字化城市运行和治理中心、创建双城经济圈"四个重大"推进机制、构建党建统领"141"基层智治体系、架构产业图谱完善新能源汽车产业生态、创新民生实事项目人大代表票决制、打造生态环境治理现代化缙云山样板、"一表通"推动基层减负治理增效。提名案例有："警快办"——不见面就能办、5G"车载便民法庭"、深化政务服务"一网通办"改革、"大综合一体化"乡镇（街道）综合行政执法改革、"老马带小马"提升解纷工作实效。

② 第一个"8"，即党建、经济、平安、改革、创新、生态、民生、文化等"八张报表"；第二个"8"，即巡视、审计、督查、生态环保督察、安全生产和自然灾害、网络舆情、群众信访、平安稳定等"八张问题清单"；"5"，即常态化"三服务"、最佳实践案例激励推广和典型问题复盘、领导班子运行评估和群众口碑评价、区县委书记和市级部门"一把手"例会、争先创优赛马比拼等"五项机制"。

全周期抓细党建统领，形成党建统领的有力牵引和全面覆盖，推动党建统领具象化、可量化、可评价，奋力交出党建、经济、平安、改革、创新、生态、民生、文化高分报表。

以"八张问题清单"为导向，实现以党建统领问题解决，把解决实际问题作为打开工作局面的突破口和推动发展的重要抓手。增强问题意识、坚持问题导向，用好"八张问题清单"，全面落实"发现、分析、整改、评估、预防"解决问题闭环机制。

以"五项机制"为创新，推出常态化"三服务"、最佳实践案例激励推广和典型问题复盘、领导班子运行评估和群众口碑评价、区县委书记和市级部门"一把手"例会、争先创优赛马比拼等"五项机制"，扎实推动重大决策落地、重大任务完成、重大风险防控。

党的二十大以来重庆的精彩实践，是巴渝儿女在新时代新征程书写中国式现代化篇章的生动演绎。党建统领"885"工作机制是建设现代化新重庆的有效抓手和有力保障，是实践创新、理论创新、制度创新的经典案例，取得了多个方面的显著成效。实现党建统领更有力，推动党建统领具象化、可量化、可评价，党的全面领导在"制度""治理""智慧"三个维度不断提升，有效通达基层"神经末梢"，实现党建统领全域工作的有力牵引、有形覆盖和有效推进，更加坚定自觉拥护"两个确立"、做到"两个维护"。实现治理体系更有智，运用数据流打通业务流、决策流、执行流，打破条块分割、单一执行的传统治理模式，系统重塑上下贯通、一体协同的执行链条，实现跨层级、跨地域、跨部门、跨业务的系统联动，构建即时感知、主动服务、决策科学、高效运行、智能监管的新型治理体系。实现推动发展更有为，围绕推进重大战略任务落实和重点领域改革攻坚，紧盯制约高质量发展的堵点卡点，依托党建统领整体智治，铺就宏大赛马图，搭建起抓改革促发展与抓班子建队伍的

"精密链接"，推动各级班子领导力组织力不断提升，党员干部适应引领现代化能力持续增强。实现除险固安更有效，完成存量问题整改跃升新水平，风险防范屏障加固筑牢，安全生产防线夯实守住，大平安工作格局进一步优化，基层智治水平整体提升，以高水平安全有效保障了高质量发展。

二、唱好"双城记" 开创西部地区高质量发展新局面

推动成渝地区双城经济圈建设，是以习近平同志为核心的党中央作出的重大战略决策。党的二十大报告提出"推动成渝地区双城经济圈建设"，并作为深入实施区域协调发展战略的重要组成部分。党的二十届三中全会通过的《中共中央关于进一步全面深化改革、推进中国式现代化的决定》将"推动成渝地区双城经济圈建设走深走实"继续作为"完善实施区域协调发展战略机制"的重要内容。推动成渝地区双城经济圈建设走深走实，是川渝两地的重大政治责任，是加快建设现代化新重庆的重要战略机遇。2023年春节假期后首个工作日，重庆召开建设成渝地区双城经济圈工作推进大会，强调把双城经济圈建设作为市委"一号工程"和全市工作总抓手总牵引；2024年春节假期后首个工作日，重庆再次召开建设成渝地区双城经济圈工作推进大会，强调加快打造成渝地区双城经济圈建设"一号工程"升级版，构建具有全国影响力、重庆辨识度的标志性成果体系，打造带动全国高质量发展的重要增长极和新的动力源，更好在西部地区现代化进程中发挥引领示范作用。2024年4月，习近平总书记视察重庆时赋予重庆"两大定位"，部署提出"四项任务"，为进一步推动成渝地区双城经济圈建设提供了根本遵循、指明了前进方向。重庆要牢牢把握高质量发展这个首要任务和构建新发展格局这个战

略任务，紧扣"一体化"和"高质量"这两个关键词，拼搏实干、奋力争先，加强川渝两地紧密合作，强化与长江经济带高质量发展、西部陆海新通道建设等协同联动，对接京津冀、长三角、粤港澳大湾区等重大战略，扎实推动国家战略落地、积极服务融入新发展格局，不断提升发展能级，共同唱好新时代西部"双城记"，推动成渝地区双城经济圈建设行稳致远。

（一）建设成渝地区双城经济圈是党中央作出的重大战略决策

党的十八大以来，党中央统筹国内国际两个大局，作出了推进京津冀协同发展、长江经济带发展、粤港澳大湾区建设、长三角一体化发展、黄河流域生态保护和高质量发展等一系列国家重大战略，构建起了新时代国家发展战略布局体系。成渝地区位于"一带一路"和长江经济带交汇处，是西部陆海新通道的起点，具有连接西南西北，沟通东亚与东南亚、南亚的独特优势，在新时代国家发展大局中作用更加凸显。

1. 推动成渝地区双城经济圈建设，有利于在西部培育带动全国高质量发展的重要增长极

我国城市群、都市圈发展规律特点和战略布局具有鲜明的中国特色，体现了高质量发展的内在要求。进入新时代，我国经济发展的空间结构正在发生深刻变化，中心城市和城市群正在成为承载发展要素的主要空间形式。2019 年 8 月 26 日，习近平总书记主持召开中央财经委员会第五次会议，会议指出，"新形势下促进区域协调发展，要按照客观经济规律调整完善区域政策体系，发挥各地区比较优势，促进各类要素

合理流动和高效集聚，增强创新发展动力，加快构建高质量发展的动力系统，增强中心城市和城市群等经济发展优势区域的经济和人口承载能力"①。2020 年 1 月 3 日，习近平总书记在中央财经委员会第六次会议上强调，"要推动成渝地区双城经济圈建设，在西部形成高质量发展的重要增长极"②。党的二十大报告指出："深入实施区域协调发展战略、区域重大战略、主体功能区战略、新型城镇化战略，优化重大生产力布局，构建优势互补、高质量发展的区域经济布局和国土空间体系。"成渝地区承东启西、连接南北，既是重要的内陆经济腹地，又是西部地区发展龙头，在国家战略全局中有着至关重要的地位。自成渝地区双城经济圈建设实施以来，成渝地区人口规模、经济总量占全国比重稳步上升，资源承载能力不断增强。2023 年，成渝地区双城经济圈 GDP 达到 81987 亿元，迈上 8 万亿元新台阶，占到全国的 6.5%。推动成渝地区双城经济圈建设走深走实，是优化区域经济和国土空间布局的必然举措，有利于进一步提升全域人口和资源综合承载力，强化重庆作为成渝地区双城经济圈核心城市的龙头带动作用，使成渝地区成为具有全国影响力的重要经济中心、科技创新中心、改革开放新高地、高品质生活宜居地，打造带动全国高质量发展的重要增长极和新的动力源。

2. 推动成渝地区双城经济圈建设，有利于更好地强化国内国际双循环新发展格局战略支撑

构建以国内大循环为主体、国内国际双循环相互促进的新发展格

---

① 《习近平主持召开中央财经委员会第五次会议强调 推动形成优势互补高质量发展的区域经济布局 发挥优势提升产业基础能力和产业链水平》，《人民日报》2019 年 8 月 27 日。

② 《习近平主持召开中央财经委员会第六次会议强调 抓好黄河流域生态保护和高质量发展 大力推动成渝地区双城经济圈建设》，《人民日报》2020 年 1 月 4 日。

局，是根据我国发展阶段、环境、条件变化，审时度势作出的重大决策。国内循环越顺畅，越能形成对全球资源要素的引力场，越有利于构建以国内大循环为主体、国内国际双循环相互促进的新发展格局，越有利于形成参与国际竞争和合作的新优势。《成渝地区双城经济圈建设规划纲要》明确，推动成渝地区双城经济圈建设，有利于形成优势互补、高质量发展的区域经济布局，有利于拓展市场空间、优化和稳定产业链供应链，是构建以国内大循环为主体、国内国际双循环相互促进的新发展格局的一项重大举措。

我国中西部地区尽管资源要素丰富、市场潜力巨大，但长期以来，由于地理条件限制和基础设施短板，开放水平和层次仍然不高，对全国开放型经济发展贡献的成色不足、显示度不够。成渝地区双城经济圈处在"一带一路"和长江经济带的联结点上，区位优势十分独特，是我国西部内陆地区经济规模最大、人口最多、开放水平最高、市场潜力最大的城市群。近年来，重庆充分发挥西部陆海新通道物流和运营组织中心作用，携手沿线省区市，加快提升通道运输能力，不断扩大国际合作"朋友圈"。中欧班列（成渝）运输线路近 50 条，覆盖欧亚超过 110 个城市节点，运输货值、重箱率等指标继续保持全国前列，成渝两地在飞国际及地区航线总数达 103 条。重庆经西部陆海新通道累计运输货值已突破 1000 亿元，保持强劲增长态势。推动成渝地区双城经济圈建设，有利于充分发挥贯通陆海、联动东西区位优势，以及人口规模巨大、战略性、功能性和活动性开放平台要件齐备等优势，释放巨大投资消费潜力，构建稳定的产业链供应链，拓展我国经济发展回旋空间，构建与东部地区三大城市群呼应联动的区域格局，构筑向西开放战略高地和参与国际竞争的新基地，助推我国构建更高水平的开放新格局。

3. 推动成渝地区双城经济圈建设，有利于更好地维护国家安全和发展大局

安全是发展的保障，发展是安全的目的。成渝地区所在的四川盆地，北有秦岭山脉、东有大巴山脉，生态禀赋优良、能源矿产丰富、城镇密布、风物多样，在我国古代和近代一直是重要军事政治经济大后方。2023 年 7 月 25 日至 27 日，习近平总书记在四川考察时强调："四川是我国发展的战略腹地，在国家发展大局特别是实施西部大开发战略中具有独特而重要的地位。"[①]2023 年 10 月 12 日，习近平总书记在第四次长江经济带发展座谈会上指出："要统筹好发展和安全，在维护国家粮食安全、能源安全、重要产业链供应链安全、水安全等方面发挥更大作用，以一域之稳为全局之安作出贡献。"[②]放眼全球，当今世界变乱交织，国际政治纷争和军事冲突多点爆发，全球经济依然低迷，保护主义、单边主义上升，全球发展的安全形势错综复杂。我国发展的外部环境急剧变化，不确定难预料因素显著增多，尤其是以美国为首的西方国家对我国实施了全方位的遏制、围堵、打压，给我国发展带来前所未有的严峻挑战。2023 年 12 月召开的中央经济工作会议明确提出，优化重大生产力布局，加强国家战略腹地建设。备豫不虞，为国常道。面对波谲云诡的国际形势、复杂敏感的周边环境、艰巨繁重的改革发展任务，我们要居安思危、未雨绸缪，坚决扛起拓展国家发展战略回旋空间、维护国家安全与发展的新时代使命，承担国家经济安全、科技安全、产业

---

① 《习近平在四川考察时强调　推动新时代治蜀兴川再上新台阶　奋力谱写中国式现代化四川新篇章》，《人民日报》2023 年 7 月 30 日。
② 《习近平主持召开进一步推动长江经济带高质量发展座谈会强调　进一步推动长江经济带高质量发展　更好支撑和服务中国式现代化》，《人民日报》2023 年 10 月 13 日。

安全、金融安全、能源安全、资源安全、生态安全、信息安全等方面的重任，体现成渝担当，彰显重庆作为。

4. 推动成渝地区双城经济圈建设，有利于更好地推动区域高质量协同联动发展

推动区域协调发展是构建新发展格局、实现高质量发展的重要途径。2020年10月，中共中央政治局会议审议《成渝地区双城经济圈建设规划纲要》，会议要求："成渝地区牢固树立一盘棋思想和一体化发展理念，健全合作机制，打造区域协作的高水平样板。"[①]2023年7月，习近平总书记在四川视察时强调，"要坚持'川渝一盘棋'"。2024年4月，习近平总书记在重庆视察时强调："重庆、四川两地要紧密合作，不断提升发展能级，共同唱好新时代西部'双城记'。"[②]川渝两地历史同脉、文化同源、地理同域、经济同体、人缘相亲，自古以来经济联系紧密，合作基础牢靠。近年来，川渝两地基础设施联通水平大幅提升，现代化经济体系初步形成，一体化发展的基础日益深厚、合作的领域不断拓展，进一步深化合作的需求也变得更加迫切。

但必须看到，川渝两地不同程度存在要素市场割裂、经济联系偏低，在很长一段时期竞争关系大于合作关系。比如，在集成电路、新型显示、智能终端、汽车制造等细分领域存在同质化竞争和资源错配现象，未能形成跨区域产业联动协同发展模式，不利于双城经济圈整体产业实力的提升。推动成渝地区双城经济圈建设，就是要打破区域发

---

① 《中共中央政治局召开会议 审议〈成渝地区双城经济圈建设规划纲要〉》，《人民日报》2020年10月17日。
② 《习近平在重庆考察时强调 进一步全面深化改革开放 不断谱写中国式现代化重庆篇章》，《人民日报》2024年4月25日。

展各自为政的"老套路",构建协作发展、互促发展、共赢发展的新思路。要建立川渝区域一体化协作的体制机制,进一步增强区域发展的协同性、联动性、整体性,特别要强化重庆和成都两个中心城市的带动作用,在分工合作中推进区域整体的协同,从而产生"1+1>2"的协作共赢效果,为全国区域高水平协作提供可以借鉴的典型示范。

(二)推动成渝地区双城经济圈建设走深走实

党的二十大以后,重庆进一步深化思想认识、提高政治站位,强化高位推动、各方协同、狠抓落实,扎实抓好机制优化、政策协同、改革突破、项目建设和平台搭建,在争当西部地区高质量发展排头兵、打造具有全国影响力的科技创新基地、勇当内陆省份改革开放探路先锋、建设高品质生活示范区等方面取得明显进展和显著成效,有力推动成渝地区双城经济圈建设走深走实。重庆连续两次召开成渝地区双城经济圈建设推进大会,明确将双城经济圈建设作为市委"一号工程"和全市工作总抓手总牵引,出台行动方案、实施"十项行动"①,制定重大项目、重大政策、重大改革、重大平台"四张清单",将国家层面年度工作全盘纳入川渝合作年度重点任务,多措并举推动重点任务落地落实。积极深化央地合作。重庆建立中央企业对接服务工作机制,携手央企,在打造现代化产业体系、建设科技创新中心、构建现代能源体系、建设西部陆海新通道、推进乡村振兴等方面和重点领域展开全面合作,开展更高水

---

① 重庆市推动成渝地区双城经济圈建设"十项行动",包括提升主城都市区极核引领行动、建设现代基础设施网络行动、构建现代化产业体系行动、加快科技创新中心建设行动、打造国际消费目的地行动、推进生态优先绿色发展行动、勇当内陆省份改革探路先锋行动、打造内陆开放高地行动、推动城乡融合区域协调发展行动、高品质生活惠民富民行动。

平、更宽领域、更深层次的战略合作，实现优势叠加，携手打造新时代央地合作新样板，更好地服务国家发展大局，为现代化新重庆建设提供强大动力。优化川渝协作机制。不断完善推动成渝地区双城经济圈建设重庆四川党政联席会议、常务副省市长协调会议、联合办公室、专项工作四级合作机制，迭代升级"闭门座谈会＋党政代表团会议"的党政联席会议制度，增设分管副省市长领导专项协调会议，调整设立国土空间、交通设施、口岸物流等 22 个联合专项组，合作效能不断提升。

1. 主城都市区极核引领成势见效

以建成高质量发展高品质生活新范例为统领，大力推动中心城区强核提能级、主城新区扩容提品质，梯次推动主城新区与中心城区功能互补和同城化发展，切实增强国家中心城市国际影响力和区域带动力。2023 年，主城都市区 GDP 达到 23120 亿元，同比增长 6.0%。

中心城区围绕"强核提能级"，大力推进国际交往、科技创新、先进制造、现代服务等高端功能建设，做实做优两江新区、重庆高新区等战略平台，两江新区全年新能源整车达到 36.2 万辆，同比增长 66.2%，重庆高新区加速打造"3 个千亿级、5 大百亿级"高新技术产业集群，建成全世界规模最大的山地城市轨道交通运营网络，国家中心城市核心承载能力加速提升，核心引擎的作用持续发挥。

渝西地区作为现代化新重庆建设的新空间，积极推进新型工业化和新型城镇化建设，一体化高质量发展加快推进。国家城乡融合发展试验区重庆西部片区破题起势，编制形成《渝西地区国土空间规划》，规划渝西国际开放枢纽等重要空间，加快培育智能网联新能源汽车零部件等新兴产业，经济增速、第二产业增加值增速均高于全市平均水平，经济实力进一步提升。

2.现代基础设施网络织密建强

加快构建一体化综合交通网络。持续实施《成渝地区双城经济圈综合交通运输发展规划》《成渝地区双城经济圈多层次轨道交通规划》，加快打造国家综合交通"第四极"。共建轨道上的双城经济圈，推动成渝中线、渝西、渝万、成达万、渝湘、渝昆等高铁建设，重庆东站加快建设站城一体化高铁新城，成为全国示范样板，建成世界规模最大的山地城市轨道运营网。截至 2023 年底，建成及在建川渝省际高速公路通道 21 条。高速公路路网密度达 5.03 公里 / 百平方公里，居西部第一位。重庆江北国际机场 T3B 航站楼及第四跑道加快建设，重庆新机场选址正式获得民航局批复。重庆与四川协同打造长江上游航运中心，稳定开

◎ 重庆东站1—3—6小时高铁经济圈示意图（南岸区委宣传部供图）

行嘉陵江干支联运集装箱班轮，铁公水联运枢纽港口体系基本成型。成渝入围首批国家综合货运枢纽补链强链城市（群）。

加快构建多元现代的能源体系。加快建设电源电网，提速建设川渝特高压交流输电工程，开工建设"疆电入渝"特高压直流输电工程。西南地区首座百万千瓦级大型抽水蓄能电站——綦江蟠龙抽水蓄能电站1号机组投产发电，川渝千亿立方米产能基地加快建设。"北煤入渝"运输通道建设有序推进，加快建设一批煤炭、成品油储备设施。

加快建设高效安全的水利基础设施体系。加快建设水网工程和渝西水资源配置工程等重点水源工程，持续推进川渝东北一体化水资源配置、渝南水资源配置等工程前期工作。不断增强城乡防洪能力，有序推进长江北岸岸线生态综合修复工程。

3.现代化产业体系加快构建

打造世界级制造业集群。川渝联合出台汽车、电子信息、装备制造、特色消费品、工业互联网五个领域高质量协同共建实施方案，共建产业链供需信息对接平台、产业合作园区，联合对外招商，发布"双城双百"投资机会清单和成渝地区双城经济圈协同招商十条措施。成渝地区电子信息先进制造业集群成为全国首个入选的跨省域国家级先进制造业集群。长安汽车主流车型搭载了四川50家供应企业提供的零部件，带动川渝683家合作伙伴发展、12万人就业。2023年，川渝两地合计生产汽车329.3万辆，同比增长3.9%，占全国汽车总产量10.9%。为加快现代化产业体系建设，重庆还提出打造"33618"现代制造业集群体系，即做大做强做优智能网联新能源汽车、新一代电子信息制造业、先进材料等3大万亿级主导产业集群；升级打造智能装备及智能制造、食品及农产品加工、软件信息服务等3大五千亿级支柱产业集群；

创新打造新型显示、高端摩托车、轻合金材料、轻纺、生物医药、新能源及新型储能等6大千亿级特色优势产业集群。培育壮大18个"新星"产业集群，包括卫星互联网、生物制造、生命科学、元宇宙、前沿新材料、未来能源等6个未来产业集群；功率半导体及集成电路、AI及机器人、服务器、智能家居、传感器及仪器仪表、智能制造装备、动力装备、农机装备、纤维及复合材料、合成材料、现代中药、医疗器械等12个高成长性产业集群。

推动数字经济协同发展。全国一体化算力网络成渝国家枢纽节点建设正加快推进。设立成渝数字经济企业公共服务平台。加快发展现代服务业，持续推进服务业扩大开放试点。加快建设西部金融中心，启动实施"智融惠畅"工程。积极推进工业互联网平台建设，成功创建中国第五个、西部第一个全球"设计之都"。

4. 科技创新中心提速打造

战略科技平台提速建设。获批全国首个"一带一路"技术创新合作区，与新加坡高校共建联合实验室、产业技术研究院等平台，与香港签署创新及科技合作备忘录，完成十个全国重点实验室重组，新增12个国家级科创平台，金凤实验室一期建成投用，种质创制大科学中心二期投用，万达开技术创新中心正式组建，超瞬态实验装置、"中国复眼"重大科技基础设施加快建设，西部（重庆）科学城、两江协同创新区等创新资源不断集聚。

创新链产业链加速融合。实施高新技术企业和科技型企业"双倍增"五年行动计划。在全球首次利用三维电镜揭示纳米金属塑性变形微观机制，超级智能汽车平台、18兆瓦集成海上风电机组等一批重大关键核心技术攻关和成果产业化实现突破，重庆造"天目一号"气象星座在轨组网运行，举办首届"一带一路"科技交流大会，加快汇聚高层次科技人才。

5. 国际消费目的地加快建设

建设高品质国际消费空间，统筹推进中央商务区、寸滩国际新城"双极核"建设。提升拓展消费品牌，加快集聚"世界名品"，实施消费品牌拓展行动，持续集聚国际国内知名品牌。加快培育"渝货精品"，培育中华老字号和重庆老字号，奉节脐橙、涪陵榨菜、巫山脆李品牌价值均居全国同类产品第一位。加快建设巴蜀文化旅游走廊，开通成渝旅游专列，联合四川创建文化和旅游区域协同发展国家试验区。大力发展会展赛事，成功举办重庆国际马拉松赛，策划举办成渝双城消费节等节庆活动。塑造安全友好的消费环境，引领促进汽车、家电等大宗商品消费，开展"爱尚重庆·渝悦消费"消费促进活动。

6. 生态优先绿色发展巩固提升

川渝两地深学笃用习近平生态文明思想，以更高站位、更宽视野、更大力度进行区域绿色发展协作，以高品质自然资源和生态环境支撑美丽中国先行区建设。

强化重点流域的共建共管。持续深化细化长江、嘉陵江等重要水系纽带生态共建共保的政策与空间规划指引，科学开展"六江"生态廊道整体保护、系统修复、综合治理工作，深化川渝两地生态环境共管共治新格局。

开展生态环境协同立法司法协作、跨界河流联防联控联治，协同落实长江"十年禁渔"，持续加强川渝交界水域的巡护监管和上下游、左右岸的协作联动。深化跨界水体协同保护，川渝深入推进"联合河长制",常态化开展联合巡河。联合深化大气污染联防联控,川渝推进重污染天气应急响应一体联动,协同修订重污染天气应急预案,开展细颗粒物和臭氧协同控制。率先共建危险废物跨省转移"白名单"机制。探索重要流域横向生态保护补偿机制,在次级流域建立第二轮补偿机制,形成更加紧密联动的防控体系。

7. 内陆省份改革探路先锋蓄势聚能

共同建设统一大市场。川渝推进市场准入"异地同标",实现营业执照异地互办互发、立等可取;实现企业跨省市"一键迁移",实现企业跨省迁移"即时办""零跑路";共建跨省公平竞争审查协作机制,在重庆大足、北碚、万州、黔江与四川内江、绵阳、达州、南充开展公平竞争审查第三方交叉互评。

探索经济区与行政区适度分离改革。川渝共建高竹新区,跨省市共建投资开发公司;探索跨省域税费征管"一体化"改革创新;试行建设用地指标收储和出让统一管理机制;探索生产要素"同城同价",建成投用川渝首个跨省域共建社银一体化网点、首个跨省共建市场监管机构,有序推进高竹新区国土空间规划工作。

推动若干重点领域探索改革多点突破。深化渝富控股集团国有资本投资运营公司改革,完成重庆产业投资母基金组建、三峡银行股权重组、三峡人寿增资重组签约。推动民营经济持续健康发展,上线运行"一件事一次办"服务,优化降低用能、用工、物流、融资成本政策措施,持续营造一流营商环境。

8. 内陆开放高地能级持续提升

开放通道能级不断提升。中欧班列(成渝)开行量占全国开行总量

23%左右，累计开行班次和货值货量均居全国首位。西部陆海新通道已经通达全球 120 个国家和地区的 490 个港口，成功开行中老泰国际铁路测试班列，经西部陆海新通道货运量占沿线货运总量 28%。重庆成为全国首个兼有港口型、陆港型、空港型、生产服务型、商贸服务型"五型"国家物流枢纽的城市。

开放平台支撑力持续增强。成渝 RCEP 跨境贸易中心、中新跨境电商产业园、重庆 RCEP 投资贸易服务中心等国家级、区域级对外开放平台落地重庆，中新（重庆）战略性互联互通示范项目成为"一带一路"的标志性项目。川渝统一运营中欧班列（成渝）品牌，实现运营标识、基础运价、车辆调度"三统一"；推进跨省市"关银一 KEY 通"，首次实现"电子口岸卡"跨海关关区通办。

开放型经济效益更加显著。全市外贸、实际使用外资总量排名西部前列，2023 年重庆出口汽车 36.8 万辆、同比增长 29.8%，出口金额 332 亿元、同比增长 51.9%，在渝世界 500 强企业累计达 319 家。

9. 城乡融合区域协调发展扎实推进

川渝两地持续推动城乡融合区域协调发展，大力推进以人为核心的新型城镇化，努力破除城乡二元结构、拓展高质量发展空间、实现全体人民共同富裕。区县城综合承载能力显著增强，全市常住人口城镇化率达到 71.7%，深化大城市带大农村发展机制，基本消除集体经济空壳村，培育"强村公司"，创建国家级特色优势产业集群，启动"小县大城""强镇带村"试点。启动实施乡村振兴"四千行动"。创建巴渝和美乡村示范村，新改建"四好农村路"；创新推出"富民贷""渝快助农贷"等信贷产品。深化区县对口协同发展，推进中央单位定点帮扶，深入实施"万企兴万村"行动。

10. 高品质生活惠民富民成果不断夯实

川渝交通互动更加便捷。推动川渝客运售票系统实现信息互通，成渝1小时高铁直达、年日均开行125对，21条跨省份城际公交有序运行。川渝推进政务"川渝通办"，联合发布3批311项"川渝通办"事项。统一公开川渝各城市住房保障政策和申请渠道，持续推进住房公积金互认互贷，住房公积金异地转移接续全程网办；全域全类别户口迁移"一站式"跨省通办。逐步推进川渝二级及以上公立医院多项检查检验结果互认、医疗机构实现川渝电子健康卡"扫码就医"；协同推进川渝异地就医住院免备案试点。川渝推动就业、社保、人才等领域区域标准化协同试点事项实现同标办理。

（三）加快打造西部地区高质量发展先行区

习近平总书记在新时代推动西部大开发座谈会上的重要讲话和视察重庆重要讲话重要指示，为进一步推动成渝地区双城经济圈建设提供了根本遵循、指明了前进方向。要坚决落实习近平总书记西部大开发"六个坚持"重要指示精神，紧扣"两中心两地"战略定位和"三中心一走廊"建设，合力唱好"双城记"、协同打造全国高质量发展重要增长极和新的动力源。

1. 持续迭代"双圈"建设合作机制和工作推进机制

强化央地合作机制。积极争取中央区域协调发展领导小组对双城经济圈建设的指导支持，强化国家对成渝地区重大部署、重大规划、重要政策、重点项目的支持力度，定期协调解决重要问题，督促落实重大事项。深化与中央企业合作，聚焦重点领域，探索开拓全新合作模式，共同开展更高水平、更宽领域、更深层次的战略合作，努力形成更多引领性、标志性、共赢性成果，打造央地合作新样板，推动国家战略落实落地、助推地方经济社会发展。引导央企深度参与重庆改革发展。围绕深入贯彻国家战略，充分发挥央企优势，助推重庆"三攻坚一盘活"改革突破。

强化川渝协作共建机制。创新川渝合作机制，强化战略协作和政策协同，加强平台对接、数据共享和利益共享，扎实推进川渝一体化向更深层次更宽领域深化拓展，努力打造区域协作高水平样板。充分发挥川渝党政联席会议在推动区域协调发展中统筹指导、综合协调各方的作用，把党的领导始终贯穿成渝地区双城经济圈建设全过程。按照党中央、国务院的决策部署，进一步推动川渝两地双向沟通、同向发力、相向而行，强化在推进双城经济圈重大规划、重大政策、重大项目和年度工作安排中，协调解决重大问题的职能，持续谋划并推动落实一批战略性、引领性、标志性项目。积极争取国家层面常态化召开双城经济圈建设专题部际联席会议，研究解决重大事项。充分发挥好由常务副省(市)长牵头的川渝两地协调会议机制功能，强化协作的协调推进机制。充分利用川渝人大、政协联席会议机制，联合开展跨区域调研和民主监督，广泛团结凝聚各方建设力量。

强化"十项行动"推进落实机制。实施成渝地区双城经济圈建设"十项行动"，建立加快实施"十项行动"的考核评价体系，坚持"一把手"抓"一号工程"，以"关键少数"引领"绝大多数"，加强综合评价，持续滚动更新、迭代升级年度重大项目、重大政策、重大改革、重大平台清单，每年遴选若干实施效果好、具有引领性带动性示范性的成果，作为成渝地区双城经济圈标志性成果，强化正向引导激励。强化问效考评，健全"任务—分办—落实—跟踪—反馈—上报"工作链条，制定成渝地区双城经济圈建设绩效考核评价办法,激励先进、鞭策后进。强化督查评估,对真抓实干成效明显的给予激励。

2. 持续打造具有全国影响力的经济中心

推动主城都市区发展能级和综合竞争力显著提升。提升中心城区发展能级,加快转变超大城市发展方式,强化产业引领、科技创新、门户枢纽、综合服务等核心功能,规划建设一批具有辨识度的重点功能区。抓好渝西地区高质量发展、增强成渝中部崛起势能。实施先进制造业发展"渝西跨越计划",深化与成渝"双核"整零配套,架构产业图谱完善新能源汽车产业生态,建设世界级智能网联新能源汽车零部件产业基地和先进制造业集群重要承载区。建设与中心城区功能互补、融合互动的现代化渝东新城。

完善现代基础设施网络。加快推进与京津冀、长三角、粤港澳大湾区以及北部湾(东盟)、西藏(南亚)、新疆(欧洲、中亚)等国际综合运输大通道建设。加快成渝中线、渝昆、渝西、渝万、成达万和渝湘高铁重庆至黔江段高铁建设。推动川渝毗邻省际高速公路建设。建成江北机场 T3B 航站楼及第四跑道,加快重庆新机场前期工作。加快畅通重庆"一干两支"航道主骨架和嘉陵同利泽航电枢纽建设。加快实施川渝特高压交流输电工程、"疆电入渝"特高压直流输电工程、川渝千亿立方米天然气基地等重大能源工程,建设百亿级西南地区储气调峰基地、中航油西南战略储运基地,推动"疆算入渝",打造西部算力创新枢纽和应用高地。

共建现代化产业体系。推动智能网联新能源汽车、电子信息和装备制造的补链建链和强链,共同打造世界级产业集群。编制成渝重点产业链图谱,争取国家集成电路、工业母机、新型显示、大型成套装备等产业领域重大项目在重庆布局。培育高水平汽车产业研发生产制造基地，共同推进燃料电池汽车示范应用。推动川渝合作，共建产融结合、开放创新、安全稳健、协同合作的西部金融中心。建设现代高效特色农业带。建设国家优质粮油保障基地，打造国家重要的生猪生产基地、渝遂绵优质蔬菜生产带、优质道地中药材产业带、长江上游柑橘产业带等。强化农业科技支撑，推动共建国家农业高新技术产业示范区。

3. 持续打造具有全国影响力的科技创新中心

加快培育国家战略科技力量。聚力打造数智科技、生命健康、新材料、绿色低碳 4 大科创高地，积极发展人工智能、区块链、云计算、大数据等 16 个重要战略领域，构建"416"科技创新战略布局。建设一批科技创新基础设施，加快建设超瞬态实验装置、长江上游种质创制中心等，积极谋划国家实验室，争取国家实验室重庆基地落地，加快推进国家重点实验室优化重组，争取创建全国重点实验室，着力建设金凤实验室、明月湖实验室等"重庆实验室"，争取创建轻金属国家技术创新中心。持续推动中国科学院重庆科学中心等科创平台建设，引育国内外一流高校、高水平研究院所、中央企业等高端创新资源，支持发展高水平研究型大学，推动市属科研机构改革创新。瞄准新兴产业设立开放式、国际化高端研发机构，建设两江协同创新区，提质建设广阳湾智创生态城，推动发展一批高质量科技园区。深入推进全域科技创新，以特色科创平台为载体，加快构建"一区（县）一平台"科技创新形态，形成特色鲜明、优势突出、联动协同的区县创新发展格局。支持优势科技力量参与国家实验室"核心＋基地＋网络"建设。

提升区域协同创新能力。共同实施成渝科技创新合作计划，推动共建成渝综合性科学中心，共同参与国际大科学计划和大科学工程，建设新型研究基地。积极融入国际国内科技创新网络,共建"一带一路"科技创新合作区和国际技术转移中心,举办"一带一路"科技交流大会。营造一流创新生态。构建科技企业全周期培育链条,强化高质量科技成果供给。创建国家技术转移区域中心,推动重庆国家科技成果转移转化示范区建设。深化知识价值信用贷款改革试点,积极推动国家科技成果转化基金落地。深化知识产权服务体系建设,加强知识产权案件联合执法。

4.持续打造内陆改革开放新高地

加快打造一流营商环境。推进营商环境创新试点城市建设。提升政务环境,加快推广应用"渝快办"政务服务平台和"渝快政"协同办公平台,实施"减证便民"行动,深化"一窗综办"改革。提升法治环境,强化"互联网＋监管",构建市、区(县)、乡镇(街道)三级行政执法协调监督体系。提升市场环境,全面落实市场准入负面清单制度,深化商事登记、工程建设项目审批、投融资机制等改革。优化创新环境,落实企业科技创新奖励政策,抓好"双创"基地项目培育。推动成渝地区双城经济圈政务数据资源共享共用,提升"川渝通办"办事范围和效能,促进川渝信用体系协同发展。

着力构建高标准市场体系。推进落实融入全国统一大市场建设重点举措,建立完善与全国统一制度规则相衔接的制度机制。加强反垄断和反不正当竞争,持续清理废除妨碍统一市场和公平竞争的各种规定和做法。推进要素市场化配置综合改革试点,支持成渝金融法院、重庆破产法庭建设。推动成渝地区双城经济圈市场一体化建设,加快探索建立规则制度统一、市场设施联通、要素自由流动、监管协同联动的一体化发展新机制。

深化推进经济区与行政区适度分离改革。加快在川渝毗邻地区探索共建园区、跨区域产业转移和项目合营等成本分担及利益共享机制，建立统一编制、联合报批、共同实施的规划管理体制，探索招商引资、项目审批、市场监管等经济管理权限与行政区范围适度分离。支持在合作园区共同组建平台公司，协作开发建设运营，建立跨行政区财政协同投入机制。推动川渝两省市机场、港口、中欧班列、西部陆海新通道等领域企业采取共同出资、互相持股等模式促进资源整合和高效运营。允许能源、电信、医疗等行业有序提供跨行政区服务。加快探索经济统计分算方式，建立互利共赢的地方留存部分税收分享机制，推进税收征管一体化。推动川渝毗邻地区行政审批、执法司法等政策协同。全面实现企业群众高频事项川渝地区跨区域办理。

打造内陆开放高地。以西部陆海新通道建设为牵引，加快完善出海出境大通道体系，加密铁海联运班列、跨境公路班车、国际铁路联运班列等，增强西部陆海新通道与中欧班列、长江黄金水道、国际航空网络接驳联系，推动中欧班列（成渝）高质量发展。加强与粤港澳大湾区和黔中、滇中、北部湾等城市群合作。建设高能级开放大平台。推动川渝自由贸易试验区协同开放示范区开放型政策先行探索。推动重庆两江新区、四川天府新区，重庆高新区、成都高新区协同承接布局国家重大战略项目、试点示范项目。建设中国跨境电子商务综合试验区，共同建设"一带一路"对外交往中心和"一带一路"进出口商品集散中心。

5.持续打造高品质生活宜居地

携手打造富有巴蜀特色的国际消费目的地，打造国际消费新空间。提升打造解放碑—朝天门、寸滩国际新城、观音桥等商圈，做亮"重庆山水、重庆时尚、重庆美食、重庆夜景、重庆康养"等消费名片，大力发展"四首"经济、品牌经济，集聚全球优质消费供给，做优做强渝货精品，加强老字号传承振兴。推动文旅融合发展。打造"大三峡"、大足石刻、武隆喀斯特、南川金佛山、合川钓鱼城、万盛黑山谷、长寿湖—五华山、江津四面山等文旅品牌。加快建设长征国家文化公园（重庆段）、红岩文化公园、重庆开埠文化遗址公园等，搭建川渝文旅发展一体化新平台。发展会展赛事经济。持续扩大重庆国际马拉松、武隆国际山地户外运动公开赛等国际影响力，积极申办国内外高水平综合性运动会和顶级单项赛事。积极申办"一带一路"进出口商品博览会等国际大型会展。

携手共筑长江上游生态屏障，推动生态共建共保。统筹山水林田湖草治理，共建长江、嘉陵江、乌江、涪江为主体，其他支流、湖泊、水库、渠系为支撑的绿色生态廊道。实施重点流域、三峡库区"共抓大保护"项目，建设长江沿岸"两岸青山·千里林带"工程。严格落实长江经济带发展负面清单，加强跨界水体污染联防联治。深化跨省市河流、区域大气污染和固体废物协同治理。完善危险废物跨省市转移机制，协同开展"无废城市"建设。强化大气污染联防联控治理，建立突发环境事件应急联动机制。推动绿色转型发展。加快打造国家绿色产业示范基地，打造长江经济带绿色金融改革创新试验区，开展跨省市排污权、水权、用能权等交易合作，协同探索生态产品价值实现路径和转化模式。倡导绿色生活方式，推动产业、能源、交通运输和用地结构调整，推动绿色转型发展。

携手提升公共服务质量和水平，扩大优质公共服务覆盖面和合作面，让川渝两地老百姓和各类市场主体享受更多"同城待遇"。推进基本公共服务标准化便利化。联合制定基本公共服务标准，建立标准动态调整机制，合理增加保障项目，稳妥提高保障标准。推动高质量就业，打造"智汇巴蜀"等人力资源品牌，实施"就在山城·渝创渝新"就业创业促进计划，加强"巴渝工匠"终身职业技能培训。共享教育文化体育资源。深化中小学学区制管理改革，共享优质教育资源，加快重庆职业教育创新发展高地、中国西部（重庆）职教城园等建设，推动永川建设西部职教基地、璧山打造产教融合生态区，共建一批职业教育集团，培养两地产业发展急需人才，塑造"巴渝工匠"品牌。与四川联手开展"双一流"建设，推动高校向区域性中心城市、重要支点城市布局。推动公共卫生和医疗养老合作。依托重庆医科大学附属医院等优质医疗资源，与四川共同建设国家医学中心、区域医疗中心、国家临床重点专科群。建设重庆国家儿童区域医疗中心。推动优质医疗资源下沉，支持医联体建设和跨区办医，加快优质医疗资源有序扩容和均衡布局。构建区域公共卫生服务体系，建设市级重大疫情救治基地、公共卫生综合临床中心，完善重大疫情和突发公共卫生事件联防联控机制。统筹建设毗邻地区综合交通网络、水利工程、能源设施和新型基础设施，推进毗邻地区城乡电力、通信、供水、燃气、污水收集等市政管网升级改造。完善级配合理的毗邻地区城乡路网，提高乡村公路通达深度，开行更多的跨区域乡村客运公交。

三、赋能增效　塑造因地制宜　发展新质生产力新优势

　　"生产力是人类社会发展的根本动力，也是一切社会变迁和政治变革的终极原因。""新质生产力是创新起主导作用，摆脱传统经济增长方式、生产力发展路径，具有高科技、高效能、高质量特征，符合新发展理念的先进生产力质态。"① 现代化产业体系是现代化国家的物质技术基础，是发展新质生产力的重要载体。重庆是我国制造业重镇，制造业发展门类齐全、底蕴深厚，制造业是重庆的立市之本、强市之基，也是最厚实的"家底"。习近平总书记对重庆发展新质生产力寄予厚望，指出："重庆制造业基础较好，科教人才资源丰富，要着力构建以先进制造业为骨干的现代化产业体系……加强重大科技攻关，强化科技创新和产业创新深度融合，积极培育新业态新模式新动能，因地制宜发展新质生产力。"② 这一重要论述为重庆发展新质生产力提供了根本遵循。重庆深学笃用习近平经济思想，深入贯彻落实习近平总书记重要讲话重要指示精神，认真落实党中央决策部署，把高质量发展要求贯穿新型工业化

---

① 习近平：《发展新质生产力是推动高质量发展的内在要求和重要着力点》，《求是》2024年第11期。

② 《习近平在重庆考察时强调　进一步全面深化改革开放　不断谱写中国式现代化重庆篇章》，《人民日报》2024年4月25日。

全过程，坚持以科技创新引领现代化产业体系建设，加快传统产业转型升级，积极培育具有国际先进水平和竞争力的战略性新兴产业，持续提升"33618"现代制造业集群体系发展能级，统筹推动先进制造业、现代服务业、现代特色生态高效农业和数字经济发展，促进实体经济与数字经济深度融合发展，积极培育和发展新质生产力，开辟发展新领域新赛道、培育发展新动能、增强竞争新优势，着力构建以先进制造业为骨干的现代化产业体系，为现代化新重庆建设提供产业支撑。

（一）夯实现代化新重庆的物质技术基础

1. 构建现代化产业体系是贯彻落实习近平总书记殷殷嘱托的重要使命

习近平总书记在重庆考察时强调，"要坚定不移推动高质量发展，扭住深化供给侧结构性改革这条主线，把制造业高质量发展放到更加突出的位置"①，"要着力构建以先进制造业为骨干的现代化产业体系"②。没有坚实的物质技术基础，就难以顺利推进现代化新重庆建设。当前，新一轮科技革命和产业变革深入发展，国际分工体系面临系统性调整，经济社会数字化转型加速，信息技术、生物技术、制造技术创新活跃、加速演进，我们既面临难得历史机遇，又面临严峻挑战。深入贯彻落实习近平总书记重要讲话重要指示精神，关键在于深刻领悟其中的丰富内

---

① 《习近平在重庆考察并主持召开解决"两不愁三保障"突出问题座谈会时强调　统一思想一鼓作气顽强作战越战越勇　着力解决"两不愁三保障"突出问题》，《人民日报》2019 年 4 月 18 日。
② 《习近平在重庆考察时强调　进一步全面深化改革开放　不断谱写中国式现代化重庆篇章》，《人民日报》2024 年 4 月 25 日。

涵和实践要求，以促进各产业有序衔接、产业运行安全稳定为路径，以智能化、绿色化、融合化为主攻方向，以实现经济循环的畅通无阻、供需两端的动态平衡为主要目的，优化产业体系、发展动能、市场主体、组织方式和空间布局，提升产业生成能力、产业迭代能力和产业把控能力，推动产业发展质量变革、效率变革、动力变革，建设具有完整性、先进性、安全性的现代化产业体系，促进重庆经济发展实现质的有效提升和量的较快增长。

2. 构建现代化产业体系是建设现代化经济体系的重要支撑

习近平总书记强调："现代化经济体系，是由社会经济活动各个环节、各个层面、各个领域的相互关系和内在联系构成的一个有机整体。"[①] 形成高水平现代化经济体系，要建设创新引领、协同发展的产业体系，持续深化供给侧结构性改革，加快发展先进制造业，推动互联网、大数据、人工智能同实体经济深度融合，推动资源要素向实体经济集聚、政策措施向实体经济倾斜、工作力量向实体经济加强，实现实体经济、科技创新、现代金融、人力资源协同发展，发展更高水平的现代化产业体系，增强产业乃至经济的自主性、柔韧性、抗风险性和可持续性。现代化产业体系致力于锻长板、补短板、强基础，打造系统完备、高效实用、智能绿色、安全可靠的现代化基础设施体系，引领发展战略性新兴产业和未来产业。现代化产业体系与市场体系、收入分配体系、城乡区域发展体系、绿色发展体系、全面开放体系和经济体制等方面的目标任务相互联系、相互支撑，是现代化经济体系的核心内容，也是现

---

① 《习近平在中共中央政治局第三次集体学习时强调　深刻认识建设现代化经济体系重要性　推动我国经济发展焕发新活力迈上新台阶》，《人民日报》2018年2月1日。

代化建设的基础。

3. 构建现代化产业体系是发展新质生产力的重要载体

习近平总书记强调指出，"发展新质生产力是推动高质量发展的内在要求和重要着力点，必须继续做好创新这篇大文章，推动新质生产力加快发展"[①]，"加强重大科技攻关，强化科技创新和产业创新深度融合，积极培育新业态新模式新动能，因地制宜发展新质生产力"[②]。新质生产力是创新起主导作用，具有高科技、高效能、高质量特征，符合新发展理念的先进生产力质态。它由技术革命性突破、生产要素创新性配置、产业深度转型升级而催生，以劳动者、劳动资料、劳动对象及其优化组合的跃升为基本内涵，以全要素生产率大幅提升为核心标志，特点是创新，关键在质优，本质是先进生产力。以科技创新为引领，打通束缚新质生产力发展的堵点卡点，创新生产要素配置方式，促进各类先进优质生产要素向发展新质生产力顺畅流动，推动新产业、新模式、新动能发展，因地制宜发展新质生产力，用新技术改造提升传统产业，积极培育具有国际先进水平和竞争力的战略性新兴产业，超前布局建设未来产业，不断完善现代化产业体系。

（二）提升"33618"现代制造业集群能级

现代化产业体系是现代化的核心，是发展新质生产力的重要载体，

[①] 《习近平在中共中央政治局第十一次集体学习时强调　加快发展新质生产力　扎实推进高质量发展》，《人民日报》2024 年 2 月 2 日。

[②] 《习近平在重庆考察时强调　进一步全面深化改革开放　不断谱写中国式现代化重庆篇章》，《人民日报》2024 年 4 月 25 日。

决定着未来发展的高度。重庆坚持把发展经济的着力点放在实体经济上，一体推进科技创新、产业创新和体制机制创新，统筹推进传统产业升级、新兴产业壮大、未来产业培育，做大做强"33618"现代制造业集群体系，培育壮大新质生产力，积极构建以先进制造业为骨干的现代化产业体系。

1. 着力构建"33618"现代制造业集群体系

紧盯高端化、智能化、绿色化方向，全力开启国家重要先进制造业中心建设新征程。智能网联新能源汽车、新一代电子信息制造业、先进材料等三大主导产业集群稳步向好；智能装备及智能制造、食品及农产品加工、软件信息服务等三大支柱产业集群乘势崛起；六大特色优势产业集群建设提速；18个"新星"产业集群成效显著。2023年，全市规模以上工业增加值增长6.6%，高于全国平均水平2个百分点。2024年上半年，规模以上工业增加值增长8.6%，位列全国第五。

（1）三大主导产业集群

智能网联新能源汽车产业集群。按照整零协同、软硬结合、共建生态思路，深入实施建设世界级智能网联新能源汽车产业集群发展规划，产业链3大系统、12个总成、56种部件实现全覆盖和集成式发展，协同推进整车产能调整、新车型新品牌培育和配套能力提升，汽车产业生态逐步形成。加快长安汽车渝北新工厂、赛力斯超级工厂等重大整车项目建设，促进整车产能加速向新能源汽车切换。强化新品牌建设和新产品投放，问界系列、深蓝系列、阿维塔系列持续热销。签约吉利动力电池、中国长安线控底盘、信质驱动电机、延锋国际智能座舱、禾赛激光雷达等关键配套环节项目403个，构建西部领先的配套体系。2023年，汽车产量达231.8万辆，升至全国第二位，新能源汽车产量突破 50 万辆，智能网联新能源汽车产业集群完成产值 6238.8 亿元。2024 年上半年，新能源汽车产量增长 1.5 倍，汽车产量时隔八年重回全国城市第一。

新一代电子信息制造业产业集群。坚持以提升电子信息产业集群国际竞争力为主线，持续巩固全球最大笔电、全国重要手机制造基地地位，大力发展智能消费电子产品，着力培育产业发展新增长点。集成电路方面，落地开工安意法、芯联微电子等一批战略性、标志性项目，功率半导体年产量进入全国前三，特色工艺集成电路产业高地初具雏形。新型显示方面，推动康宁基板玻璃前段熔炉项目建成投产，玻璃基板—液晶面板—显示模组—显示器件产业链进一步健全，面板总产能跃居全国前十，下一代平板显示技术研发进程全国领先。智能终端方面，全力巩固电子终端订单，连续十年为全球产量最大的笔电

◎ 赛力斯超级工厂焊装车间生产线（新华社记者黄伟摄）

生产基地，智能手机产量和出货量排全国前列，服务器、服务机器人等领域加速布局。2023 年，新一代电子信息制造业产业集群完成产值 7164.6 亿元。

先进材料产业集群。优化基础材料领域布局，有序开展低效产能整合，提升前端支撑能力，着力推进重点产业链向两端延展，轻合金、纤维及复合材料、合成材料三大优势领域加速补链成群。轻合金材料方面，博赛集团南川镁合金、九龙坡区国创轻合金研究院等项目落地开工。纤维及复合材料方面，涪陵卡涞年产 300 万件碳纤维复合材料零部件项目建成投产，填补了碳纤维复合材料领域空白。合成材料方面，万凯三期 60 万吨 PET 项目建成投产，中润 NMP 溶剂等项目实现开工。光伏玻璃、氧化铝、钢材、铜材、玻璃纤维、己二酸等重点产品产量实现两位数以上增长。2023 年，先进材料产业集群完成产值 6414.9 亿元。

（2）三大支柱产业集群

智能装备及智能制造产业集群。加强智能制造关键技术装备研发应用，推动关键技术产品与智能制造协同发展，着力抓好重大技术装备研发和工业母机及机器人、能源动力装备、农机通机装备、航空航天装备等领域企业培育。发布超大型 LNG 储存罐、手眼脚一体机器人、战斗机隐身缺陷检测装备等首台（套）重大技术装备 27 个。工业机器人、工业母机等智能制造装备"整机制造＋零部件配套＋系统集成"发展格局基本形成。重庆国产通用航空装备物流运输试点首飞成功，低空经济与通航产业破题起势。2023 年，智能装备及智能制造产业集群完成产值 2747.6 亿元。

食品及农产品加工产业集群。加强高标准种养殖基地建设，积极构建大宗农产品集散、交易及配送体系，丰富高品质原料供给，培育美食工业化新品类、新产品。组建重庆食品及农产品加工产业生态联盟，发布 12 个具有潜力的爆品品类机会清单。成功举办第二届中国（成渝）美食工业博览会，近三万名专业观众和市民现场观展。支持涪陵食品、江津粮油加工两个国家新型工业化产业示范基地招大引强，引进绿农供应链明月山农副产品集采集配中心、中储粮油脂有限公司 35 万吨粮食建仓等项目。推动梁平预制菜产业园、大渡口重庆小面产业园、合川火锅食材产业园等市级特色产业基地建设。2023 年，食品及农产品加工产业集群完成产值 1879.6 亿元。

软件信息服务产业集群。深入实施软件和信息服务业"满天星"行动计划，加快创建中国软件名城和中国软件名园。发挥软件重大项目引领作用，推动软件开源生态建设。加强工业软件、汽车软件、重点行业应用软件等技术产品研发，丰富软件信息服务产业体系。加强人工智能、大数据、区块链等技术研发应用，提升软件定义与服务增值能力。积极培育"启明星""北斗星"企业，落地奇安信车联网总部、长线智能、亚信科技、埃克斯工业全国总部等重大项目。推动国内首个计算机辅助公差（CAT）全自动建模软件在渝发布并达到国际先进水平，成功研发首款国产通用型科学计算软件。2023 年，软件信息服务产业集群实现软件业务收入 3152 亿元，全国排名"进位"至第八。

（3）六大特色优势产业集群

新型显示产业集群。不断推动现有面板产能释放，构筑下一代平板显示先发优势，推动"硬件＋内容"一体化发展，京东方 6 代柔性面板持续放量，2023 年全产业集群完成产值 769.5 亿元。高端摩托车产业集群。加强中高档摩托车产品研发，重构产品体系，消费娱乐化带动高端摩托车国内需求释放，2023 年全市摩托车产量达 562.3 万辆、增长 30.2%，全产业集群完成产值 862.5 亿元。轻合金材料产业集群。不断进行集群技术研发，巩固提升航空航天用材等领域竞争优势，快速壮大产业规模，2023 年全产业集群完成产值 1393 亿元。轻纺产业集群。顺应新消费趋势，加快培育体育用品、户外休闲用品等新兴消费品，推动造纸与纸制品、竹制包装等行业加快绿色化转型步伐，打造富有重庆特色的文化创意产品，2023 年全产业集群完成产值 1671.7 亿元。生物医药产业集群。围绕重点领域加大创新投入，创新药在研项目达 100 余个，大力承接原料药产业转移，2023 年全产业集群完成产值 684.9 亿元。新能源及新型储能产业集群。大力推动技术产品发展与应用，做大储能产业规模，海辰储能电池一期一阶段建成投产，填补了储能电池领域空白，2023 年全产业集群完成产值 678.5 亿元。

（4）18 个"新星"产业集群

未来产业集群。明确卫星互联网、生物医药、生命科学、元宇宙、前沿新材料、未来能源六大未来产业的区域布局和技术方向，构建未来

◎ 重庆高新区金凤实验室（尹诗语摄）

产业新生态。卫星互联网领域，中国星网集团、中国航天科工集团在渝设立企业和研发机构，北斗、卫星互联网相关企业分别超 30 家、60 家；元宇宙领域，渝北区元时空、永川区达瓦未来等代表性企业落户；未来能源领域，聚焦数字能源低碳城市发展，谋划启动两江新区、重庆经开区两个数字能源低碳城市先行示范区建设；生命科学领域，重庆国际免疫研究院、金凤实验室等高端研发机构落地；前沿新材料领域，微纳系统及新材料技术国际联合研究中心、轻合金材料国际合作联合实验室等高能级联合创新平台加快建设，推动核心基础及共性技术攻关。

高成长性产业集群。制定 AI 及机器人、服务器、智能家居、传感器及仪器仪表、纤维及复合材料、合成材料等产业集群发展专项行动计划，依托龙头企业，搭建应用场景，构建创新创业生态，快速形成产业发展动力源泉。

2.持续推进数字产业化、产业数字化

加快数字经济与实体经济融合发展，坚持以数字化变革引领制造业系统性重塑，推动数字产业补链成群，以"产业大脑＋未来工厂"为核心场景塑造重庆制造业竞争新优势，积极打造重庆"数字制造·智慧工业"新名片。

（1）数字产业化

培育壮大数字经济核心产业。将推动制造业高质量发展同发展数字经济有机结合，发展壮大具有竞争力的数字产业集群。积极拓展新兴软件领域，加快软件企业培育，建设软件人才"超级工厂"，新增软件企业超 6000 家、从业人员超 9 万人。联动世界级智能网联新能源汽车集群建设，大力发展智能座舱、智能车控等智能网联技术产品，加快构建国内领先的智能网联新能源汽车零部件配套体系，加快充换电、加注

氢、车路协同等基础设施及服务体系建设，促进新能源汽车与电网融合互动、车路云一体化发展。提升特色工艺集成电路和新型显示领域核心竞争力。做优做强中高端计算机、智能手机两大地标特色产品，加强新型智能终端产品培育，丰富电子终端品类。

持续夯实数字底座。着力打通经济社会发展的信息"大动脉"，持续提升网络基础设施服务能级。建成全国首条针对单一国家、点对点的中新国际数据通道，实现渝川贵直联。加快建设 5G 规模组网和应用示范城市，每万人拥有 5G 基站数居西部第一位。着力优化算力基础设施体系。建设全国一体化算力网络成渝国家枢纽节点，构建多元算力支撑体系，新投用中科曙光先进计算中心（超算）。着力完善应用基础设施建设。工业互联网标识解析国家顶级节点（重庆）连接西部 10 省（自治区、直辖市）49 个二级节点、3.5 万余家企业，"星火·链网"区块链网不断完善，接入企业超 1400 家，标识注册量 5.1 亿条。

（2）产业数字化

点面结合全面提升智能制造水平。实施智能化改造项目，建设智能工厂和数字化车间，实施平台化设计、数字化管理、网络化协同、个性化定制、服务化延伸等制造业数字化转型典型应用，推动企业"触网上云用数赋智"。2023 年，全市数字化研发设计工具普及率 80.9%，关键工序数控化率 58.8%，分别居全国第八位和第七位。

标杆引领打造典型示范应用场景。推动人工智能、数字孪生、5G、大数据等新一代信息技术在制造业的创新应用，探索形成可复制、可推广的典型场景和解决方案。打造形成 40 个市级智能制造标杆企业和双化协同示范工厂，建成 40 个创新示范工厂、40 个 5G 工厂，建设 958 个数字化车间、144 个智能工厂。赛力斯电动汽车等 17 家企业入选国家智能制造示范工厂揭榜单位，建峰新材料公司工艺数字化设计等 37

个企业的 58 个场景入选国家智能制造典型场景清单。

创新构建链式融通产业生态体系。创新实施制造业"一链一网一平台"试点示范，推动宗申集团、青山工业等建设产业链特色工业互联网平台，加快形成产业生态资源"一条链"，数据协同"一张网"，应用服务"一平台"。加快汇聚"一硬"（工业硬件）+"一软"（工业软件）+"一网"（工业网络）+"一安全"（工业信息安全）等领域主体，集聚 235 家平台服务、解决方案、大数据应用等数字化转型服务商。

3. 积极培育现代服务业

持续推进西部金融中心和国际消费中心城市建设，启动实施"智融惠畅"工程，成功创建全球设计之都，工业设计、科技服务、金融服务、现代物流等业态增势良好，检测认证、电子商务、服务外包等产业集聚示范区加快建设。围绕工业设计、电子商务、服务外包、会展、现代物流等服务领域，着力构建优质高效的服务业新体系，深化现代服务业与先进制造业、农业融合发展。

金融服务业。通过启动实施"智融惠畅"工程，着力提升金融集聚辐射、服务实体经济、数智创新、开放引领等关键能力，持续提升金融行业综合实力、服务质效和支柱地位，消费金融公司和网络小贷规模居全国第一位，法人保险、外资银行和"A+H"股上市银行数量居西部第一位，西部金融中心建设打开新局面。以"智"促转，打造富有重庆特色的数智金融平台，联合搭建"渝企金服""渝快融""渝普金链""长江渝融通""金渝网"等数字化融资服务平台，为信用大数据赋能金融发展奠定基础。以"融"增效，不断提升金融服务产业体系能力，加快建设国家级绿色金融改革创新试验区，深入推进中西部首个区域性股权市场改革创新试点，获批开展"专精特新"专板、认股权综合服务等试点，中新金融开放合作提档升级，组建西部陆海新通道金融服务联合体，出台支持"渝车出海"系列金融政策。以"惠"为民，构建以人民为中心的普惠金融体系，大力推动金融政策向中小企业倾斜，加大货币政策工具运用，加大财金政策联动，搭建全市政府性融资担保体系。以"畅"触达，全面升级重塑金融服务生态，推动商业银行数字化转型，提升企业融资便利度，创新金融服务下沉机制，建立金融链长、金融顾问、产业专家库等新机制。

消费服务业。坚持"一盘棋"谋划、"一张图"推进，国际消费中心城市培育建设提质步稳、成效初显。"产业""消费"融合互促。"核心产业"聚能发展，持续壮大智能网联新能源汽车、高端装备、新材料、生物医药、航空航天、消费品等产业集群，积极培育现代金融、软件信息、商贸物流、文体旅游等现代服务业，"世界名品"加快集聚，发布首店经济发展支持政策2.0版本，大力发展首店经济、免税经济，吸引国际中高端消费品牌、跨国企业区域中心落户重庆；"渝货精品"焕发新机，着力打造老字号和"非遗"精品，"重庆工艺""重庆制造"对国际消费者吸引力进一步增强。"山水颜值"消费载体持续涌现。提速建设核心承载区，以中央商务区、寸滩国际新城"双极核"为重点，统筹推进核心承载区的建设；提质打造城市新地标，持续打造"云端天台""惬意江岸""后街支巷""公园商业"等特色消费场景；创新塑造消费新场景，打造"江崖街洞天"特色消费新场景。"山城记忆"消费品牌声名远扬。加快商文旅体消费扩容提质、深度融合，持续打造"不夜重庆""山水旅游""美食之都""生态康养""户外运动""文化消费"等特色消费品牌，壮大"重庆火锅""重庆小面"等美食产业链。

科技服务业。重庆以满足科技创新需求和提升产业创新能力为导向，出台提升科技服务能力推动科技服务业高质量发展三年行动计划，实施科技服务能级提升"四大行动",全力壮大研究开发、科技信息与咨询、检验检测认证、科技金融等科技服务产业规模,着力提升技术转移、创业孵化、知识产权、科学技术普及等科技服务业效能,加快建设重点产业和领域公共服务平台,促进全市科技服务业增量提质,全面支撑科技创新和产业发展。获批筹建国家新能源汽车质量检验检测中心(重庆)、重庆市氢能动力产业计量测试中心等检验检测重点项目。成功入选全球"设计之都",为全国第五、西部第一个。

物流服务业。重庆加快打造港口型、陆港型、空港型、生产服务型、商贸服务型"五型"国家物流枢纽,支撑构建以国内大循环为主体、国内国际双循环相互促进的新发展格局。制定《重庆市加快建设西部陆海新通道五年行动方案(2023—2027年)》等政策文件,紧紧围绕"建设内陆国际物流枢纽和口岸高地"的目标,走出了"通道带物流、物流带经贸、经贸带产业"的发展路子。

4. 加快发展高效生态现代农业

深入践行大农业观、大食物观,因地制宜做好"土特产"文章,大力实施千亿级生态特色产业培育行动,加快推进农业特色化、集群化、品牌化、数字化、绿色化、融合化"六化"发展,推动乡村产业提质增效。2023年,全市生态特色产业综合产值达到5200亿元,同比增长5.2%。

特色化发展提升工程。坚持稳粮保供和乡村富民产业一起抓,依托丰富的物种资源、多样的立体气候、良好的生态环境,在确保粮食和重要农产品有效供给的基础上,大力发展火锅食材、特色粮油、生态畜牧三大千亿级产业,培育壮大预制菜、柑橘、中药材、榨菜、茶叶、重庆小面六大生态特色产业,持续做优做强竹木、烟草、蚕桑等传统产业,更好满足人民群众日益多元化的食物消费需求,不断拓展产业增值增效空间。

集群化发展提升工程。按照全产业链开发、全价值链提升的思路，集中资金、资源等要素，大力支持生态优势产业集群化发展。加快构建国家、市、区（县）三级现代农业产业园创建体系，高标准打造现代农业集聚发展平台。加强川渝合作，协同推进优质粮油、优质蔬菜、生态畜牧、柑橘、中药材等产业集群化发展。

品牌化发展提升工程。统筹区域公用品牌和特色品牌创建，推行母子品牌、全产业链品牌、品牌联盟等模式，构建以"巴味渝珍""三峡柑橘"等市级公用品牌为引领，以涪陵榨菜、江津花椒、永川秀芽等区（县）公用品牌为支撑，以汇达柠檬、恒都牛肉、鱼泉榨菜等企业品牌为主体的农业品牌体系。奉节脐橙、涪陵榨菜、荣昌猪、江津花椒、酉阳茶油入选全国农业品牌精品培育计划，"涪陵榨菜"区域公用品牌、派森百企业品牌入选全国农业品牌创新发展典型案例。

数字化发展提升工程。以产业链关键环节改造提升为重点，大力实施"生产智能化"行动，探索山地特色智慧农业应用模式。深入实施"互联网+"农产品出村进城工程，大力推进重庆品牌农产品网销行动。有效实施"管理数据化"行动，推动农业农村大数据建设应用，建成生猪等7个单品种全产业链数字信息系统，绘制水稻等13种作物精准分布图，覆盖作物面积2700多万亩。

绿色化发展提升工程。推行产地洁净化，积极创建全国绿色食品原料标准化基地，绿色、有机和地理标志农产品总产量不断提升。推行生产标准化，加强农业地方标准制定，积极创建全国畜禽养殖标准化示范场和全国蜂产品安全与标准化生产基地。持续推进农作物、水产养殖投入品减量化，全市化肥、农药使用量和水产养殖使用抗生素类兽药不断减少。推行废弃物利用资源化，秸秆、畜禽粪污综合利用率分别稳定在

90%、80%以上。探索推行产业模式生态化，大力发展绿色种养循环农业，江小白农庄有限公司等9个主体荣获"国家级生态农场"称号，稻渔综合种养、池塘绿色健康养殖两种类型的4个示范区入选国家梯队。

融合化发展提升工程。大力推进乡村产业融合发展，支持粮油、经果种植户和畜禽养殖户与加工、文旅企业等对接合作，发展农产品加工、乡村旅游等新产业新业态。2023年，引导1.3万家农产品加工企业与农户签订订单，建设原料基地1000万亩；实现乡村休闲农业经营收入达1009亿元，增长11.8%。加快推进产业主体融合发展，充分调动企业创新带动作用，农产品产地加工企业积极吸纳季节性务工。构建完善利益共同体，大力推广股份制和股份合作制改革，引导龙头企业在平等互利基础上，建立健全"公司＋基地＋农户"等模式，整合盘活农村闲置资源资产。2023年，实现村集体经济组织成员分红4亿元，增长90%。

（三）加快构建现代化产业体系

坚持稳中求进、以进促稳、先立后破，完整、准确、全面贯彻新发展理念，主动服务和融入新发展格局，紧抓全球新一轮科技革命和产业变革、国家战略腹地建设两大机遇，统筹推进传统产业转型升级，积极培育具有国际先进水平和竞争力的战略性新兴产业，前瞻布局未来产业，提升产业发展能级，更好促进先进制造业与现代服务业、数字经济等深度融合、赋能增效，加快构建以先进制造业为骨干的现代化产业体系。

1. 发展壮大"33618"现代制造业集群

推动三大主导产业集群向万亿级迈进。智能网联新能源汽车产业集群，重点推动整车产能向优势企业集中、燃油汽车产能向新能源汽车产能切换，支持优势企业打造市场认可度高的产品矩阵；加大氢燃料电池汽车研发与应用推广；大力发展汽车芯片、汽车软件、电池、电机、电控、热管理等关键系统及其核心零部件；加快充换电、加注氢、车路协同、智慧立体交通等基础设施及服务体系建设，深化新能源汽车与电网融合互动，培育更多智能网联汽车"车路云一体化"场景，不断拓展汽车后市场。新一代电子信息制造业产业集群，引导品牌商和整机制造企业加大中高端计算机、智能手机在渝布局力度，做优做强两大地标特色产品；加强服务机器人、服务器、物联网设备、智能家居、智能可穿戴等新型智能终端产品培育；做好下一代平板显示面板线等重大项目策划论证，争取晶圆代工线落地，巩固提升特色工艺集成电路和新型显示领域核心竞争力；加快印刷电路板、传感器、被动元器件等电子元器件发展，构建更为完整的电子元器件配套体系。先进材料产业集群，推动头部企业加强新品研发和产品体系优化，扩大轻合金、优特钢、精品铜材、高性能纤维及复合材料、高端合成材料供给能力；面向新能源、电子等应用场景，加强光伏材料、锂电材料、氢能材料、特种玻璃、特种陶瓷、特种金属功能材料、特种气体等产业培育；加强矿产资源开发利用，优化基础材料领域布局，有序开展低效产能整合。

推动三大支柱产业集群向五千亿级跃升。智能装备及智能制造产业集群，加强工业机器人、数控机床、智能检测装备等智能制造关键技术装备研发应用，推动各类整机谱系化发展；推动传感器件、通信模组和控制系统在各类装备整机上广泛应用，培育成套装备新优势；推动齿轮、轴承、模具、连接件、密封件等装备基础件升级发展。食品及农产品加工产业集群，加强高标准种养殖基地建设，积极构建大宗农产品集散、交易及配送体系，丰富高品质原料供给；打造粮油、肉蛋奶、果蔬、休闲食品、预制菜、火锅食材、中药材等标志性加工链条，做强做大中高端白酒产业；培育一批"小而美"的美食工业化新品类、新产品。软件信息服务产业集群，深入实施软件和信息服务业"满天星"行动计划，加快创建中国软件名城和中国软件名园；加强工业软件、汽车软件、重点行业应用软件等产品研发，以及人工智能、大数据、区块链等技术研发应用。

推动六大特色优势产业集群各上一个千亿级"台阶"。新型显示产业集群，推动现有面板产能释放，加快 Mini LED 面板 /Micro LED 面板项目论证实施，以面板为引领，带动上游光学材料、玻璃基板和下游显示模组、显示器件等协同发展。高端摩托车产业集群，加强新能源摩托车及大排量巡航车、赛车、越野车等中高档摩托车产品研发，大力发展适配高端摩托车的高端车架、电驱动、调速控制等关键零部件。轻合金材料产业集群，加强铝合金、镁合金、钛合金等轻合金技术研发，巩固提升航空航天用材等领域竞争优势，扩大适配交通装备轻量化等量大面广需求的产品供给。轻纺产业集群，加快培育体育用品、户外休闲用品、适老用品、个护美妆、产业用纺织品等新兴消费品，推动造纸与纸制品、竹制包装、日用塑料、日用玻璃、日用陶瓷等行业加快绿色化转型步伐。生物医药产业集群，围绕抗体、重组蛋白及偶联药物、多肽药物等重点领域加大创新投入，推动一批重点产品获批上市；加快发展基于新靶点和新作用机制的化学创新药、高质量仿制药、高端制剂及临床短缺药物，做强特色原料药和辅料；发展壮大药物研发及生产外包等业态。新能源及新型储能产业集群，大力推动电化学储能技术产品的发展与应用，积极争取在机械储能、储热（蓄冷）等技术产品领域取得突破；加快风力发电机组、智能变压器、智能开关柜等产品迭代；加强工业副产氢利用技术研发，积极培育太阳能光伏、抽水蓄能水轮机等技术产品。

推动 18 个"新星"产业集群加速壮大。未来产业集群，紧盯前沿技术创新突破，持续强化科技攻关，打造原创技术策源地。不断丰富应用场景，加快生物制造、元宇宙等新兴场景推广，依托重大工程和项目场景加速探索未来空间方向的成果创新应用。持续优化产业支撑体系，统筹布局未来产业标准化发展路线，加快重点标准研制，加快开辟积极培育卫星互联网、生物制造、生命科学、元宇宙、前沿新材料、未来能源等产业"新赛道"。加快打造更多标志性产品，着力突破下一代智能终端，发展适应通用智能趋势的工业终端、面向数字生活新需求的消费级终端、智能适老的医疗健康终端和具备爆发潜能的超级终端；做强未来高端装备，突破人形机器人、量子计算机等产品。高成长性产业集群，围绕增强研发能力、促进"两化"融合、培育"专精特新"、加大要素支撑、强化应用牵引、推进节能减排等方面，积极实施一批技术水平高、市场前景好的项目，加快创新驱动，创新招商引资，多措并举支持高成长性产业集群发展。

2. 聚力打造具有竞争力的数字产业集群

顺应新型工业化发展趋势，以推动高质量发展、创造高品质生活为出发点，促进实体经济和数字经济深度融合，围绕数字产品制造业、数字产品服务业、数字技术应用业、数字要素驱动业高质量发展，打造具有竞争力的数字经济核心产业集群，加快构建以数字经济为引领的现代化产业体系，努力将重庆打造为全国领先的数字经济创新发展试验区和数字经济发展新高地。

数字产品制造业。立足现有优势，放大特色优势，结合"33618"

现代制造业集群体系，促进产业向高端化、绿色化、智能化方向发展。突出专业化、区域化发展路径，培育壮大功率半导体及集成电路产业；加快光学材料、玻璃基板、面板、显示模组、显示器件等新型显示产业链协同发展；加强 AI 及机器人、服务器、智能家居、计算机与通信设备、智能可穿戴等新型智能终端产品培育，丰富电子终端品类；推动智能装备基础件升级发展，加强传感器件、通信模组和控制系统的智能装备整机应用；大力发展智能网联新能源汽车的关键系统及其核心零部件，构建国内最为完整的智能网联新能源汽车零部件配套体系。

数字产品服务业。探索建设集现货交易、电子商务、首发首秀体验、物流仓储等功能于一体的新型数字产品批发市场，鼓励重点电商平台在渝设立数字产品批发结算中心，支持数字产品生产制造企业依托各类平台做大批发规模。支持商圈、商场等跨界融合、线上线下联动，鼓励电商平台等布局线下体验店，打造个性化、主题化和沉浸式、体验式、一站式数字产品消费新场景。着力推动绿色智能家电"以旧换新"，鼓励开展绿色智能家电下乡活动，激活数字产品消费市场活力。发展数字产品租赁，稳妥推进数字产品共享等新业态发展。提升数字产品售后服务水平和能级，推动全链条服务标准化。

数字技术应用业。深化数字技术应用融合发展，鼓励电信业、互联网相关服务业发展新模式新业态。深入实施软件和信息服务业"满天星"行动计划，发挥软件重大项目引领作用，推动软件开源生态建设，加强工业软件、汽车软件、重点行业应用软件等技术产品研发，丰富软件信息服务产业体系。培育卫星互联网、人工智能、元宇宙等"新星"产业集群，支持卫星通信技术的通信芯片、通信模组在交通、物流、能源、应急等领域探索拓展应用场景，牵引带动低成本卫星、卫星高集成度系统、通信芯片、通信模组等环节发展，加快产业链布局建设和延展。

数字要素驱动业。强化数据要素投入和市场需求挖掘，推动数据交易、数字内容、新型基础设施相关产业持续壮大。深化数据要素开发利用，持续完善数据要素交易市场，提升数据安全可靠性，强化数据要素开发投入，培育壮大游戏、动漫、数字影音等数字内容产业。推动5G、千兆光网、数据中心等新型基础设施发展，前瞻布局6G生态，夯实数字发展底座。深化拓展应用场景，以场景驱动相关产业发展带动算力算法和软硬协同发展，激发数据要素创新活力。

3. 积极构建现代服务业体系

坚持以推动服务业品质化、数字化、融合化、绿色化、国际化为主要任务，加快构建品质更优、效率更高、创新动能更强、开放水平更高、市场环境更佳的现代服务业体系，不断满足产业转型升级和人民美好生活需求。

加快打造西部金融中心。深入实施"智融惠畅"工程，推进绿色金融改革创新试验区建设，一体推动中新（重庆）战略性互联互通示范项目、自贸试验区、西部陆海新通道和渝港金融开放合作，建好西部金融中央法务区，做好科技金融、绿色金融、普惠金融、养老金融、数字金融五篇大文章，提高金融服务重大战略和实体经济质效。建设具有竞争力的金融机构组织体系。强化重庆与金融机构总部的战略合作，推动在渝布局资金集中运营中心、金融科技研发应用中心等区域性功能性总部。提升本土金融机构能级，探索设立跨区域、具有跨境资源配置能力的新型通道银行，推动地方法人金融机构获得公募基金投顾、跨境交易、基金托管人等资格。促进境内外机构互投互设，探索建立西部陆海新通道沿线国家金融机构"引进来""走出去"绿色通道。建设具有区域辐射力的金融市场体系。完善私募股权、创业投资机构品牌领军企业引育机制，持续实施企业上市"千里马"行动，发挥"科创资本通"、沪深北新交易所重庆服务基地、"产科金"服务平台、西部创投中心等平台作用。加快培育期现货交易、绿色资产交易、数据交易、知识产权交易等各类市场。建设支持高质量发展的现代金融服务体系。完善西部金融中央法务区功能，构建"金融大脑"，健全数据价值挖掘机制，上线"渝金通"数智金融服务平台，拓展金融业务应用场景。聚焦全市"33618"现代制造业集群，开展"一链一园区一方案"精准服务行动、金融服务制造业产品创新行动，发挥产业投资母基金引导功能，加大对先进制造业融资的支持力度。深化绿色金融改革创新试验区建设。健全绿色低碳转型项目培育、推动和对接机制，深化气候投融资、金融支持林业生态产品价值实现等试点，建立资产组合碳强度核算激励机制、绿色转型评价标准。建设服务高质量发展的金融创新体系。创建科创金融改革试验区，实施OTC"专精特新"专板建设试点，创新科技型企业投贷联动、知识价值信用贷款等金融产品，打造西部股权投资基金发展高地。实施金融服务体系数字化提升工程，开发建设入口统一、数据融合的数智金融综合服务平台，推动市、区（县）两级数智金融服务平台互联互通，促进金融机构数字化转型。建设支持全球资本配置的内陆金融开放体系。争取国家层面出台涵盖西部陆海新通道贸易、产业、物流、基础设施建设等领域的全方位金融服务解决方案。组建服务西部陆海新通道的国家级产业投资基金，建设西部陆海新通道金融产业园。在建设法治透明高效的金融生态体系和互联互通的金融基础设施体系上持续发力。

加快建设国际消费中心城市。持续聚焦"四地建设"，不断提升重庆国际消费中心城市的国际知名度、消费繁荣度、商业活跃度、到达便利度、政策引领度。打造国际消费资源的集聚地。以全面扩大开放为引领，引育国际知名品牌，招引优质市场主体，打造渝货名品精品，升级品质消费载体，提升会展经济的能级，促进国际国内"两种资源"有效配置。打造国际消费创新引领地。以促进消费提质扩容为重点，培育新型消费场景，创新消费业态模式，推进数字消费融合，发挥通道和保税优势，增强重庆国际时尚潮流消费的新活力。打造国际特色消费目的地。以比较优势为着力点，植入重庆历史文化、山水资源、民俗风情等特色元素，加快商文旅体消费深度融合，做亮不夜重庆、山水旅游、美食之都、生态康养、户外运动、文化消费等六大特色消费名片。打造国际消费环境标杆地，以构建"重庆服务＋全球市场"新格局为目标，塑造宜居宜业宜游城市形态，营造"近悦远来"国际一流营商环境和"安全、放心"消费环境，打造中西部国际消费中心城市样板。

加快培育服务业新业态新模式。积极推动新技术在服务业领域的应用，引导传统服务业开展技术创新、业态创新、模式创新、管理创新，持续完善服务体系、提升服务功能、拓展服务领域。完善现代生产性服务业发展政策，推动向专业化和价值链高端延伸，深化国家级先进制造业和现代服务业融合发展试点，深化重点领域国家级服务业标准化试点，开展生产性服务业质量标准品牌赋值行动。支持组建跨界融合产业集团和产业联盟，推动制造业企业向"产品＋服务"解决方案提供商转型，鼓励制造业企业向研发设计、软件信息、检验检测、市场营销、售后服务等产业链两端延伸，培育个性化定制、共享制造、供应链管理、总集成总承包等新业态。促进资源共享流动，通过优化服务、整合信息、健全管理等，吸引新业态新模式重大项目、龙头企业聚集，建设高水平服务业创新集聚示范区。

4. 加快构建现代高效农业体系

坚持产业兴农、质量兴农、绿色兴农，加快构建粮经饲统筹、农林牧渔并举、产加销贯通、农文旅融合的现代农业产业体系。

全力稳定粮油生产。挖潜拓展粮食生产空间，确保粮食播种面积总体稳定。集成配套良田良种良机良法，推动主要粮油作物大面积单产提升，打造水稻、玉米、油菜整建制单产提升重点县。落实耕地地力保护补贴、农机购置补贴等政策，探索建立与农资价格上涨幅度挂钩的动态补贴办法。实施主粮作物完全成本保险和种植收入保险，推进农业保险精准投保理赔，做到应赔尽赔。探索推行巨灾保险制度，加大对产粮大区（县）的支持力度，深化多渠道粮食产销协作。扩大高产高油高抗适机油菜种植面积，提高油茶等木本油料生产能力。

持续提升重要农产品供给保障水平。加强"菜篮子"产品生产供给，着力稳定提升生猪出栏量、蔬菜和水产品产量。培育壮大荣昌猪产业集群，大力发展牛羊禽等特色畜牧业，推动奶业高质量发展。深入践行大农业观、大食物观，开发药食同源食物，发展森林食品，多渠道拓展食物来源。健全农产品全产业链监测预警机制，强化储备调节和应急保障。加强食用农产品产地质量安全控制和产品检测，加强重大病虫害和动物疫病联防联控，深化食物节约各项行动。

因地制宜发展生态特色产业。聚力发展粮油、生态畜牧、火锅食材三大千亿级主导产业，壮大预制菜、柑橘、中药材、榨菜、茶叶、重庆小面六大特色产业，支持区（县）培育壮大"一主两辅"农业产业，打造 10 条 100 亿元以上的生态农业产业链。推动农业标准化生产，加快绿色食品原料标准化基地建设。建好用好国家级和市级农业现代化示范区、现代农业产业园、特色优势产业集群等平台，加强农业产业强镇建设。

提速提质发展食品及农产品加工业。大力推进农产品初加工机械化，提升初加工整体水平。深入开展市级农产品加工示范园区、示范企业创建，培育和引进一批产业链条长、市场竞争力强、品牌影响力大的"链主"企业。深度开发休闲食品、健康食品、功能食品，力争每个重点产业培育 2—3 个"爆品"。推动加工装备升级改造，推动食品及农产品科研、生产、加工、储运、销售等集群化发展。

大力发展农文旅融合新业态。实施文旅产业赋能乡村振兴计划，促进园村一体、产村融合，拓展农业多种功能。大力实施乡村文旅深度融合工程，推进乡村旅游集聚区（村）建设，发展乡村休闲旅游，培育生态康养、休闲露营、农耕体验、旅游民宿、小农户创意、都市微农业等新业态。开展文化产业赋能乡村振兴试点，持续打造乡村休闲旅游精品线路，积极争创中国美丽休闲乡村、全国休闲农业重点县、全国乡村旅游重点村镇，支持农村传统手工艺发展。

四、夯实根基　构建以科技创新为重要引擎新动能

　　党的二十大报告指出，"教育、科技、人才是全面建设社会主义现代化国家的基础性、战略性支撑。必须坚持科技是第一生产力、人才是第一资源、创新是第一动力，深入实施科教兴国战略、人才强国战略、创新驱动发展战略"。党的二十届三中全会通过的《中共中央关于进一步全面深化改革、推进中国式现代化的决定》强调，"统筹推进教育科技人才体制机制一体改革，健全新型举国体制，提升国家创新体系整体效能"。2024 年 4 月，习近平总书记在重庆考察时强调，重庆"科教人才资源丰富"，要"加强重大科技攻关，强化科技创新和产业创新深度融合"。① 新征程上，重庆深刻把握新时代"教育—科技—人才"一体化推进和良性循环的内在逻辑，加快创新链、产业链、资金链、人才链"四链"融合，夯实新质生产力坚实根基，最大限度为高质量发展注入动力。

---

① 《习近平在重庆考察时强调　进一步全面深化改革开放　不断谱写中国式现代化重庆篇章》，《人民日报》2024 年 4 月 25 日。

（一）强化现代化新重庆的基础性战略性支撑

建设现代化重庆，教育是基础，科技是关键，人才是根本。教育、科技、人才是重庆发挥比较优势，实现赶超发展的关键资源核心动力。持续推进教育强市、科技强市和人才强市建设，着力打造西部创新高地和人才中心，是基于新征程我国发展新旧动能转换、重庆市情特点和创新发展趋势作出的必然选择，是培育新质生产力、推动高质量发展的内在要求，是推动现代化新重庆建设的关键性举措。

1. 教育强市是现代化新重庆建设的基础性工程

教育兴则国家兴，教育强则国家强。"建设教育强国，是全面建成社会主义现代化强国的战略先导，是实现高水平科技自立自强的重要支撑，是促进全体人民共同富裕的有效途径，是以中国式现代化全面推进中华民族伟大复兴的基础工程。"[①] 放眼当今世界，围绕高素质人才和科技制高点的国际竞争比以往任何时候都更为激烈。不管是科技革命、产业变革，还是人才竞争，基础都在于教育。作为我国重要的历史文化名城，重庆教育资源丰富优质，近年来教育事业发展取得长足进步，基础教育、职业教育和高等教育发展均迈上新台阶。但仍存在教育资源区域、城乡发展不均衡等问题，教育支撑创新驱动发展能力亟待提高。坚持把教育摆在优先发展的战略位置，以满足人民群众美好教育需要为根本出发点，全力打造西部基础教育高地、全国职业教育重镇、高等教育综合改革试验区、教育科技人才一体推进样板、内陆地区教育开放合作

---

① 习近平：《扎实推动教育强国建设》，《求是》2023 年第 18 期。

范例，扎实推动教育现代化、加快建设新时代教育强市，既是重庆充分发挥教育的民生属性，满足广大人民群众对教育美好期盼的迫切需要，也有利于顺应新一轮科技革命和产业革命深入发展趋势，充分发挥教育资源丰富的比较优势，以教育之强夯实高质量发展之基，在新一轮竞争中占据先机和优势。

2. 科技创新是现代化新重庆建设的关键力量

科技是国家强盛之基，创新是民族进步之魂。2020 年 1 月，习近平总书记亲自部署推动成渝地区双城经济圈建设具有全国影响力的科技创新中心。2024 年 4 月，习近平总书记在重庆考察时表示，"希望重庆牢牢抓住科技创新这个'牛鼻子'，扬优势、补短板，抓当前、谋未来"①。近年来，重庆通过构建和完善"416"科技创新布局，加快培育创新主体、提质发展创新平台、着力推进核心技术攻关、深入推进科技开放合作和深化科技体制改革，科技创新发展取得突破性成效。但对标建设具有全国影响力的科技创新中心要求，科技创新支撑能力不强、科技创新赋能产业发展不够等问题仍较突出。为尽快在全国科技创新版图中占有"一席之地"，亟须深入推进科技强市建设，通过重塑区域创新体系，补齐科技创新短板，提升创新体系的整体效能，推动重庆全面转向创新驱动发展模式，将科技创新"关键变量"转化为高质量发展"最大增量"。

3. 人才强市是现代化新重庆建设的战略支撑

人才是创新活动中最为活跃、最为积极的因素，创新驱动实质上是

---

① 《习近平在重庆考察时强调　进一步全面深化改革开放　不断谱写中国式现代化重庆篇章》，《人民日报》2024 年 4 月 25 日。

人才驱动。习近平总书记指出，"我们比历史上任何时期都更加接近实现中华民族伟大复兴的宏伟目标，也比历史上任何时期都更加渴求人才"①。我国正加快建设世界重要人才中心和创新高地，亟须促进人才区域合理布局和协调发展，着力形成人才国际竞争的比较优势。现代化新重庆建设正处于开局起步的关键期，对人才的数量、质量和结构具有全方位需求。只有进一步强化人才引领，着力破除人才发展体制机制障碍，构建起"聚天下英才而用之"的制度体系和人才生态，才能紧抓全球人才流动新趋势历史机遇，促进人才与经济社会发展深度融合、互促共进，为现代化新重庆建设提供强大的智力支持。

（二）统筹推进教育、科技、人才"三位一体"布局

现代化新重庆建设离不开教育、科技、人才"三位一体"的支撑。党的二十大以来，重庆锚定加快打造西部人才中心和创新高地目标，深入实施科技创新和人才强市首位战略，坚持教育发展、科技创新、人才引育一体推进，市域科技创新体系加快系统重塑，在国家创新体系中竞争优势持续提升。

1. 教育强市建设迈出新步伐

教育强市之"强"，首先是教育自身之强。重庆全面落实教育优先发展战略，统筹推进教育改革发展各项工作，教育事业发展水平保持在中西部前列，为实现更高水平、更高质量的教育现代化奠定了坚实基础。

---

① 《习近平在中央人才工作会议上强调　深入实施新时代人才强国战略　加快建设世界重要人才中心和创新高地》，《人民日报》2021 年 9 月 29 日。

基础教育扩优提质增强惠民有感供给力。聚焦增强人民群众满意度和获得感，着力推动基础教育高质量发展。大力新建、改扩建中小学、幼儿园和新增学位，着力提升普惠性幼儿园覆盖率和义务教育学校学区化、集团化办学占比，优质均衡进程加快。新增一批专门学校，全市残疾儿童义务教育入学率显著提升。积极促进"民转公"学校高质量发展，稳步推进教育综合改革，成功创建全国普惠性学前教育保障机制实验区、国家级中小学劳动教育实验区和全国首批国家基础教育教师队伍建设试点改革区县，教育生态持续向好。

职业教育提质领跑增强服务经济支撑力。强化服务供给支撑，聚焦"33618"现代制造业集群体系，大力推动职普融通、产教融合、科教融汇，充分发挥职业教育在人力资源供给和生产力转化中的重要作用。深化职业教育改革，依托国家级产业园区等平台优势，分级分类组建多跨协同的市域产教联合体和行业产教融合共同体。全力以赴提升职业教育办学水平，职业学校办学水平达标率明显提升，成功入选现代职业教育体系建设新模式试点城市。全力以赴支撑区域发展，持续打造紧密对接产业链、创新链的职业教育专业体系。

高等教育突破跃升增强战略发展支撑力。围绕畅通教育、科技、人才循环，高等教育与重庆经济社会发展需求的结合更趋紧密。健全完善深化普通高校新工科建设、高等学校"人工智能+"学科建设、现代产业学院建设等领域促进政策，着力引导高校服务产业发展。大力优化高等教育结构布局，新建重庆中医药学院，提档升级重庆科技学院等本科院校。强化平台载体支撑，成立高校科技成果转化服务中心，孵化高校首家科创板上市企业西山科技。成功承办第八届中国国际"互联网+"大学生创新创业大赛，争取到世界大学生创新创业基地落户重庆。大力推进高质量就业，全市高校毕业生去向落实率居全国第一梯队。

☆ 重庆大学国家卓越工程师学院（重庆大学供图）

成渝教育共建共享增强区域发展服务力。在完善两地教育领域协作机制、强化两地教育平台支撑作用、丰富创新两地合作形式等方面进行积极探索，深入推进成渝地区双城经济圈教育协同融合发展。协同推进创新试点，共建成渝地区卓越工程师创新研究院。布局共建"两江新区—天府新区"国家级教育协同创新试点等改革试验示范项目，新增成渝地区高校联盟应用型高校产教联盟等教育联盟。深入推进国家教师发展协同创新实验基地建设，评选首批成渝地区义务教育城乡一体化发展试验区。

开放突破蓄势赋能增强教育合作影响力。精准对接共建"一带一路"和建设西部陆海新通道需要，统筹做好教育"引进来"和"走出去"两篇大文章。与莫斯科国立柴可夫斯基音乐学院合作项目成功入选"一带一路"国际合作高峰论坛务实合作项目清单,引进新加坡南洋理工大学来渝办学。高水平共建中希文明互鉴中心。在泰国、老挝、缅甸、斯里兰卡等共建"一带一路"国家举办熊猫工坊、鲁班工坊、乡村振兴学院等境外办学项目,参与多国职业标准和岗位标准建设。组建"一带一路"大学科技合作联盟,发起组建陆海新通道职业教育国际合作联盟,为智能网联新能源汽车、新一代电子信息制造业等培养"走出去"技能人才,构建"职教出海"重庆新范式。

2. 具有全国影响力的科技创新中心建设实现新突破

抓创新就是抓发展,谋创新就是谋未来。重庆统筹布局科技创新资源,以支撑高质量发展为主线,以产业创新为核心,以完善科技创新体系为抓手,以深化改革扩大开放为动力,着力构建和完善"416"科技创新布局,具有全国影响力的科技创新中心建设取得突破性进展。

全域科技创新能力显著提升。以西部(重庆)科学城、两江协同创新区、广阳湾智创生态城为核心,以主城都市区为支撑,以山区、库区各区(县)为重要协同的全域创新格局基本成型。西部(重庆)科学城以综合性科学研究为引领,汇聚国家自主创新示范区、自贸试验区、国家级高新区、西永综保区等多块"金字招牌"。截至2023年,集聚高校28所、全国重点实验室6个,获批建设西部首个国家检验检测高技术服务业集聚区,国家应用数学中心等市级及以上研发平台341个,国家高新技术企业402家,国家级孵化器和众创空间7个。两江协同创新区全方位探索"科创+产业+人才+金融"融合发展路径,累计签约引进新加坡国立大学、北京理工大学等建设研发机构50家,集聚院士团队27个,获批国家级博士后科研工作站授牌8家,引进孵化创新企业500余家,获批建设重庆市算力产业园。广阳湾智创生态城高标准打造迎龙创新港，入驻重庆脑与智能科学中心等创新平台。主城都市区创新能级持续提升，巴南重庆国际生物城等实现提档升级，渝中软件产业园等加快建设，渝北区加快创建国家农业高新技术产业示范区，长寿、涪陵合作共建长涪新材料产业协同创新区，九龙坡、巴南、涪陵、大足、綦江等区（县）获批国家创新型产业集群。科技创新赋能山区、库区发展取得新成效，万州、黔江两大区域科创中心功能显著提升，丰都、石柱入选第二批创新型县，梁平、武隆国家农业科技园区通过科技部验收。

标志性高能级科创平台建设亮点纷呈。围绕数智科技、生命健康、新材料和绿色低碳科技四大科创高地建设，多层次创新平台体系逐步完善。金凤、嘉陵江、明月湖、广阳湾等重庆实验室筹建前期工作加快推进，全国重点实验室达到10家。国家新一代人工智能创新发展试验区加快建设，国家生猪技术创新中心、国家硅基混合集成创新中心建设取得阶段性成果，国家健康战略资源中心、北京大学重庆碳基集成电路研究院正式揭牌，国家级科技创新平台加速集聚。首个大科学装置——超瞬态实验装置项目全速推进，"中国复眼"二期开工建设。

关键核心技术攻关取得明显突破。围绕国家战略目标，立足重庆经济社会发展主战场，探索建立以产业重大技术需求为导向的新型攻关机制，有效激发汇聚起全社会创新力量和资源，实现"集中力量办大事"。积极争取国家各类科研项目、资金支持，组织实施市级自然科学基金项目，支持市内重点企业取得基础研究重大突破。布局实施人工智能、高端器件与芯片、先进制造、生物医药、核心软件等5个重大专项和先进材料、人口健康、农业前沿技术、生态环境等8个重点专项，超级智能汽车平台SDA、全球首款18MW级全集成式中速海上风电机组、国内首个尼龙66全产业链制备技术、镁合金一体化超大压铸件等一批重大关键技术取得关键性突破，"天目一号"气象星座建设、急性脑卒中治疗研究等取得积极进展。

企业的创新主体地位持续强化。实施高新技术企业和科技型企业"双倍增"行动计划，出台完善科技型企业培育体系、支持科技型企业融资、银行业保险业支持"双倍增"等政策文件，开展"民营企业创新发展服务月"系列活动。截至2023年，全市科技型企业和高新技术企业分别达到58524家和7565家，科创板上市企业达到3家。

科技创新开放合作走向深入。依托国家自主创新示范区、国家科技成果转移转化示范区、自贸试验区、中欧班列等多个开放平台和通道，加速融入共建"一带一路"，全力打造"一带一路"科技创新合作区。成功举办首届"一带一路"科技交流大会，布局建设国家"一带一路"联合实验室和一批国家级国际科技合作基地。布局建设川渝共建重点实验室，开放共享大型科研仪器设备，协同推进合广长、泸永江等毗邻地

◎ 重庆两江新区明月湖国际智能产业科创基地（王加喜摄／重庆两江新区科创局供图）

区科技合作，加快建设万达开协同创新示范区。

科技创新生态持续优化。通过探索体制创新、强化科技金融支撑、加强知识产权保护、营造创新氛围，全方位优化科技创新环境。组建市委科技委，强化对科技工作重点环节的统筹指导、重大科技项目的统筹协调、科技创新全链条的统筹管理、科技管理工作的统筹联动。着力打通关键环节堵点，强化协同联动，构建支持全面创新的基础制度，加快推进"探索成渝地区双城经济圈重大科创载体共建共享机制改革""构建科技成果从'实验室'到'大市场'衔接机制""建设'智汇攻关'数字化平台，推进科技资源一体化配置改革""深化市属公益科研机构改革"等重大改革，相关改革经验在全国层面进行交流推广。着力建设国家科技成果转移转化示范区，加速提升重庆高新技术产业研究院功能，加快建设重庆市技术转移研究院等一批高能级成果转移转化载体，纳米时栅、"V2V视联网"协议技术等一批重大原始科技成果加速转化应用。重庆知识产权保护中心成为国家级专利导航支撑服务机构，建立重庆高新区、两江协同创新区两家国家级专利导航服务基地。加强知识产权保护，完善专利促进与保护相关政策，新增发明专利授权量实现大幅增长。举办科技活动周、全国科普日、"科技列车渝东南行"等各类科普活动，着力营造创新氛围。

3. 人才强市建设取得新成效

当前，现代化新重庆建设正处关键期，需要广大人才积极参与、提供强大智力支撑。重庆深入贯彻习近平总书记关于人才工作的重要论述，加快推进人才工作理念、机制、方式系统性重塑、迭代升级，全面打通教育、科技、人才链路，推动人才资源加快集聚、人才活力充分激发、人才工作方向更加聚焦，人才服务现代化质效显著提升。

战略科技创新人才引育取得新突破。紧盯科技和产业发展前沿，聚焦"416"科技创新布局和"33618"现代制造业集群体系建设，启动实施全球顶尖人才引进"渝跃行动"，整合推出新重庆引才计划，坚持全程"快响"，专班服务、闭环推进，特事特办等，大力支持各方面优秀人才来渝创新创业，根据人才需要实行创新创业、生活保障、职业发展等专项支持，加快集聚高层次科技创新人才。2023年诺贝尔物理学奖获得者费伦茨·克劳斯（Ferenc Krausz）在渝设立中国首个工作站。高规格举办首届重庆国际人才交流大会，常态化开展"百万人才兴重庆"系列引才活动，成功举办第二届"一带一路"国际技能大赛。实施卓越工程师培养集聚行动，支持重庆大学成立国家卓越工程师学院，新建一批市级卓越工程师学院、卓越工程师实践基地，全市每年新增卓越工程师及后备人才1万名，颁发全国首张数字技术工程师专业技术等级证书。实施技能等级"新八级工"制度试点，全市高技能人才占技能人才比重保持西部领先。

人才引领发展迈出新步伐。深化成渝地区双城经济圈人才协同发展，组建人力资源服务产业园联盟，联合发布《成渝地区双城经济圈急需紧缺人才目录》。启动川渝干部人才互派"双百"行动，互派优秀年轻干部挂职、青年人才访学研修。深化成渝高校联盟建设，完善人才流动与科教资源共建共享机制，推动联合建设"双一流"学科。建立高层次人才公共服务跟随机制，分级分类推动职称、技能等级、外国高端人才工作许可等互认。强化产业人才支撑，深化制造业"百千万"人才培育，精准支持龙头企业、链主企业引进人才。深入推进"满天星"重点企业人才集聚行动，支持组建软件人才"超级工厂"联合体，全市软信从业人员队伍持续壮大。深度推进市域产教联合体建设，大力支持校企共建国家级产教联合体和市级产教联合体，职业教育专业与"33618"

① 2024 年 11 月 23 日，重庆国际人才交流大会隆重开幕（张锦辉摄／视觉重庆）

现代制造业集群体系匹配度持续提升，获批全国现代职业教育体系建设新模式试点省市。深入实施乡村人才培育"五万计划"，计划五年内培育万名乡镇公共服务人才、万名乡村治理人才、万名乡村工程技术人才、万名合作社带头人和万名农村劳务经纪人。在全国率先出台乡村人才 26 条措施，深化实施"博士服务团""西部之光""三峡之光"及教育、医疗、科技等"组团式"人才帮扶等项目，推动"三师一家"下乡服务，招募"三支一扶"人员，选派专家服务团深入乡村驻点帮扶。深入实施科技特派员制度，每年选派千名科技特派员深入田间地头开展科技帮扶服务。

　　近悦远来人才生态彰显新气象。健全新重庆人才服务管理，完善"专员＋联络员"人才服务机制，创新实施人才"房票"，建立院士就医和生活保障"一对一"工作组，为高层次人才和国防科工人才办理落实子女入学、配偶就业等服务事项。建立人才全周期"一件事"服务机制，编制人才创新创业服务事项清单，通过发放人才服务卡等精准服务重点领域所需人才。完善外籍人才服务机制，创新优化外国人来华便利化服务工作获评全国深化服务贸易创新发展试点最佳实践案例。

人才工作整体智治形成新格局。强化数字赋能，开发建设"渝才荟"数字平台，打造人才认定、项目申报、人才评价、人才服务等"一件事"场景，强化数据共享、业务协同、流程再造，推动人才治理更精准。建立"一把手抓第一资源"工作机制、人才工作赛马比拼机制、人才工作闭环落实机制"三项机制"，实施领导小组成员单位和区（县）重点人才项目制，"打通产才融合壁垒 赋能产业创新发展——重庆江津区实施'科技副总'进企业专项的实践探索"等获评全国人才工作创新最佳案例。在市委"党建报表"中单列人才指标，定期发布晾晒区（县）、高校、科研院所、公立医院、国企五个领域人才发展指数，推动各地各单位争先创优、赶超跨越，各区（县）人才总量均实现净增长。

（三）强化科技创新与产业创新深度融合

面向新征程，重庆要深入学习贯彻习近平总书记关于教育、科技创新人才工作的重要论述，牢牢把握面向世界科技前沿、面向经济主战场、面向国家重大需求、面向人民生命健康的创新导向，紧扣构建"416"科技创新布局，统筹推动教育强市、西部创新高地和人才中心建设，持续加快创新链、产业链、资金链、人才链"四链"融合，推动更高水平的科技成果转化和新兴产业孵化，不断开辟新领域、新赛道，培育更多新业态新模式新动能，让重庆创造、重庆创新成为"金字招牌"。

1. 大力推进教育强市建设

从现代化新重庆建设的战略全局高度，谋长远之策，夯固本之举，行争先之实，汇发展之势，坚定主攻方向和重点任务，蹄疾步稳、唯实争先，努力交出教育优异答卷。

进一步落实立德树人根本任务。坚持不懈用习近平新时代中国特色社会主义思想铸魂育人，系统化推进"时代新人铸魂工程""立德树人工程"，突出思想引领，夯实制度基础，强化实践养成，努力培养堪当民族复兴大任的时代新人。深化"大思政课"改革实效，纵深推进大中小学思想政治教育一体化建设，建强建优思想政治工作队伍，充分挖掘红岩精神富矿，打造具有重庆辨识度的思想政治工作品牌。全面提升学生综合素质，强化"五育"并举，完善德智体美劳全面培养的教育体系，一体加强心理健康教育、劳动教育、科学教育、体育美育等各项工作，加强国家通用语言文字教育教学，铸牢中华民族共同体意识。

进一步打造西部基础教育高地。优化区域中小学幼儿园校点布局，适应新型城镇化和乡村振兴战略要求、区域人口流动趋势、学龄人口峰谷变化新形势，持续优化区域、城乡学校布局。推进学前教育优质普惠发展和托育服务，积极推动公办园扩容增位；大力发展多样化、多元化、覆盖城乡的婴幼儿照护服务，提升托育服务质量；推行镇村幼儿园一体化管理，深化城乡学前教育共同体建设。加快义务教育优质均衡发展和城乡一体化，创新城乡义务教育协同发展机制，推进融合型、共建型、协作型学校共同体建设；推动普通高中教育优质特色发展，实施普通高中特色建设计划，建设一批科技、人文、外语、体育、艺术等多样化特色高中；实施县域普通高中发展提升行动计划，加强普通高中标准化建设。促进特殊教育优质融合发展，推进孤独症儿童特殊教育学校建设，推进市、片区、区县、校四级特殊教育资源中心建设；加强专门学校建设和专门教育，专门教育能力大幅提升，形成布局合理的现代专门教育格局。

进一步加强高等教育龙头引领。优化高等教育体系，持续推进"双一流"和特色高水平大学建设，推动高校在各自领域和赛道上争创一流，增强服务经济社会发展的能力和水平。提高人才培养能力，深化高等教育教学改革，在全国率先开展全市普通本科专业质量监测，调整优化学科专业结构，加快急需紧缺学科专业建设，着力培育各层次有用人才。支持高校发挥人才"蓄水池"作用，优化人才集聚平台，营造良好的人才引育生态环境。

进一步推动构建现代职业教育体系。优化现代职业教育结构，充分发挥本科职业教育引领作用，支持整合优质教育资源建设职业教育本科。巩固高职专科主体作用，持续实施"双高计划"。强化中职学校基础作用，以"双优计划"为牵引，推动中职教育升学与就业并重。提升职业院校关键办学能力，支持校企联合打造一批一流核心课程、优质教材、教师团队和实践项目。以数字化赋能职业教育，多措并举补齐办学短板，全面改善职业教育办学条件。聚焦"33618"现代制造业集群体系建设，提升产教融合育人效能，组建一批多跨协同的市域产教联合体。促进技术技能人才多样化成长成才，推进科教协同育人，提升技术技能人才科研素养和科技创新能力。加强核心实践能力培养，深化双师型教师团队和实习实训中心建设，推广项目式、任务式、案例式和情景化教学。

进一步深化教育改革开放。围绕建设高质量教育体系，加快推进新时代教育评价制度改革、考试招生制度改革、民办学校分类管理改革、新时代教师队伍建设改革，激发教育高质量发展生机活力。深入落实数字重庆建设部署要求，全面对接"1361"整体构架，围绕服务学生全面成长、服务教师教书育人、服务经济社会发展，着力打造"惠学生""数智强师""产教融合"等应用场景，加快推动入学入园、就业培训等民生"一件事"网上办、一次办，切实增强人民群众对教育的获得感和满意度，以教育数字化赋能教育高质量发展，支撑引领教育现代化。深化教育国际交流与合作，引进用好国内外优质教育资源，加强在渝高校与国内外高水平大学或科研院所深度合作，完善"一带一路"、西部陆海新通道教育国际合作机制，不断提升国际合作交流层次和水平。

进一步赋能高水平科研创新驱动。提高自主创新能力，集成优势科研资源，瞄准重大原始创新和关键技术突破，加强高水平基础研究，培养基础研究人才，造就拔尖创新人才，提高人才自主培养质量，助推科技自主创新发展。完善创新评价机制，组织高校主动对接行业企业，把国家需求转化为重大科技任务，建立以重大任务实施为核心的协同攻关机制，建立效果导向、鼓励协同的评价激励机制。加大人才培养力度，加快培养高校科技成果转化人才，建立以创新创业为导向的人才培养机制，统筹推进职普融通、产教融合、科教融汇，激发创新活力动力。加速科技成果转化，推动高校科技成果转化机构建设，深入实施"教育强市区县行"，促进产学研深度融合发展，全面提升高等教育服务地方经济社会发展供给力。

2. 高质效构建"416"科技创新布局

"416"科技创新布局是重庆新质生产力发展的基石和源头。重庆紧扣"416"科技创新布局，将支柱产业作为发展新质生产力的主阵地，积极推动国家战略科技力量落地，着力打造高能集合的科技创新成果转化枢纽，成为国家重要的创新策源地和全球创新网络的关键节点。

优化完善"416"科技创新布局。加快打造数智科技、生命健康、新材料、绿色低碳四大科创高地，推动人工智能等16个战略领域技术创新达到国内先进水平。高水平建设西部（重庆）科学城、两江协同创新区和广阳湾智创生态城，支持集聚大项目、大平台、大机构和大团队，在发展新质生产力中发挥主力军作用。支持中心城区发展人工智能、硅基光电子、卫星互联网、氢燃料电池等未来产业，支持主城新区完善电子信息、汽车、高端装备、生物医药等制造业技术创新体系，支持山区、库区大食品、大健康产业绿色化特色化发展。

建设"4+5+M+N"高能级科创平台体系。争取国家在渝布局重大科技基础设施、国家实验室（基地）和中央企业研发总部等战略科技力量。推动建设张江、广州国家实验室重庆基地，加快建设四大重庆实验室。重点支持五大高校前沿技术交叉研究院建设，加快培育新兴交叉学科与专业，集聚海内外高层次跨学科研究人才团队，推动高等学校跨学科、跨领域多学科交叉融合。谋划建设"M+N"重大科技创新基地，在智能制造等领域创建全国重点实验室，创建卫星互联网应用、轻金属等领域国家技术创新中心；围绕人工智能、大数据、创新药物、精准医疗、绿色制造、智慧农业等领域重点打造一批市级重点实验室、技术创新中心、产业重大平台；加快建成超瞬态实验室、大规模分布孔径深空探测雷达等科学装置，着力建设国家健康战略资源中心、碳基集成电路研究平台、重庆国际免疫研究等新型研发机构，持续夯实科技创新基础。

加快原创性颠覆性技术创新。面向世界科技前沿，优化调整重庆基础研究领域布局方向，加强脑科学、量子科学、合成生物学等领域前沿性、原创性、引领性基础研究，抢占科技创新制高点。继续实施人工智能、先进制造、核心软件等重大（重点）科技专项，在未来制造、未来信息、未来材料、未来能源、未来空间、未来健康等新方向新领域组织开展产学研协同攻关，形成一批引领性技术成果、开发一批战略性产品。聚焦数字化智能化绿色化，加大智能制造、智慧城市、智慧交通、智慧教育、智慧医疗、绿色低碳等领域应用场景开放力度，形成以场景带动科研攻关、成果转化和产业培育的新模式。发挥重庆军工基础雄厚的优势，聚焦重点领域构建军民融合协同创新体系，不断开创军民融合发展新局面。

大力提升科技成果转化和产业化水平。深入实施高新技术企业和科技型企业"双倍增"行动计划，组织开展科技创新能力提升、科技企业梯次培育、科技成果转移转化、科技金融支撑、创新生态优化等行动，打造产业创新综合体，推动政策、资金、项目、平台、人才等关键创新资源向企业集聚，进一步强化企业科技创新主体地位。推动组建国家技术转移中心、国家中试中心和国家检验检测成渝基地，打造纳米时栅高能级科创转化平台。加快建设重庆市技术转移研究院，川渝川总重庆高新技术产业研究院，做大做强重庆高校科技成果转化服务中心，提质发展大学科技园和环大学创新生态圈。探索开展"政银联动服务企业创新"改革试点，完善涵盖企业发展全生命周期的种子投资基金、天使投资基金、风险投资基金体系。发挥产业投资母基金和"产科金"平台作用，推广"产业研究院＋产业基金＋产业园区"转化路径。

深化科技交流合作。推动"一带一路"科技交流大会成果落地，着力打造"一带一路"科技创新合作区，加快建设"一带一路"国际技术转移中心，积极培育国家"一带一路"联合实验室，建设中新（重庆）科技创新国际合作标杆园区。围绕建好国家自主创新示范区、科技成果转移转化示范区，探索与京津冀、长三角、粤港澳大湾区和长江经济带等合作机制创新。深入推进成渝地区双城经济圈优质科创资源的共享共用机制改革，加强两江新区与天府新区等平台合作，共建成渝综合性科学中心。

优化科技创新生态环境。抓紧推进地方科技管理机构改革，带动科技体制改革向纵深发展，深化科技项目管理、科技资源配置、科技成果转化、科技平台建设、科技人才引育、科技金融等重点领域和关键环节改革，加快形成支持全面创新的基础制度。加快数智科创建设，推进"一件事"场景应用，提升科技治理能力，构建全社会创新网络，促进科技资源高效利用。加强重点领域政策统筹，促进科技、产业、财税、金融、教育、人才等政策协同，引导各类先进优质要素向发展新质生产力流动。围绕新兴产业发展和未来产业布局，举办系列"创新渝论"，举行科技成果路演、科技企业进高校、科技成果进区县、校企"双百双进"对接行等活动，营造全社会大力发展新质生产力的浓厚氛围。

3. 深入实施人才强市首位战略

以建设国家吸引和集聚人才平台为总抓手，以全球顶尖人才引进"渝跃行动"为总牵引，着力推动人才队伍量质齐升、人才平台提能升级、人才效能充分发挥和人才生态持续优化，加快建设西部人才中心。

纵深推进"一行动一计划"。加快实施"渝跃行动"，围绕智能网联新能源汽车、新一代电子信息技术、先进材料等重点产业，分领域制定关键技术清单，定期发布产业引才目录，动态完善顶尖人才"图谱"，强化全程"快响"、特事特办、"一人一策"和引才激励机制，精准搜寻、精准支持、精准引进"灵魂人物"。迭代实施新重庆引才计划，细化完善人才引进工作流程，健全优秀人才直接认定机制，选择重点用人单位开展优秀青年专项自主认定试点。强化与国家人才计划联动，开展国家海外人才引进试点，加快集聚海内外顶尖人才、优秀青年人才和创新团队。办好重庆国际人才交流大会，突出高端化、国际化、专业化、社会化，举办"全球引才洽谈会""博士渝行周""海归渝悦行"等系列引才活动。

推进战略人才力量建设。实施重庆市杰出人才培养计划，采取"一人一策"、量身定制方式给予精准支持，积极培养引进用好高层次科技创新人才。加强青年科技人才引育，深化实施博士后"倍增"计划，建立青年拔尖创新人才特殊培养机制，推动市级自然科学基金项目向青年科技人才倾斜。深入实施青年人才和科技人才减负专项行动，进一步减轻科研人员事务性负担。迭代实施卓越工程师培养集聚行动，推进重庆大学、西南大学、重庆邮电大学等高校卓越工程师学院建设，支持高校、园区、企业等共建卓越工程师实践基地，布局建设市级卓越工程师协同创新中心，办好全球卓越工程师大赛。深化"巴渝工匠2025"行动计划，制定加强新时代高技能人才队伍建设实施意见，实施"新八级工"职业技能等级制度，办好"一带一路"国际技能大赛。

壮大产业创新人才队伍。加强制造业人才队伍建设，在市级人才计划中采取单列指标等方式支持关键核心技术攻关人才，深入实施制造业"百千万"人才培育行动，推动企业人才知识技能加速提升。深化软信人才队伍建设，大力建设软件人才"超级工厂"，实施软件和信息服务业"满天星"行动计划，强化以"北斗星""启明星"为代表的软件企业人才培养集聚，建好用好软件人力资源服务产业园和重庆软件人才市场。深化实施医学领航人才引进专项，启动国家级后备人才培养项目，迭代中青年医学高端人才培养项目，加大公共卫生和中医药人才引育力度。加强金融人才队伍建设，实施"百名高端金融人才引进计划"，推动市区两级金融机构和监管部门加大人才挂职交流力度。统筹推进宣传思想文化、法治、社会工作、网信、碳达峰碳中和、公共安全、国际传播、知识产权、文明文化研究、技术转移等领域人才队伍建设。

推进人才创新创业全周期服务机制改革。迭代"渝才荟"综合场景，集成各部门人才服务核心业务，打通教育、科技、公安、人社、税务、金融等业务底层数据，推动服务事项线上受理、线上办理、线上反馈、线上评价。布局建设一批人才创新创业服务示范港，推出人才认定保障服务、人才研究开发服务、人才创业成长服务等"一件事"，为重点人才提供职称快评、政策智配、住房保障、子女入学、医疗保健、项目申报、知识产权、企业开办、赛会路演、金融支持等精准服务。健全顶尖人才直接认定机制，开展自主认定试点。实施充分信任、授权松绑的科研项目管理改革，深化人才科研经费"包干制"，完善成果导向的科研攻关机制。实施应用牵引、供需匹配的科技成果转化改革，推进概念验证和中试熟化资源开放共享，完善知识产权运营机制，深化科研人员职务科技成果长期使用权改革试点。实施投早投小、灵活高效的金融支持改革，建立国有创投基金风险容忍机制，完善创业人才与投资人对接机制，构建多元金融支持机制。实施全程陪伴、开放集成的服务资源配置改革，健全创新创业服务专业人才配置机制，推进创新创业服务资源融合。

促进人才区域合理布局和协调发展。深入推进成渝地区双城经济圈人才协同发展，共同举办重庆国际人才交流大会、"蓉漂"人才日等引才活动，联合编制发布《成渝地区双城经济圈急需紧缺人才目录》，深化人才评价互认、服务共享，开展跨区域人才"同城化融入"保障机制先行试点，持续开展优秀年轻干部和青年人才互派挂职。支持区县联合打造人才发展共同体，实施好"博士服务团""西部之光""三峡之光"访问学者项目，加大教育医疗人才"组团式"帮扶和科技特派员、"三支一扶"、全科医生、全科教师等培养选派工作。实施乡村人才培育"五万计划"，持续开展"三师一家"下乡、"百团千人"专家团服务基层等系列活动，深化教师和农技等基层专业技术人才"定向评价、定向使用"。

五、深化改革　形成激发发展
活力内生动力新机制

进一步全面深化改革是推进中国式现代化的根本动力。2024年4月，习近平总书记在重庆考察时强调，进一步全面深化改革开放，不断谱写中国式现代化重庆篇章。进一步全面深化改革是打通发展堵点卡点、培育发展新动能、塑造发展新优势的必然要求，是推动高质量发展、创造高品质生活、实现高效能治理的重要手段，是推进国家治理体系和治理能力现代化的关键举措。重庆深学细悟笃行习近平总书记关于全面深化改革的重要论述和对重庆改革工作的重要指示要求，坚持问题导向、目标导向、结果导向相统一，把破解制约高质量发展最现实最紧迫的问题、群众反映最强烈的问题、治理当中遇到的最关键问题作为改革攻坚的重要发力点，以更加积极主动的精神谋划和推进改革，创新抓改革推改革的思维、路径、机制、方法，先行探索、多点发力、关键突破、带动全局，通过改革为现代化新重庆建设增动力、添活力、防风险、促发展，以全面深化改革有力保障现代化新重庆建设行稳致远。

（一）为现代化新重庆建设提供动力支撑

全面深化改革是实现中国式现代化的关键一招，关系党和人民事业前途命运。惟改革者进，惟创新者强，惟改革创新者胜。新时代新征程全面建设现代化新重庆，必须以更大力度、更实举措、更强定力推进全面深化改革，以改革攻坚的主动赢得高质量发展先机，为不断谱写中国式现代化重庆篇章提供坚实支撑、注入持久动力。

1. 全面深化改革是推进中国式现代化的根本动力

习近平总书记在二十届中央全面深化改革委员会第一次会议上强调，"实现新时代新征程的目标任务，要把全面深化改革作为推进中国式现代化的根本动力，作为稳大局、应变局、开新局的重要抓手"[1]。党的十八大以来，我们党以巨大的政治勇气全面深化改革，坚持目标导向和问题导向相结合，奔着问题去、盯着问题改，坚决破除各方面体制机制弊端，着力破解深层次体制机制障碍和结构性矛盾，改革由局部探索、破冰突围到系统集成、全面深化，许多领域实现历史性变革、系统性重塑、整体性重构。当前，全面深化改革已经进入攻坚期和深水区，牵涉的利益关系越来越复杂，面临的阻力越来越大。推进中国式现代化，必须进一步全面深化改革，不断解放和发展社会生产力、解放和增强社会活力。顺应时代发展新趋势、实践发展新要求、人民群众新期待，以改革到底的坚强决心，动真格、敢碰硬，精准发力、协同发力、持续发力，坚决破除一切制约中国式现代化顺利推进的体制机制障碍，深化经济体制改革，协同推进文化体制、社会体制、生态文明体制等各领域改革，全方位为中国式现代化源源不断注入新的动力。

---

[1] 《习近平主持召开二十届中央全面深化改革委员会第一次会议强调 守正创新真抓实干 在新征程上谱写改革开放新篇章》，《人民日报》2023 年 4 月 22 日。

2. 全面深化改革是现代化新重庆建设的强大引擎

习近平总书记对重庆抓改革推改革多次作出重要指示，指出："地方抓改革、推改革，一方面要落实好党中央部署的改革任务，一方面要搞好探索创新。"[①] 全面深化改革是现代化新重庆建设的根本动力，抓改革就是抓发展。重庆始终把进一步全面深化改革作为现代化新重庆建设的关键变量、重要引擎和最具辨识度的标志性工作，紧扣新定位新使命，迭代完善整体性改革构架，系统梳理中央部署的改革任务和市级重点改革工作，优化改革总目标、重点任务和具体项目，更加注重系统集成，更加注重突出重点，更加注重改革实效，突出数字重庆建设和重点领域改革相互赋能、协同发力，以更大力度谋划新的牵引性重大改革，

◎ 重庆发展新貌（重庆市委宣传部供图）

---

① 《习近平在重庆调研时强调　落实创新协调绿色开放共享发展理念　确保如期实现全面建成小康社会目标》，《人民日报》2016 年 1 月 7 日。

聚焦落实国家重大战略部署等加快形成一批重大改革抓手，推动各领域各层级体系重构、流程再造，为放大优势、汇聚胜势提供支撑，推动改革由局部探索、破题突围向全面深化转变，破解制约重庆高质量发展、高品质生活、高效能治理的深层次矛盾和体制机制障碍，加快打造改革标志性成果，在激发发展活力内生动力上作出新示范。

3. 全面深化改革是现代化新重庆建设的坚实支撑

习近平总书记强调："进一步全面深化改革，要紧扣推进中国式现代化这个主题，突出改革重点，把牢价值取向，讲求方式方法，为完成中心任务、实现战略目标增添动力。"[①] 谋划进一步全面深化改革重大举措，是推动高质量发展的必然要求，为加快现代化新重庆建设提供了坚实支撑。新时代新征程，重庆将改革作为应对变局、开拓新局的重要抓手，坚持国家所需、重庆所能、群众所盼、未来所向，锚定目标、创新方法，把具有标志性、引领性的重点改革任务抓在手上，把具有牵引作用的改革抓在手上，扎实推进全面深化改革工作迭代升级，重大改革牵引性支撑性持续增强，以改革实战实绩实效助力实现更高质量、更有效率、更加公平、更可持续、更为安全的发展，以重庆一域改革实践为全国大局创造新鲜经验、作出更大贡献。

（二）深化"三攻坚一盘活"改革突破

全面深化改革是现代化新重庆建设的关键变量，是重庆迈向现代化

---

① 《习近平主持召开企业和专家座谈会强调 紧扣推进中国式现代化主题 进一步全面深化改革》，《人民日报》2024 年 5 月 24 日。

的必由之路。党的二十大以来，重庆更加积极谋划和务实推进全面深化改革各项工作，注重数字重庆和重点领域改革互促共进，将数字化的理念、方法、手段融入改革全过程各方面，引领推动经济发展模式、社会治理方式、政府管理体制系统性重塑，打造数字文明新时代全面深化改革新模式。以管党治党、经济发展、社会民生、民主与法治、文化建设和平安法治领域改革为基本盘细化任务、划定赛道，探索抓改革闭环落实"八步工作法"，按照加快实施一批、准备启动一批、谋划储备一批的思路，迭代完善改革统筹机制，多点发力、纵深推进，强化数字赋能，体系化推进改革机制重塑，重大改革牵引性支撑性持续增强，基层最佳实践持续迸发涌现，敢改善改真改实改氛围日益浓厚，取得了一批具有重庆辨识度、全国影响力的标志性成果，显著提升了人民群众的获得感、幸福感、安全感、认同感。

在全面深化改革中，重庆坚持顶层设计和基层首创相向发力，坚持整体推进和重点突破有机结合，牢牢把握"首创性""差别化"这两个改革关键词。"三攻坚一盘活"改革突破就是重庆全面深化改革的突破性抓手和差异化探索。重庆将"三攻坚一盘活"改革突破作为现代化新重庆建设必须啃下的"硬骨头"、必须跨越的重要关口，对"三攻坚一盘活"改革作出全面系统部署，吹响"三攻坚一盘活"改革的"冲锋号"。"三攻坚一盘活"改革蹄急步稳推进，多跨协同整体作战格局全面形成。

1. 坚决打赢国企改革攻坚战，推动国企改革攻坚突破成势见效

国有企业是现代化新重庆建设的主力军。针对国有企业主业不聚焦、市场化水平低、发展质效不高、整体竞争力不强等问题，按照"止

损、瘦身、提质、增效"的思路，深入开展"三清三减三增"①专项行动，推动国企做强核心业务、提升核心能力、抓好风险防控。

首位聚焦"止损"。坚持把"止损治亏"作为首要任务、重中之重，建立分类分级推动工作机制，压实各级企业主体责任，全覆盖穿透式摸排"出血点"，逐户梳理企业资产质量和经营风险，穿透式开展经营状况和收益分析，"一企一策"制定"止损治亏"改革方案，通过内部改革、开拓市场、挖潜增效等方式，按进度打表推进减亏扭亏。

全力推进"瘦身"。推进企业压缩管理层级、压减法人户数、打造高效总部，促进企业加强管理、提升效益。聚焦决策效率提升和管理成本下降目标，指导企业科学制定年度压降计划和任务清单，推动市属重点国有企业、区县国有企业管理层级原则上控制在三级以内。全面出清停产歇业企业以及无业务、无贡献、无发展前景的"三无"企业。制定完善集团与子企业的权责事项清单，加大授权放权力度，探索建立总部内设机构和人员双控机制。

集中优势"提质"。按照市场竞争类、支撑保障类、金融服务类三大功能类型，推进市属国企战略性重组、专业化整合，打造更多"渝字号"旗舰国企。聚焦构建"33618"现代制造业集群体系、重点基础设施建设领域谋划实施一批重点项目，扩大有效投资，发展新质生产力。引导支持企业聚焦主业、深耕一域，集中优势、心无旁骛做强实业做精专业，推动优质资源向优势企业集中，培育一批核心竞争力强的现代新国企。深化开放合作，争取更多央企在渝布局区域总部、业务总部、产

---

① 即清理盘活存量资产、清除风险隐患、清收债权清偿债务，减层级、减数量、减亏损，增效益、增动力、形成新增长点。

业基地，积极引入民企、外企参与国企改革。

全面提升"增效"。对标全国一流、西部领先企业，做强做优核心业务，提升价值创造能力。提升企业精益管理水平，"一利五率"等核心效益效率指标持续改善。聚焦主责主业加强品牌建设培育，打造具有核心竞争力的产品服务，不断擦亮"渝字号"国企品牌。深化国有控股上市公司发展质量提升行动，健全完善培育孵化体系，推动上市公司提质增量、行业进位，把上市公司打造成国资国企"核心竞争力"。

2.坚决打赢园区开发区改革攻坚战，加快形成权责清晰、产业聚焦和布局合理的新局面

园区开发区是现代化新重庆建设的主战场。部署打赢园区开发区改革攻坚战，推动园区开发区脱胎换骨、涅槃重生、高质量发展，加快实现园区开发区精干高效、产业招大引强，亩均效益大幅提升，建成高质量发展示范区引领区。

推进优化整合，重构管理体系。按照"一区多园、一套班子"的改革方向，坚持牌子就高、政策叠加原则，推进开发区优化整合、做大做强。出台深化开发区管理制度改革的实施意见，聚焦发展产业、服务企业，部署推进园区开发区权责关系界定，编制激励开发区发展转移支付管理办法，着力厘清管理机构和运营公司、属地街镇职责边界，推进财政事权与支出责任相匹配。

聚焦除险清患，加快运营公司市场化转型步伐。全面摸清园区开发区"出血点"，建立运营公司"户头、人头"双控机制，同步启动园区开发区运营公司重组转型，编制园区开发区运营公司改革方案或重组整合方案，构建扁平高效管理模式。开展园区开发区债务摸排登记，严格

执行债务"631"机制[1]，加强债务"借用管还"全流程管理。

精准定位主攻方向，全力推动产业集群发展。发布全市"产业发展地图"，找准细分赛道、优势领域，明确产业主攻方向，持续优化调整产业布局，提升全市园区开发区规模工业集中度。实施园区开发区强链延链补链行动，累计创建 16 个国家新型工业化产业示范基地，笔电产量连续 9 年保持全球第一。

抓好土地节约集约利用，切实推进质量效益提升。深化实施"亩均论英雄"改革，实施亩均效益示范引领、提档升级行动，围绕用地类型、重点行业，构建目标导向清晰、评价指标统一、权重设置合理、分级分类管理的亩均效益评价体系。实施园区开发区土地"一张图"管理，推进园区开发区发展阶段、四至范围、用地规模与土地节约集约利用水平相适应。

加快转变招商引资模式，推进高质量招商引资。制定出台招商引资项目首报首谈制度，开展"一区一业多赛道"市区联动，引导开发区聚焦主导产业招商，避免区县同质化恶性竞争。完善产业链图谱和招商地图，梳理招商目标企业库，开展链主型龙头企业和产业链招商，成功引进一批标志性引领性项目。

全面优化营商环境，推动实现"企业办事不出园"。实施园区开发区数字化转型行动，高标准建设一批数字示范园区，推动开发区企业从"制造"向"智造"转变。推进"渝快办"数字赋能，大力实施"网上办""掌上办"，全面推进"一件事一次办"。落实常态化"三服务"机制，深化实施服务企业专员制度，搭建涉企政策服务平台，全力压缩园区开发区项目建设投产周期。

---

① 即提前 6 个月制定资金接续计划，提前 3 个月落实资金来源，提前 1 个月备足偿债资金。

3. 坚决打赢政企分离改革攻坚战，推动党政机关和事业单位所属企业全部"脱钩"

深化政企分离改革，加快实现全覆盖监管，有效处置改革风险，实现服务回归政府，企业市场化运行，形成责权利明确的政企关系。

开展全面摸底调查，分类制定改革方案和配套政策。全面完成市级部门单位和区县（开发区）实控全级次企业摸底调查，坚持应改尽改、应划尽划、应关尽关原则，出台政企分离改革工作方案，督促指导涉改市级部门单位和区县（开发区）制定改革方案。研究出台改革配套政策，形成政企分离改革人员安置指导意见。

建立完善工作机制，确保政企分离改革扎实、有序推进。明确13个市级部门为市领导小组成员单位，市领导小组成员单位，各涉改市级部门单位及所属企业、各区县均组建工作专班，各区县均成立领导小组。建立市领导小组重点工作任务、市和区县涉改企业基本情况、市和区县改革进展情况等台账，挂图作战、打表推进，将政企分离改革列为全市重点督查督办事项，每周督促进度、强化跟踪问效，设置"竞速榜""成果榜"，开展赛马比拼，定期晾晒涉改市级部门单位和区县进度情况，制定改革实绩评估办法，分层分类评估改革成效。

4. 有效盘活国有资产，释放改革新动能

坚持资产盘活与债务化解、"三攻坚"、推动高质量发展相融合，促进经济稳进增效、除险固安。按照"全面覆盖、突出重点、分类施策、挖潜创新、分步实施、有序推进"的思路，扎实推动资产盘活，将存量的国有资产用起来，让沉睡的国有资产动起来。

夯实盘活基础。开展国有资产调查摸底，摸清全市国有企业、行政

事业性和自然资源等重点资产基本情况，从管理基础、资产效益、市场预期、投资融资、体制机制等方面深入剖析国有资产存在的问题。在调查摸底的基础上，厘清权属关系，做好核算入账、确权登记等基础工作。

坚持分类盘活。对党政机关和事业单位国有资产，通过调剂置换、处置变现等方式实施盘活。对国企资产，采取出租、出售、处置、改扩建等方式，加快闲置低效房屋盘活，按照优化、调整、集约等方式盘活利用企业自有土地等。对储备土地，强化规划赋能，提升储备土地价值；加强土地整治出让时序和进度调度，提高资金周转效率；创新出让方式，探索先租后让、以租代让、弹性年期出让等供地方式。

健全长效机制。引导央企、民企通过进场交易、协议转让、资产置换等方式参与国有资产盘活；完善产品价格动态调整机制，提升资产盘活价值；加大财税政策、金融政策供给，支持资产盘活利用。

完善保障体系。建立资产盘活管理平台，实时动态反映资产盘活情况。建立"待盘活资产清单"和"重点任务清单"两张清单，精准高效实施盘活。同时，建立国有资产盘活工作评价体系，压实相关部门、事业单位和国有企业责任，对走在前列的加大预算安排、资金使用、项目建设等方面支持，激发资产盘活积极性。

（三）促进民营经济活力迸发

毫不动摇巩固和发展公有制经济，毫不动摇鼓励、支持、引导非公有制经济发展，是构建高水平社会主义市场经济体制的重要内容。坚持把民营经济和民营企业发展作为重大政治任务抓紧抓实，先后召开两次重庆市推动民营经济高质量发展大会，以超常规举措培育壮大民营经济，强化稳进增效、除险清患、改革求变、惠民有感工作导向，持续完善机制、创新思路、抓实举措，推动民营经济活力持续迸发。

惠企政策利好落地见效。持续优化民营经济高质量发展的政策供给，出台促进民营经济高质量发展的系列政策文件，从促进公平准入、强化要素支持、加强法治保障、优化涉企服务、营造良好氛围等方面加大对民营经济的政策支持。推动民营经济政策落实落地，加大政策宣传解读，完善惠企政策发布机制，开展惠企纾困政策落实情况调研和阶段性评估分析，建立涉企政策全流程评估制度，为民营企业提供找得到、看得懂、用得上的政策信息服务，充分释放政策效应。

民营经济法治保障不断强化。坚持效率优先，持续深化"繁简分流"改革，实行简案快执、推进类案专执、注重繁案精执，加快案件流转，开通财产查控、资产处置"绿色通道"，最大程度缩短办案周期。坚持文明执行，依法审慎采取查封、扣押、冻结等强制措施，最大限度降低对涉执案关联企业生产经营的不利影响，对于因资金流动性困难不能清偿债务、有挽救价值的中小微民营企业，积极引导各方当事人达成减免债务、延期支付的执行和解协议，依法为企业缓解债务压力、恢复生产经营创造条件。坚持集聚合力，依托重庆市切实解决执行难部门协作联动机制，常态化开展打击各类恶意逃废债行为，加大打击拒执力度。坚持深化知识产权保护，用好知识产权检察保护中心和综合联系点，推动实现对市域科创平台司法保护全覆盖；充分运用刑事追诉、民事行政诉讼监督、公益诉讼等方式，便捷高效地保障和支持民营企业依法维权；进一步强化与法院、公安、市场监管、版权等职能部门的沟通联系，推动构建"司法＋行政"的"严保护、大保护、快保护、同保护"工作格局，形成对民营企业的保护合力。

民营企业政务服务更加便捷高效。建立市领导联系重点民营企业制度，定期走访民营企业，常态化开展大走访、大排查、大服务活动，党政干部联系民营企业工作机制更加健全。开展"企业吹哨·部门报到"专项行动，开通企业"吹哨"渠道、建立部门"报到"机制，实现企业问题诉求"一键直达、一网通办、一体落实、一件评估"。建立服务企业专员工作机制，为重点企业配置服务专员，专员定期深入企业，掌握企业生产经营状况以及用能、用工、资金、产销等情况，听取企业生产经营中存在的问题和需求，为企业提供政策宣传、问题化解、事项协调、要素支撑、资源争取等全周期、全要素、全覆盖和全方位服务；针对企业反映的困难、问题和有关诉求，实施"马上办""即刻办"，迅速协调化解；对属于跨部门、跨区域、跨层级的"疑难杂症"，指导企业或由专员代为上报"企业吹哨·部门报到"平台以及通过现场办公、专题协调会等形式，线上线下联动予以协调解决，实实在在为企业排忧解难。

民营经济金融支持持续加强。推动金融服务数"智"化转型，建立"长江渝融通"货币信贷大数据系统、重点民营企业融资清单，深化拓展跨境金融服务平台场景建设，上线"长江渝融通"普惠小微线上融资服务平台。拓展多元化"融"资渠道，运用货币政策工具加大民营小微信贷投放，推动交通物流专项再贷款、科技创新再贷款、碳减排支持工具等各类专项再贷款以及支小支农再贷款再贴现等各类政策快速落地，实施民营企业债券融资倍增计划，搭建重点民营企业债券融资项目库，完善名单梳理、需求摸排、融资辅导的闭环服务机制，用好民企债券融资支持工具。提升金融服务"惠"及面，高标准推进民营小微企业和个体工商户首贷续贷中心和金融服务港湾建设，深入推进中小微企业金融服务能力提升工程，常态化、阵地化开展首贷培植等行动，推进更高水平的贸易投资跨境人民币结算便利化试点。"畅"通金融资源传导渠道，推出货币信贷到村、"两张问题清单"快速协调解决机制等多个专项措施，建立民营企业金融服务顾问机制，组织金融机构整合内部优秀金融人才和外部法律、财会等多方面资源，组建金融顾问专家团队，常态化开展金融服务基层、服务企业、服务群众工作。

（四）加快打造全面深化改革先行区

围绕重庆市委六届五次、六次全会提出的加快打造全面深化改革先行区奋斗目标，强化重点突破带动整体推进，在更大场景中整合资源、综合集成、重塑体系，擦亮重庆改革"金名片"，奋力打造全面深化改革先行区，努力以改革攻坚主动赢得高质量发展先机，在激发发展活力内生动力上作出新示范。

1.聚力重点改革攻坚

切实将改革施工图与高质量发展愿景图紧密结合起来，锚定改革目标、把牢价值取向、讲求方式方法，以敢为人先的勇气，积极探索首创性、差别化改革，大胆试、大胆闯、大胆改，持续打造"西部领先、全国进位和重庆辨识度"的标志性改革成果，扎实推进重庆全面深化改革工作迭代升级、纵深发展，力争成为内陆省份全面深化改革开放排头兵，奋力交出深入学习贯彻党的二十届三中全会精神的高分报表。更加注重系统集成，坚持以全局观念和系统思维谋划推进，迭代完善整体性改革构架，系统梳理中央部署的改革任务和市级重点改革工作，优化改革总目标、重点任务和具体项目，形成更加系统科学、清晰明确的路线图、施工图，推动各领域改革相互促进、系统集成，确保改革取向一致性。对标现代化建设需要、对标国家改革部署、对标先进省市做法，牢牢抓住牵一发而动全身的重点领域和关键环节精准发力、集中攻坚，积极争取中央先行先试重大改革平台和含金量高的综合性试点任务，开辟人无我有、人有我优新赛道。体系化推进重点领域改革，聚焦管党治党、经济发展、社会民生、民主与法治、文化建设和平安法治重点板块，推动改革向广度和深度进军。精准分析改革需求，对标承接中央改革部署，坚持问题导向、目标导向，聚焦建设现代化新重庆的紧要需求，广泛收集群众企业基层所思所盼的改革需求，借鉴兄弟省市经验做法，推动各项改革落地落实。更加注重改革顶层设计，明确优先序、把握时度效，突出"小切口、大场景"，解决制约发展的堵点难点，谋划引领性、集成性、协同性、标志性的重大改革。深化拓展"三攻坚一盘活"改革突破，引进有实力的央企参与国有资产盘活，以更大力度、更大决心始终保持国资国企改革的战略定力和攻坚态势，不断推进国企功能优势体制机制重塑，高效高质推进园区开发区、政企分离改革攻坚，确保改革成果巩固下来、改革成效彰显出来。滚动推进"三个一批"重大改革，聚焦要素市场化配置综合改革试点、区域性股权市场创新试点、投融资等重点领域攻坚突破。抓好改革最佳实践总结推广，坚持改革品牌示范引领，鼓励支持基层改革探索，健全改革创新奖、最佳实践案例评选、容错纠错等激励机制，搞好改革实践总结提炼，做到一地创新、全市共享。全面夯实改革推进制度保障，健全完善市领导领衔整体推进机制、专班运作机制、例会推进机制、改革报表机制、督查考评机制，建立揭榜挂帅机制，强化多跨协同，激发改革活力，推动改革由局部探索、破题突围向全面深化转变。

2. 培育壮大民营经济

"新时代新征程民营经济发展前景广阔、大有可为"[1]。民营企业是

---

[1] 《习近平在民营企业座谈会上强调　民营经济发展前景广阔大有可为　民营企业和民营企业家大显身手正当其时》，《人民日报》2025年2月18日。

现代化新重庆建设的生力军，民营企业家是全市宝贵财富，建设民营经济发展高地是新重庆建设重要任务。

重庆坚持和落实"两个毫不动摇"，大力促进"两个健康"，协同发挥有效市场、有为政府作用，强化政策引领，提高服务质效，优化营商环境，持续提升民营经济创新力、竞争力和综合实力，加快建设民营经济发展高地，为现代化新重庆建设行稳致远注入强劲动力。

进一步优化民营企业发展环境。加快制定《重庆市民营经济促进条例》，制定出台打造民营经济发展高地的若干措施，加快解决市场准入、要素获取、公平执法、权益保护等方面存在的突出问题，为民营经济发展营造良好稳定的环境。完善监管执法体系，加强监管标准化规范化建设，提高监管公平性、规范性、简约性。持续完善知识产权保护体系，加大对民营中小微企业原始创新保护力度。

大力弘扬优秀企业家精神。发挥企业家才能，引导广大企业家特别是民营企业家正确认识发展形势、坚定发展信心，形成长期稳定发展预期。营造企业家健康成长环境，努力让民营企业家心无旁骛干事业。树立和宣传企业家先进典型，营造尊重和激励企业家干事创业的社会氛围。

推动民营企业加强自主创新。把推动自主创新摆在民营经济高质量发展全局的核心位置，着力引导民营企业深度参与"四链"融合、突出向"新"攀"高"，转变发展方式、调整产业结构、转换增长动力，坚守主业、做强实业，自觉走高质量发展路子。完善民营企业梯次培育机制，助力形成协同发展的民营经济创新格局。

引导民营企业积极拥抱数字变革。开展"渝商数字行"等活动，实施民营企业数字化转型赋能行动，搭建民营企业数字化转型政策服务、技术服务和融资服务平台，鼓励重点行业民营企业充分利用大数据、物联网、人工智能、区块链等数字基础设施和技术手段推进数字化改造。

强化民营企业上市融资保障。加大重点拟上市民营企业的培育力度，强化拟上市企业的诚信意识、自律意识和法治意识，规范公司治理和内部控制。积极支持、引导契合北京证券交易所定位的优质民营企业，抓住北京证券交易所深化改革机遇，利用资本市场发展壮大。优化企业上市辅导监管流程，持续督促辅导备案民营企业规范经营。

3. 打造一流营商环境

营商环境是高质量发展的重要支撑。营商环境没有最好只有更好。以深化改革的"硬措施"提升亲商富商安商的"软环境"，聚焦推动"好企业快速成长、差企业快速出清"，坚持问题导向、数字赋能、改革集成，持续建设市场化、法治化、国际化一流营商环境。深化营商环境创新试点城市建设，实施优化营商环境专项行动，实现营商环境竞争力显著提高，政务环境更加高效、法治环境更加公正、市场环境更加有序、创新环境更加活跃、要素保障环境更加完善，努力成为西部地区营商环境排头兵。

营造优质有序的市场环境。修订《重庆市优化营商环境条例》，建立以信用为基础的新型监管机制。加大力度清理废除妨碍统一市场和公平竞争的规定做法，切实保障各类所有制企业公平参与竞争。持续优化商品自由流动、平等交换的市场环境，降低市场运行成本。打造服务民营经济平台体系，提高企业融资便利度，有效缓解企业融资难、融资贵问题。实施完善信用评价、信用监管、信用修复等制度，打造信用重庆升级版。

营造公平公正的法治环境。严格规范公正文明执法，依法保护各类经营主体产权和合法权益。建立完善监管规则和标准，创新监管方式，提高监管的精准性和有效性。完善知识产权政策体系，提升知识产权保护能力和商事纠纷解决能力，加快建设国际知识产权交易中心、国际商事仲裁及调解中心。

营造透明便利的开放环境。进一步优化外商投资环境，提高利用外资质量，提升投资经营便利化水平。推动通道、平台、环境等开放要素协同发展，促进人流、物流、资金流、信息流加速集聚，持续巩固开放型经济高质量发展态势。

营造高效便捷的政务环境。构建"高效办成一件事"政务服务新体系，迭代升级"新重庆·新渝商"工作体系。持续优化工程建设项目审批服务，推动逐步实现全流程电子化。进一步完善工程建设领域风险分级分类管控机制和纠纷仲裁调解机制。优化办税体验，提升办税便利度，探索监管服务新模式，实现纳税缴费更便利、税收服务更优质、税收执法更规范。

营造风清气正的政商环境。加快建立"亲而有度、清而有为"的新型政商关系，常态化开展损害营商环境的腐败和作风问题整治，着力发现和查处"吃拿卡要"、任性用权等漠视侵害经营主体的行为。建立规范化机制化政企沟通渠道，依法解决市场主体生产经营中遇到的困难和问题。

六、敢为人先　勇当内陆开放探路新先锋

习近平总书记指出："开放带来进步，封闭必然落后。"① 我国发展要赢得优势、赢得主动、赢得未来，必须实行更加积极主动的开放战略。党的二十大报告提出，推进高水平对外开放。重庆位于"一带一路"和长江经济带的联结点，在国家区域发展和对外开放新格局中具有独特而重要的作用。2016 年 1 月和 2019 年 4 月，习近平总书记两次视察重庆，要求重庆完善各个开放平台，建设内陆国际物流枢纽和口岸高地，建设内陆开放高地，努力在推进共建"一带一路"中发挥带动作用，并亲自谋划西部陆海新通道、中新（重庆）战略性互联互通示范项目等，赋予重庆开放发展重大功能定位。时隔五年，习近平总书记第三次亲临重庆视察，赋予重庆"奋力打造新时代西部大开发重要战略支点、内陆开放综合枢纽"新的时代使命和战略定位，强调建设西部陆海新通道对推动形成"陆海内外联动、东西双向互济"的对外开放格局具有重要意义。新征程上，重庆要紧扣新的战略定位，更好发挥承东启西、通江达海的关键枢纽作用，加快构建通道、物流、产业融合互促高质高效发展新机制，积极探索陆上贸易新规则体系，打造内陆开放探路先锋，支撑带动西部地区更好跨越山海、走向世界，为现代化新重庆建设提供有力支

① 《习近平著作选读》第二卷，人民出版社 2023 年版，第 28 页。

撑，为国家向西向南全方位高水平对外开放作出新贡献。

（一）加快形成内陆开放综合枢纽标志性成果

奋力打造内陆开放综合枢纽，加快形成更多高水平对外开放标志性成果，是深入学习贯彻习近平总书记视察重庆重要讲话和重要指示精神，全面落实市委六届五次全会部署的切实行动。

1. 有利于推动高质量发展

高质量发展是全面建设社会主义现代化国家的首要任务。推进高水平对外开放有利于引进更多国际先进生产要素，更好利用国内国际两个市场两种资源，是实现更有效率、更加公平、更可持续、更为安全高质量发展的重要支撑。这就要求重庆坚定不移地扩大对外开放，创造更加全面、更加深入、更加多元的对外开放格局，深度参与经济全球化，更好融入全球化大分工，增强辐射集聚全球资源要素的能力，实现与世界的互利共赢，为高质量发展塑造新动能、新优势。

2. 有利于更好融入和服务构建新发展格局

构建新发展格局，绝不是封闭的国内循环，而是更加开放的国内国际双循环。推进高水平对外开放有利于提升国际循环质量和水平，有利于增强国内国际两个市场两种资源联动效应。这就要求重庆发挥承东启西、沟通南北、通江达海的独特优势，推动西部陆海新通道迭代升级，促进中欧班列（成渝）创新增效，优化长江航道综合承载能力，打造成为成渝地区双城经济圈、新时代西部大开发、长江经济带等国家战略重要枢纽，推动共建"一带一路"国际循环重要战略支点，形成辐射能力更强的内陆地区开放发展增长极。

3. 有利于倒逼深层次改革

以高水平对外开放促进深层次体制机制改革，主要体现在不断破除阻滞经济循环的堵点卡点，建设更高水平开放型经济新体制，更好发挥政府作用，在全球市场高效配置资源，大幅提升开放型经济发展的活力。推动高水平开放背景下，这就要求重庆聚焦规则、规制、标准、管理等制度机制，持续健全优化自贸试验区、中新（重庆）战略性互联互通示范项目、两江新区等开放平台运作机制，联动国资国企、政务服务、营商环境等重点领域深化改革。

4. 有利于助力世界合作共赢

更高水平的对外开放，不是要一家唱独角戏，而是要欢迎各方共同参与；不是要谋求势力范围，而是要支持大家共同发展；不是要营造自己的后花园，而是要秉持合作共赢理念，有效应对逆全球化和贸易保护主义思潮，建设各国共享的百花园，为世界经济注入强劲活力。建设更高水平内陆开放综合枢纽促进世界合作共赢，主要体现在抢抓建设中西部国际交往中心等机遇，加强与"一带一路"等重点国家和地区在经济、人文、制度等领域的全方位深度合作，为构建人类命运共同体贡献重庆力量。

5. 有利于统筹发展和安全

越是开放越要重视安全，安全是发展的保障，发展是安全的目的。随着我国与外部世界的联系互动更加频繁紧密，我国经济发展也更容易受到外部市场的冲击，这就要求统筹发展和安全。要求重庆不断强化风险意识，提高风险防范和应对能力，坚持开放合作与自力更生的辩证统一，做好精准预判，把握问题关键。既要积极参与国际分工，形成"你中有我，我中有你"的格局，稳步扩大规则、规制、管理、标准等制度型开放，又要做好充分的风险准备，加快实现高水平科技自立自强，有效提升产业链供应链的韧性和安全水平。

（二）扩大高水平对内对外开放

党的二十大以来，重庆深刻领会习近平总书记关于扩大高水平对内对外开放的重要论述，全面融入共建"一带一路"、西部陆海新通道等国家重大战略，着眼提高国际化水平和产业国际竞争力，增强参与全球资源配置能力和整体经济效率，打造联结国内国际双循环的战略枢纽，推动重庆更好在西部地区带头开放、带动开放。

1. 开放通道显著拓展

西部陆海新通道建设持续拓展。习近平总书记多次发表重要讲话、作出重要指示，为西部陆海新通道建设赋予新使命、明确新方向。党的二十大部署和国家战略深入实施为通道建设提供了重大机遇。六年来，重庆发挥通道物流和运营组织中心作用，牵头构建起"13+2"省（区、市）共建机制，开行班列已超过3万班，货物种类从2017年的不到50种增加到现在的1100多种，通达全球120个国家和地区的490个港口，对内助推西部省市开放发展，对外衔接共建"一带一路"国家和地区。连续两年召开西部陆海新通道推进大会，制定实施西部陆海新通道五年行动方案，召开推进国际陆海贸易新通道建设合作工作机制和西部陆海新通道省际协商合作联席会议，制定推进国际陆海贸易新通道建设合作工作机制规则。推动重庆、广西、四川等省（区、市）签订陆海新通道运营有限公司增资扩股合作协议，跨区域综合运营平台实现 11 省（区、市）13 股东共建，公司注册资本金增加至 4 亿元。陆海新通道无水港通过竣工验收，成功开行中老泰铁路双向测试班列，探索开行中缅公铁联运班列，投入运营陆海新通道老挝海外公司，新增马来西亚吉隆坡、乌兹别克斯坦塔什干等海外分拨仓。加快构建"铁公水空管邮数"现代化多式联运集疏运体系与综合服务体系。积极推动"疆电入渝"、渝哈算力通道等重大项目建设。在全国率先实施铁路运输单证金融服务试点。大力推动西部陆海新通道数字化建设，成功开展西部陆海新通道集装箱进口铬矿转关试点，重构数字经济与通道经济双向驱动新生态。积极构建"通道大脑＋智慧物流链"体系，在越南、老挝通过"陆海链"签发数字提单。陆海新通道重庆无水港实现内陆首次无纸化放货，果园港口岸设备交接单、提单、装箱单实现无纸化作业。

中欧班列（成渝）运行效益持续提升。中欧班列（成渝）运输箱量位居全国第一，开辟了亚欧大陆陆路运输新通道和经贸合作新桥梁，是成渝地区协同扩大全方位高水平开放的重要例证，也是两地联手畅通国际物流通道的一个缩影，还是共建"一带一路"的旗舰项目和标志性品牌。成功实现江津小南垭中欧班列去回程双向运行。数字中欧班列建设加速推进，推动首单重庆中欧班列区块链电子提单融资业务落地，实现全程可视化、可控化、可溯化。开通重庆—蒂尔堡中欧班列线路，新增俄罗斯布洛奇纳亚等集散分拨点，实现经同江口岸中欧班列首发，运营线路 51 条，覆盖欧亚 113 个城市节点，通道运营网络体系持续完善。欧洲方向 13 国运邮专线常态化运营，累计发运邮包 3000 万件。中欧班列（成渝）全年开行超 5300 列，位居全国第一。

长江黄金水道功能充分发挥。长江黄金水道联动长江经济带 11 省市，辐射常住人口超 40%，是重庆在加快构建全国统一大市场中发挥独特优势的坚实支撑，是打造衔接两个循环的重要战略纽带。顺利完成"舟山—重庆"江海直达航线首行测试，建成投用智慧长江物流工程一期，完成港口货物吞吐量同比增长 8.2%；吞吐集装箱量同比增长 2%。沪渝直达快线同比增长 8.9%；运输集装箱同比增长 9.5%。推行"小改大"、"散改集"、铁水联运、水水中转，新建 130 米船 70 余艘，促进三峡船闸通过货物量同比净增 1400 万吨。铁水联运规模增长 8.1%。

国际航空枢纽加速打造。重庆新机场选址获批，江北国际机场 T3B 航站楼及第四跑道工程加快建设，万州机场、黔江机场 T2 航站楼相继建成投用。国际航线持续恢复，实际在飞国际（地区）客货运航线已达 33 条，国际及地区航线累计达 110 条。重庆市第一家航空货运基地公司——国货航重庆分公司正式成立，推动海航重庆分公司挂牌，成为海航在西南地区设立的首家分公司。江北国际机场完成旅客吞吐量居全国第六位。

◎ 重庆果园港一派繁忙（王加喜摄）

2. 开放平台显著增强

中新（重庆）战略性互联互通示范项目高质量实施。中新（重庆）战略性互联互通示范项目是中国与新加坡两国第三个政府间合作项目，是中新两国深化全方位高质量的前瞻性伙伴关系的重大合作平台。枢纽港产业园、生命科技城等重大项目建设加快推进，高效运营中新（重庆）多式联运示范基地（一期），建成运营中新航空产业园普洛斯物流枢纽一期，建成并上线中新（重庆）国际互联网数据专用通道监测平台。加快打造新加坡国立大学重庆研究院，成功举办第五届中新金融峰会、"新加坡·重庆周"、国际陆海贸易新通道区域合作论坛、中新国际科技交流与创新大会等重大活动。

自贸试验区建设迭代升级。自贸试验区发展改革创新案例入选习近平经济思想指导实践案例，知识产权小额诉讼审批模式被评为知识产权强国建设典型案例，"关银—KEY通"被确定为跨区域协作的典型经验做法。国务院总体方案明确的151项试点任务全部落实，新培育制度创新成果30项，新设立自贸试验区联动创新区15个。陆路贸易金融服务平台上线运行，"整车保税仓储"实现规模化发展。举办中国（重庆）自由贸易试验区提升战略研讨会、自由贸易试验区高质量发展论坛、铁路运单及其他货运单证可转让性国际研讨会，发布《中国（重庆）自由贸易试验区建设蓝皮书》。

两江新区内陆开放门户加快打造。两江新区是中国第三个、内陆第一个国家级开发开放新区，是承担国家重大发展和改革任务的战略平台和重庆经济发展的主战场和重要增长极，经济总量连续多年在全国19个国家级新区中位居第四。推动纬创等加工贸易企业新增订单，推动小传实业等一般贸易企业加快发展，创新中欧班列整车笼车发运模式，融合发展"保税＋科创＋产业"。推动康宁等外资大项目增资，成功引进全球光掩膜龙头企业日本豪雅。建成投用果园港重大件码头、鱼嘴铁路货运南站场。吸引各类外籍人才1600余人。建成自贸试验区企业服务中心，打造服务西南的一站式出境签证服务中心。

西部科学城重庆高新区开放创新深化推进。引进三安意法光电、谷歌跨境电商出海中心等一批重大项目。建成全市首个智慧综保区系统，创新设立江北机场西永综保区航空前置货站，将西永综保区与江北机场进行"无缝链接"。实现"一业一证（照）"智慧审批系统全面上线，携手成都高新区在全市率先开展"一业一证"跨省通办。重庆知识产权运营中心建成运营。

开放平台功能布局持续完善。永川综保区、两路果园港综保区封关运行，江津综合保税区（二期）通过验收。万州机场口岸查验基础设施建设加快推进。果园港成为内陆地区首个具备进口肉类、粮食、水果指定监管场地"三合一"资质的水运口岸。重庆铁路口岸进境肉类指定监管场地和重庆航空口岸进境肉类、冰鲜水产品指定监管场地顺利通过总署验收。出台《关于深化开发区管理制度改革推动开发区高质量发展的实施意见》，深化开发区改革创新。

3. 开放合作显著提升

对外交往活跃度实现突破。建立渝港合作会议机制，深化在金融、经贸等11个领域合作。加快汇聚国际组织机构，中越联合声明支持越南在重庆设立总领馆，澜湄旅游城市合作联盟总部落户工作取得积极进展。境外非政府组织代表机构增至28家，获评全球"设计之都"。新设立中希文明互鉴中心、"一带一路"大学科技合作联盟、西部陆海新通道智库联盟等一批特色对外交流平台，获批建设全国首个"一带一路"

139

◎ 2024 年 6 月 15 日，重庆首开全程时刻表中欧班列（重庆商务委供图）

科技创新合作区。与墨西哥共建拉美地区首个"鲁班工坊"。圆满完成德国总理、中非总统来渝参访等重大外事活动。举办 2024 重庆国际友好城市合作大会。重庆柴可夫斯基音乐学院加速落地。

国际事务参与度大幅跃升。成功举办中国—拉美和加勒比国家数字技术合作论坛、中国川渝地区—湄公河国家地方合作论坛、"一带一路"陆海联动发展论坛、陆海新通道国际合作论坛等高层级国际会议。成功举办第二届"一带一路"国际技能大赛。

开放环境舒适度持续改善。稳步推进外语标识标牌规范化建设，在两江新区等地试点推进国际化社区建设。建成投用中西部地区首个省级移民事务服务中心、中国外文局翻译院中西部分院。持续丰富国际交往设施，建成广阳岛国际会议中心、永川国际会展中心，加快建设重庆外交外事历史陈列馆、彭水乡村振兴国际合作示范点。

城市品牌知名度有效彰显。挂牌成立西部国际传播中心，iChongq-ing 海外网络传播矩阵用户数突破 1600 万，海外阅读量突破 30.7 亿次。创新打造"@ 重庆 @ 世界"外事外宣品牌，成功举办首届"TALK IN 重庆"外语演讲大赛。文旅国际交流打开新局面，引进首家外商投资旅行社，成功举办首届石窟寺保护国际论坛等国际文旅活动逾百场。国际体育赛事活动取得新成绩，第九届中俄青少年运动会、重庆马拉松等国际体育赛事精彩纷呈。国际智库建设作出新贡献，培育建设 16 个国别区域研究中心（基地）。

4. 开放质量显著提高

对外贸易转型升级。加快建设贸易强市，全年外贸进出口排名西部第一，首次实现全市所有区县外贸进出口业务全覆盖。全力稳住加工贸易，做大一般贸易，积极培育外贸新增长点，深入推进二手车出口、市场采购贸易方式、内外贸一体化试点。推进跨境电商综试区建设，开展"渝贸全球 跨电赋能"行动，跨境电商进出口额 196.61 亿元，其中进口增长 7.96%。实施"百团千企"国际市场开拓计划，成功举办白俄罗斯、哥伦比亚、印尼、泰国等贸易促进活动 10 余场，签约订单超 400 亿元。深化与东盟、RCEP 国家经贸合作，对共建"一带一路"国家进出口 3115.2 亿元。

服务贸易创新发展。服务贸易创新发展试点圆满收官，160 项试点任务全面落实，6 个案例新入选 2023 年国务院服务贸易发展部际联席会议办公室印发全面深化服务贸易创新发展试点"最佳实践案例"，居中西部第一位。积极推动国家中医药、人力资源特色服务出口基地发展。建设国家服务外包示范城市，供应链外包、工业设计服务外包、医药（中医药）和生物技术研发服务外包实现新突破，执行离岸服务外包 22.5 亿美元，总量居西部第二位。重庆出版集团等 3 家企业入选国家文化出口重点企业，8 家企业 17 件文创产品入选中国好礼产业促进计划，2 个项目入选"千帆出海"行动计划。

服务业扩大开放深入扎实推进。总体方案任务实施率达 95.3%，在商务部评估中位列第二。开展首创性差异化改革探索 104 余项，11 个案例入选全国服务业扩大开放综合试点示范案例。扎实开展示范创建，评选第二批示范区 3 个、示范园 5 个和示范项目 10 个。出台 107 个支持服务业开放创新发展的市级配套政策措施，推动国家部门出台配套支持举措 13 个，共签约落地现代服务业项目 987 个。

双向投资效益提升。开展"加大吸引外资专项行动"，以制造业为重点促进外资扩增量、稳存量、提质量，持续优化外商投资环境，建立完善外资"清单 + 红黄绿灯"预警工作机制、外资招商和实际到资"赛马比拼 + 督查考核"机制，2023 年新设外商投资企业 387 家、实际使用外资 10.5 亿美元。举办"投资中国年"推介活动、市长顾问团年会、投资贸易合作恳谈会等系列招引活动。有序推进对外合作，攀华板材投资建设菲律宾第一家大型钢厂等一批重大项目落地，2023 年非金融类对外直接投资 6.7 亿美元。成为全国首批对外投资电子证照落地省份。

外向型产业基本盘稳定。重庆制造优势逐步转化为出口优势，2023年，"新三样"出口增长 1 倍，汽车出口额增长 51.9%，新能源汽车出口增长 148.1%；手机出口额同比增长 11.5%，基本建成国内产量第二、产值第三的产业集群；"重庆造"摩托车出口同比增长 16.3%；玩具产业出口同比增长 45%。市场采购贸易方式形成新增长点，立足龙水成功获批市场采购贸易试点，小五金产业出口得到快速发展，农产品和食品出口取得新突破，重庆柑橘、火锅食品、预制菜等产品实现常态化出口。

（三）加快打造内陆开放国际合作引领区

深入贯彻落实习近平总书记重要指示要求，按照《成渝地区双城经济圈建设规划纲要》明确重庆打造"西部国际综合交通枢纽和国际门户枢纽"的定位要求，尤其是重庆市委六届五次全会提出的加快打造内陆国际开放合作引领区奋斗目标，充分发挥重庆作为西部陆海新通道物流和运营组织中心的作用，进一步强化中新（重庆）战略性互联互通示范项目的带动效应，以加快构建交叉联网枢纽体系为着力点，打造内陆开放国际合作引领区，支撑带动西部地区更好跨越山海、走向世界，为国家向西向南全方位高水平对外开放作出新贡献。

1. 推动开放通道互联互通

以建设西部陆海新通道为牵引，与共建"一带一路"、长江经济带高效联动发展，全面形成立体高效、内畅外联、通江达海的通道节点和交通门户体系，更加注重通道支撑供需适配和经济产业发展能力培育，更加注重数字、金融、科技、绿色等赋能通道发展，持续放大"通道＋经贸＋产业"联动效应，打造链接全球的门户型交通枢纽。

推动西部陆海新通道迭代升级。发挥好通道物流和运营组织中心作用，推动物流运输能力、通道与经贸产业融合发展、贸易规模、以数字赋能推动内外资源整合、服务效率和高水平共建等六个方面提质跃升。完善通道软硬设施配套，加快构建集疏运通道体系，探索开行辐射印度洋周边的中老泰马国际铁路专列和公海联运线路。深化中老泰"三国三园"等国际产能合作。开展航运贸易数字化试点，加快构建数字提单平台体系，提高数字提单和"一单制"提单融资结算量。推进陆海新通道股权基金筹设，打造服务西部陆海新通道建设的通道银行。推进数字陆海新通道建设，迭代升级"通道大脑"，聚焦建设通道数字贸易规则、发布数字贸易指数、筹办数字贸易博览会等，将西部陆海新通道打造成为数据交换纽带。依托西部陆海新通道发行绿色债券、提供绿色贷款等，探索开展绿色低碳供应链管理，引导市场资源流向更加节能环保的技术。

推进中欧班列（成渝）创新增效。完善中欧班列（成渝）欧洲、中亚地区运行线路及网络，加大"跨两海（黑海、里海）"、土耳其等中欧班列南通道线路开发。建设中欧班列集结中心，强化货源组织，丰富回程货源品类，全面增强国际物流集散功能。加快推进智慧铁路联运平台和中欧班列信息化平台建设，打造丝路数字班列。形成"铁海联运一码通""铁海联运一站式订舱""陆海链金融服务"，联动四川提升成渝两地中欧班列品牌影响力。

提升长江黄金水道承载能力。深化"经济·智慧长江物流"应用建设，推进航道整治，增强长江黄金水道效能。建立长江黄金水道港口统一作业、费用标准机制，提升货物统筹集散能力。统筹推进主航道整治以及乌江、嘉陵江等支航道清淤，建设三峡船闸新通道等，改善运力基础条件。进一步增强江津珞璜港综合集散能力，提高与贵州、四川等周边省市的合作水平。

提升国际航空枢纽能级。加快推进江北国际机场 T3B 航站楼及第四跑道工程建设。加大国际客运航线恢复力度，巩固加密欧洲航线，力争实现 RCEP 成员国家首都和重要经济城市航线全覆盖。支持基地货航发展。

提升枢纽口岸综合服务能力。优化口岸资源配置，提升口岸服务能力，增强口岸集聚辐射作用，进一步完善口岸功能体系。以"五型"国家物流枢纽为支撑，增强物流协同服务能力。完善重庆公路物流基地综合货运功能，建成新田港二期、龙头港铁路专用线等项目，加强物流通道、节点、园区连接道路建设。加快推进重庆港水运口岸扩大开放，推进万州机场航空口岸查验基础设施、鱼嘴站南货场海关集中监管作业场所建设。

推动通道与贸易产业融合发展。编制西部陆海新通道支撑产业链升级发展规划编制工作，探索研究设立西部陆海新通道产业链供应链共建互促投资基金，探索开行汽车滚装共享公共班轮及江海联运专线，推动手机、智能穿戴产品等货物通过铁路运输，推动惠普等笔电厂商在西部陆海新通道上量运输。拓展中间品贸易、服务贸易、数字贸易、跨境电商出口。建设"一带一路"进出口商品集散中心，建设东盟农产品加工产业园，培育壮大若干与东盟开展经贸往来的专业化国际货代团队。

2. 推动开放枢纽协同联动

持续深化开放平台体制机制改革创新，打造开放型高端产业集聚"主阵地"，形成供给需求协同高效、互为支撑的发展格局，进一步放大开放外溢效应。

高标准实施中新（重庆）战略性互联互通示范项目。发挥好新加坡、重庆"双枢纽"作用，积极探索绿色金融、金融科技等合作模式，持续办好中新金融峰会，推动金融领域合作取得新成效；加快陆上、空中交通走廊建设，提高物流枢纽联动能力，提升跨境贸易便利化水平，推动交通物流合作实现新突破；共同打造临空经济产业集群，推动"航空＋旅游"发展，促进航空产业合作迈出新步伐；用好国际智能产业博览会平台，持续拓展中新（重庆）国际互联网数据专用通道应用场景，推动信息通信合作形成新优势，推动中国西部与东盟合作，实现陆海集聚、区域联动发展新格局。

实施自贸试验区提升战略。推动自贸试验区建设迭代升级，实施《中国（重庆）自由贸易试验区领航提升五年行动方案》，打造枢纽经济、数字经济、保税经济、产业经济"新名片"。深化首创性、差异化、集成化改革创新，深化陆上贸易规则等领域探索，聚焦汽车、电子信息、现代物流、数字经济、新型国际贸易等重点产业，开展全链条制度创新，促进要素自由、有序、安全、便捷流动。建立自贸试验区对接高标准经贸规则创新试点机制，开展通道标准体系、多式联运规则衔接、跨境贸易便利化、跨境金融结算等领域国际高标准经贸规则压力测试。

打造高能聚合的科技创新成果转化枢纽。集聚全球科技创新资源、高素质创新人才、高等级科研平台，促进科技成果高效率转化，打造"政产学研金服用"各类科技要素活跃流通的"合聚变"科技枢纽高地。通过建强战略科技创新人才队伍，优化科技创新体系，强化企业科技创新主体地位，加快科技成果产业化商业化，成为国家重要的创新策源地和全球创新网络的关键节点。

打造绿色高效的新型能源算力枢纽。完善绿色安全的新型能源体系和电力保障体系，新型能源体系和算力体系全面耦合、相互赋能，建设基于绿色能源与新型算力联动的应用型算力枢纽节点。集聚通用、智能、超级等多元算力，深化行业数据和算力协同，通过建设算力应用中心和各级各类云平台，推进电力系统与数字基础设施融合升级，搭建能源行业大模型赋能行业应用场景，形成国家"东数西算"工程的战略枢纽和辐射周边、面向全国的一体化算力枢纽。

打造高端资源要素配置枢纽。融合多种高端要素，创建国际化资源要素"自由流通、多元融合、高效集聚"的平台枢纽。通过发挥创新的制度集成、完善的服务配套、突出的区位优势和产业链优势，发挥集聚全球高端人才、现代金融、科技创新等高端资源的重要节点作用，为西部地区高质量发展提供流量规模、市场资源和创新动力，形成全球优质资源要素强大"引力场"和"通""融""聚"枢纽。

推进已有功能枢纽转型升级。发挥两江新区综合优势，打造内陆开放门户，鼓励支持开展产业创新发展、扩大对外开放领域制度创新，吸引上下游开放型经济企业集群集聚，引育壮大开放型经济链主企业，加快推进寸滩国际新城建设，建好国家进口贸易促进创新示范区，积极争创国家数字服务出口基地，积极推进一批带动性强、集聚效应足的重大项目，加快集聚各类高端要素。提升西部科学城重庆高新区创新能级，加快建设具有全国影响力的科创中心核心承载区，汇聚重大科技基础设施、国家（重点）实验室、国家级创新平台等创新资源，建设综合性科学中心。

3. 推动经贸合作量质齐升

抓紧抓实物流这个实体经济的"筋络"，加快构建通道、物流、产业融合互促高质高效发展新机制，做大做强通道经济、枢纽产业、保税经济，壮大转口贸易、离岸贸易、数字贸易等新业态，打造向西向南国际贸易中心，构建通道带物流、物流带经贸、经贸带产业、产业聚要素的良性循环体系。

推动货物贸易转型升级。加快建设贸易强市，稳住加工贸易，扩大一般贸易，积极培育外贸新业态新模式。实施"百团千企"国际市场开拓计划，打造"渝贸全球"品牌，深化"一带一路"经贸合作。实施"渝车出海"行动计划，支持汽车企业布局海外市场，完善海外销售渠道，推动汽车产业链上下游实现全面出口，提升汽摩、通机等优势产品出口，做大汽车二手车出口规模。稳住手机、通机等优势产品出口，推动"新三样"产品和成套设备出口，推动装备制造和大型成套设备出口。拓展中间品贸易，扩大笔电、汽车中间品出口。探索开展能源、矿产、粮食等大宗商品进口分拨业务。建设跨境电子商务综合试验区，深化市场采购贸易方式试点，积极推动保税维修规范健康发展。

积极发展服务贸易。高标准建设国家服务外包示范城市，推动中医药特色服务出口发展。创建国家数字服务出口基地，促进中医药、人力资源国家特色服务出口基地提升质量。积极探索发展数字贸易，培育数字贸易主体，完善数字贸易基础制度、标准规范和统计体系。

建设高质量外资集聚地。加大招商引资力度，实施加大吸引外资招商专项行动，实施"投资重庆"系列招商活动，高效集约"走出去"引资，开展精准招商、专业招商，推动利用外资建圈强链。深化港澳台地区经贸交流，加快建设海峡两岸产业合作区。加大制造业利用外资力度，吸引外商投资企业参与重庆传统产业升级改造，扩大现代服务业利用外资。深化服务业扩大开放综合试点，探索在更大范围放宽外资市场准入。

打造内外联动的产业链供应链枢纽。放大承东启西、连南接北的战略区位优势，打造融合数字化、网络化、智能化、绿色化的国际前沿产业集聚高地、创新中心和全球产业链关键节点。以科技创新为引领，通过聚焦高附加值、技术密集、创新驱动、绿色低碳的前沿产业、智能产业和高端服务业，打造承接产业转移重要"拦水坝"和国家重要产业备份基地，形成产业链完整、应用场景丰富的产业生态，积极融入全球产业链供应链体系。

打造双向开放的国际经贸枢纽。高质量发挥贸易投资和合作载体作用，构建连接我国西部和东盟的"运贸一体化"通道，深化与东盟、中亚、中东欧等国家和地区的物流经贸合作，主动应对全球价值链重构和区域市场竞争，形成引领西部地区走向世界市场、扩大国际交流合作的全产业链产品集散基地和境外资本、贸易投资进入中国市场的开放前沿。

打造开放多元的国际交往枢纽。以大外事服务大开放、以大开放推动大发展，是有形无形资源的融通和配置中心。通过构建高层次开放型经济体系，完善国际交往环境，深化外事制度改革创新，提升重庆国际事务参与度和城市美誉度，构筑全域共建、全域共融、全域共享的国际交往新格局，成为人文交流互鉴、人员跨境合作的外事服务中心和国际交往中心。

4. 推动制度型开放扩面提质

制度型开放是实现内陆地区高水平开放的关键所在。推动改革与开放相互促进，制度"对接"与"创新"并行，着力推动规则、规制、管理、标准等制度型开放，全面优化对外开放制度设计，打造全方位、全领域、深层次自由化便利化开放高地。

深入对接国际高标准经贸规则。对标 RCEP、CPTPP、DEPA 等国际高标准经贸规则，推动重点领域"边境后措施"深化改革，推动构建与国际通行规则相衔接的制度体系和监管模式。全面落实外商投资准入前国民待遇加负面清单管理制度，确保"非禁即入"普遍落实。进一步加强知识产权保护，保障外商投资企业合法权益。

创新引领国际经贸新规则。立足重庆自身特点和优势，在推进国际合作中深化制度创新，强化新兴领域规则探索，力争引领国际经贸新规则。持续探索以陆上贸易规则、多式联运"一单制"为重点的规则创新，并逐步探索将陆上贸易规则创新成果复制推广到多式联运等领域。积极探索数字贸易规则，探索建立离岸贸易支持政策体系。探索建立公平竞争规则。构建陆上国际运输、通关、金融、结算等贸易新规则，深化金融服务、航空产业、交通物流、信息通信等领域开放合作，促进投资、贸易自由化便利化，把重庆打造成为全国陆海并进的内陆制度型开放样板。

5. 推动开放安全统筹兼顾

构建与高水平对外开放相适应的风险防控体系，增强自身竞争能力、开放监管能力、风险防控能力，在高水平对外开放中更好维护开放安全。

健全完善监管方式。推进"宽进严管"完善事中事后监管措施，有效防范相关领域风险，增强风险防控的系统性，加快构建以信用为基础、先进技术和信息化平台为手段、法律为保障的现代化风险防控体制机制，有效防范化解重大风险问题。

维护产业链供应链稳定。积极增强智能网联新能源汽车等重点产业的产业链供应链自主可控能力，针对关键核心技术和零部件"卡脖子"问题，集中优质资源合力攻关。积极抢占电子信息等科技竞争和未来发展制高点，努力构筑自主可控、安全可靠、韧性强的产业链供应链体系。

加强开放安全国际合作。与"一带一路"共建国家探索共建产业损害预警机制、贸易援助救济机制等。基于全球地缘政治格局不确定性和经济不稳定性大幅增加形势，联合四川积极争取国家优化布局重大生产力，尽快建立石油、天然气、农产品、机械等重点物资备份体系，并通过对外汇储备的战略性运用，在全球采购国计民生所需的战略资源与物资。

七、融合发展　实现城乡互促
共同繁荣新突破

城镇化是现代化的必由之路，坚持农业农村优先发展、坚持城乡融合发展，则是加快农业农村现代化、更好推进中国式现代化建设的应有之义。城市与乡村是一个生命共同体，相互依存，互促共荣。城乡融合发展，就是要把乡村作为与城市具有同等地位的有机整体，推进城市现代属性与乡村传统属性交融互促，实现城乡发展互促共进、经济社会文化共存共荣，标志着我国城乡关系发生了历史性变革，城乡发展进入了新阶段。

现代化新重庆建设，要求加快农业农村现代化，实现城乡各美其美、美美与共。重庆集大城市、大农村、大山区、大库区于一体，城乡区域发展差距较大，协调发展任务繁重。破解城乡区域发展不平衡问题事关现代化新重庆建设全局和长远发展，是高质量发展最大潜力所在。因此，必须从重庆特殊市情出发，把握新时代城乡融合发展的演进规律和趋势变化，兼顾城乡产业异构性融合和城乡生态系统协同性发展，聚焦拓展现代化发展空间，提高现代化建设成色，引导产业、人口、要素向有比较优势的区县城和中心镇集聚，以城带乡加快乡村全面振兴，持续缩小城乡差距、区域差距、收入差距，不断促进全体人民共同富裕，让改革发展成果更多更公平惠及城乡居民，加快建设城乡融合乡村振兴示范区。

（一）走好大城市带大农村大山区大库区的
城乡融合发展之路

重庆城乡关系演进，既具有全国城乡融合发展的共性特征，又具有自身的特殊性。推进以人为核心的新型城镇化、走好大城市带大农村大山区大库区的城乡融合发展之路，是基于新时代我国社会主要矛盾变化、重庆市情特点和当前城乡融合发展形势作出的必然选择，是推动高质量发展、创造高品质生活的内在要求，是实现城乡人民共同富裕的必由之路，也是推动现代化新重庆建设的关键举措。

1. 推进以人为核心的新型城镇化是实现重庆农业农村现代化的关键途径

深入推进新型城镇化既是缩小城乡差距、推进农业农村现代化的动力之源也是根本之策。2023 年，重庆常住人口城镇化率虽然已经达到71.67%，但仍有 600 多万长期在城镇就业居住但未落户的农业转移人口，城镇化发展在生产力布局、公共服务供给、管理制度机制等方面质量还不够高，新型城镇化对农业农村现代化的带动能力仍然不足。推进以人为核心的新型城镇化，就是要突破城乡体制壁垒，优化城乡空间布局，构建城乡发展一体化体制机制，促进城市基础设施向农村延伸、城市产业经济向农村辐射、城市优质资源向农村流动、城市公共服务向农村覆盖、城市文明文化向农村传播，进一步缩小城乡差距，促进城乡一体共同繁荣发展。

2. 全面推进乡村振兴是推动现代化新重庆建设的基础工程

"没有农业强国就没有整个现代化强国；没有农业农村现代化，社会主义现代化就是不全面的。"[①] 农业农村现代化关乎现代化新重庆建设的质量和成色。推进乡村全面振兴是推动大城市带大农村大山区大库区、实现城乡融合发展的基础支撑。重庆虽为直辖体制，但市情与一个西部中等省份相当，农村常住人口比京津沪的总和还多，农村生产生活条件差，巩固拓展脱贫攻坚成果任务重。加上大量农村劳动力向经济发达地区、城市转移，农村面临缺人、缺产业等问题，乡村自我"造血"功能不足，缺乏持续增收的动力。只有把乡村作为建设现代化新重庆的潜力所在，补齐农业农村现代化短板，科学统筹乡村基础设施和公共服务布局，不断提升农业及相关产业价值，实现农民持续增收、满足人民多样化需求，打造具有重庆特色的乡村建设模式，才能够加快推动城乡融合发展、有效激发新的增长点，形成推动高质量发展的强大动力。

3. 必须坚持推进新型城镇化和乡村全面振兴有机结合

城乡融合是生产力发展的必然趋势，也是城乡发展的最终目标。城镇与乡村二者共同构成人类活动的主要空间，在满足城乡居民多元化需求、促进经济增长方面都发挥着不可替代的重要作用。必须把推进新型城镇化和乡村全面振兴有机结合起来，促进各类要素双向流动，推动以区县城为重要载体的新型城镇化建设，形成城乡融合发展新格局。目前，重庆已进入城乡加速融合发展的新阶段，城乡要素流动由资源要素

---

① 习近平：《加快建设农业强国　推进农业农村现代化》，《求是》2023 年第 6 期。

城市单向虹吸向城乡双向流动转变，乡村生态、气候资源、民俗文化等日益受到城市居民追捧，休闲旅游、民宿经济等新业态不断发展。但城乡区域协调发展问题尤为突出，乡村新消费空间、文化传承、生态建设、要素优化配置的综合载体作用还未完全挖掘。走好大城市带大农村大山区大库区的城乡融合发展之路是推动重庆城乡融合的最大动力，既要通过扩大投资、增加就业、发展产业为乡村全面振兴提供持续动力，又要充分挖掘城乡功能，更好满足广大人民群众对美好生活的向往，促进城乡优势互补、合理分工、协调发展和共同繁荣。

（二）城乡融合发展新格局逐步形成

能否处理好工农关系、城乡关系，在一定程度上决定着现代化的成败。重庆深入贯彻习近平总书记视察重庆重要讲话重要指示精神，全面贯彻落实党中央、国务院城乡融合发展重大决策部署，以成渝地区双城经济圈建设为总抓手总牵引，以满足人民群众美好生活需要为根本目的，以改革创新的办法打破路径依赖，统筹推进新型城镇化和乡村全面振兴，正在走出一条大城市带大农村大山区大库区的乡村振兴城乡融合发展的创新之路。

1. 以人为核心的新型城镇化深入推进，以区县域为基本单元的城乡融合发展取得积极成效

聚焦推动大中小城市协调发展，着力优化城镇化空间格局。强化重庆主城、成都"双核"引领、区域联动，扎实谋划和推动渝西地区一体化高质量发展，加快重庆西扩、对接成都东进。规划构建以主城都市区为引领，渝东北三峡库区和渝东南武陵山区为支撑的国土空间新格局，

中心城区引领、区域中心城市带动、区县城支撑的大中小城市和小城镇协调联动的城镇空间结构持续优化。聚焦大城市带大农村，持续巩固城乡一体规划体系，规划形成"大美田园""巴渝风韵""山水乡旅"等乡村振兴示范带，全市行政村村庄规划应编尽编。

聚焦促进城乡要素双向自由流动，着力开创城乡融合发展新局面。顺应产业升级、人口流动、空间演进趋势，规划推进区县城和周边镇村同城化，统筹引领基础设施互联互通、公共服务共建共享、生态环境共保共治，实现区县城、乡镇、农村功能衔接互补，全市农村公路网密度居西部第一位，义务教育基本均衡发展和医共体"二通"建设实现全覆盖。统筹抓好城乡融合重大改革，实施规划、科技、经营、资金进乡村和能人、青年、务工人员回乡村"四进三回"行动，加快盘活农村资源资产，持续深化农村集体经营性建设用地入市试点，城乡要素双向流动的制度通道加快畅通。国家城乡融合发展试验区建设步伐加快，支持重庆西部片区围绕重点改革任务差异化探索实践，谋划实施城乡融合发展示范工程，推动重大改革政策系统集成、全面见效，以点带面引领市域城乡融合发展。

聚焦满足人民群众美好生活需要，着力提升农业转移人口市民化质量。以区县城为重要载体的新型城镇化建设加快推进，出台《重庆市"小县大城""强镇带村"试点工作方案》，选择7个区县开展"小县大城"试点、14个乡镇开展"强镇带村"试点，促进农业转移人口向区县城和重点发展的小城镇集聚。持续深化户籍制度改革，放开家庭成员之间投靠迁移户口政策，总体上不设指标控制、不积分排队，市内市外人员落户同权、租购房屋落户同权。常住地提供基本公共服务机制加快建立，建立健全居住证制度，充分保障持证人享受义务教育、就业、公租房等权利事项，确保新市民和青年人"住有所居"，市民公平共享发展成果更加充分。农村权益退出的制度通道不断健全，不以退出农村权益作为农民进城落户的前置条件，鼓励进城落户农民依法自愿有偿转让退出农村权益。

2. 推进山区库区强县富民和现代化，城乡区域协调发展迈出坚实步伐

围绕培育特色优势产业，区域经济发展活力逐渐增强。特色优势产业持续壮大，"一县一业"打造标志性制造业集群，推动产业链条融入主城，初步形成绿色消费品、绿色建材两个 300 亿级产业集群以及汽车、电子、医药（中药材）、预制菜四个 100 亿级产业集群，具有山区库区辨识度的现代化产业集群逐步形成。山区库区现代山地特色农业逐步见效，打造"三峡柑橘""秀山毛尖"等区域公用品牌，通过品牌化、数字化、组织化"三化"赋能农业"接二连三"。文旅融合提质升级，充分挖掘生态资源、民族民俗、三峡文化，乡村旅游、康养旅游、体育旅游等业态不断丰富，协同发展奉巫巫长江三峡"黄金三角"文旅，"大武陵、大三峡"旅游发展升级版加快打造，区域旅游联动效应持续增强。

围绕提升区县城承载能力，强县富民带动作用更加凸显。新型城镇化建设稳步推进，一体化推进路、水、电、通信、物流"五网"建设，系统推进城镇老旧小区改造，万州、开州达到中等城市规模，城镇人口承载空间进一步拓宽。推动农产品生产、农产品加工流通、现代制造业和现代服务业企业整合聚集，获批创建国家农业现代化示范区三个、国家现代农业产业园四个。创建乡村振兴劳务品牌，促进脱贫群众高质量就近就地就业，持续拓宽农村低收入人口增收路径。公共设施和服务能力持续强化，以区县为单元统一规划和统筹配置公共服务资源，推动区

◎ 重庆市巫山县竹贤乡下庄村（龙帆摄／《重庆日报》）

县乡村公共服务功能衔接互补，全面推进城乡教育共同休建设、深化县域医共体建设，中小学教学点数字资源实现全覆盖，医共体"三通"建设实现全覆盖。

围统提升内联外畅水平，区域协调联动发展水平逐少提升。对外通道布局更加优化，梁平揭牌成立全国首个陆海新通道预制菜集散中心，西部陆海新通道秀山—缅甸跨境公路班车顺利开通，形成以万州新田港为主的港口群，全面实现"县县通高速"，三峡库区交通网络逐步畅联主城、融入全国。构建区县畅联、城乡融合的便捷交通网，推进城镇组团之间、乡镇之间国省干道提质改造，加强与高速公路衔接互通，乡镇公路等级和通行能力全面提升。建立区县对口协同机制，推动主城区和区县在资源、产业、市场、人才、资金、生态等多领域全方位对接互动，组团式、宽领域、全覆盖的帮扶力度持续加大。

3. 学习运用"千万工程"经验，巴渝和美乡村建设基础更加坚实

"三条底线"坚守有力。全面落实耕地保护和粮食安全党政同责，坚决遏制耕地"非农化"，有效防止"非粮化"，坚决守住耕地保护红线和粮食安全底线。制定稳粮扩油保障有效供给措施，稳定"菜篮子"产品供应，粮食产量创近 15 年新高，"菜篮子"考核位居全国 36 个大中城市第二。巩固拓展脱贫攻坚成果与乡村振兴有效衔接，脱贫人口人均纯收入居全国第三位。

"四千行动"扎实推进。实施千万亩高标准农田改造提升行动，突出"四改一化"，实施丘陵山区农田改造提升示范项目，全面推进土壤"三普"，建成一批"宜机宜耕、能排能灌、高产稳产、旱涝保收"的现代粮油产业示范区。实施千亿级生态特色产业培育行动，加快打造粮油、生态畜牧、火锅食材等具有全国影响力、重庆辨识度的"3+6+X"农业产业集群，推动食品及农产品加工产业高质量发展，制定全国首个预制菜生产经营安全监管标准体系，因地制宜做好"土特产"文章。实施千万农民增收致富促进行动，统筹推进经营增收、就业增收、财产增收、惠农增收和以城带乡促增收"五项计划"，深化强村富民综合改革，持续壮大新型农村集体经济，探索惠农补贴长效机制，2023 年全市城乡居民人均可支配收入比缩小至 2.28：1。实施千个巴渝和美乡村示范创建行动，发布全国首个和美乡村宜居指数地方标准，完善党建统领"四治融合"乡村治理体系，深化乡村建设和乡村治理融合试点，持续推进移风易俗，塑造巴渝和美乡村"金名片"，筑牢现代化新重庆建设的乡村底色。

科技和改革"双轮驱动"持续强化。以农业关键核心技术攻关为重

◎ 重庆市酉阳县花田乡（重庆市酉阳县融媒体中心供图）

点强化科技创新，持续建设农业科技创新联盟、汇聚科研人才，自主选育高含油冬油菜品种"庆油3号""庆油8号"，推广面积超过800万亩，位居全国第一，实现重庆大宗农作物品种推广面积全国前十位"零突破"。农业机械化、乡村数智化、农民组织化"三化"水平有效提升，完善农机具购置补贴，着力打造"渝农大脑"，圆满完成国家首批数字乡村试点建设。以强村富民综合改革为牵引深化农村改革，统筹推进农业"标准地"等重点改革任务，多途径发展壮大农村集体经济，因地制宜培育发展"强村公司"，建成市、区县、乡镇（街道）、村（社区）四级农村产权交易市场，发放首张闲置农房使用权流转交易鉴证书。

乡村治理水平稳步提升。构建党建统领"141"基层智治体系，推动职能体系重构、运行机制重塑、资源力量重组。推广实施"三制一化"乡村治理模式，制定市级乡村治理示范村镇创建标准，强化"一村一品"

文化活动品牌建设，深化"枫桥经验"重庆实践，推广"一约三会""三级院坝会""双网共治"等经验，增强乡村发展内生动力。

（三）加快打造城乡融合乡村振兴示范区

推动城乡融合发展是增强城乡经济联系、畅通城乡经济循环的重要途径。只有实现了城乡、区域协调发展，国内大循环的空间才能更广阔、成色才能更足。围绕重庆市委六届五次全会提出的打造城乡融合乡村振兴示范区奋斗目标，要统筹新型城镇化和乡村全面振兴，在全域内优化国土空间布局和资源要素配置，提质扩面和美乡村建设，持续巩固拓展脱贫攻坚成果，加快构建城乡融合发展的制度机制和政策体系，突出以城带乡、以工促农、城乡互促协同发力，创新探索具有重庆特色的城乡融合推动山区库区现代化和"三农"高质量发展新路。

1. 聚力打造现代化重庆都市圈

做优做强中心城区核心功能，加快提升渝西地区、渝东新城综合实力和承载能力，梯次打造功能互补、融合互动、同城化发展的现代化重庆都市圈。

着力提升中心城区发展能级。着眼建设现代化国际大都市，支持中心城区率先承接国家重大改革和开放试点、优先布局国家级重大战略性项目，充分发挥两江新区、重庆高新区等平台引领作用，有序推进中心城区非核心功能转移疏解，打造高端要素集聚地。以中心城区为核心，以渝西地区、渝东新城为支撑，以区域交通廊道串联各城区和小城镇，构建多中心、多层级、多节点的空间结构。科学划定城市边界，合理控制开发强度、人口密度，引导人口合理分布，优化中心城区功能及空间布局，提升高品质生态、生活、生产空间供给能力。

着力推动渝西地区高质量发展。系统布局现代基础设施和优质公共服务网络，构建多式联运枢纽体系和一体化的综合交通体系，实现重庆、成都"双核"间1小时通达，促进区域内互联互通。聚焦全市和成渝地区先进制造业集群建设方向，积极承接国家重要产业备份和东部地区产业转移，围绕强链、补链、延链、扩链，推动先进制造业集群发展，做优做强数字经济，加快现代服务业集聚发展，成为辐射带动周边的活跃增长极。强化产业配套功能，建成产城融合、职住平衡、生态宜居、交通便利的现代化郊区新城。

着力打造现代化渝东新城。发挥渝东新城紧密联结中心城区的区位条件，推动与中心城区融合互动，支持涪陵、长寿、垫江等区域加强与两江新区的产业协同，大力推动辐射周边省市的物流口岸和枢纽建设，完善配套功能，带动主城都市区整体能级提升。提升区域综合交通枢纽、商贸物流中心等特色化功能，加强长江航运、高速公路、快速公路、多层级轨道交通网络支撑，提升航运物流枢纽能力，推动渝东新城成为中心城区辐射山区库区的纽带。做强重要节点城市，统筹保护好武陵山、大娄山生态屏障和各生态节点，发挥涪陵、綦江—万盛等区域支点城市作用，做强做优长寿、垫江、南川等重要新城节点，强化沿长江、渝黔走廊等综合发展轴，实现高质量发展。

2. 积极推进以区县城为重要载体的新型城镇化建设

区县城是城镇体系的重要组成部分，是城乡融合发展的关键支撑。充分发挥区县城和小城镇作为城市经济和农村经济联结点的作用，发展各具特色的县域经济，构建农业强县、工业大县、旅游名县建设体系，大力发展民族地区特色产业，"一县一策"推进少数民族聚居地区强县富民，因地制宜推进城镇化进程。

分类引导区县城发展。重庆区县情况千差万别，特色化、差异化是县域发展的必然要求。要科学把握不同区县禀赋特色，找准发展突破口，分类制定发展策略。加快发展大城市周边区县城，强化与中心城区通勤便捷、功能互补、产业配套，推动开州、云阳加快与万州同城化发展，快速集聚产业、吸纳人口、完善功能，建设产城融合、职住平衡、生态宜居、交通便利的现代化郊区新城。积极培育专业功能区县城，发挥区位、交通优势，深入实施"文化+""旅游+""康养+"战略，完善旅游服务功能，精心塑造特色风貌，加快推动旅游资源富集区向景区化发展，打造具有较强影响力和知名度的特色旅游区区县城。合理发展农产品主产区区县城，加快建设成渝现代高效特色农业带，培育壮大特色农业产业，做优做强农产品加工业和农业生产性服务业，集聚发展农村二三产业，延长农业产业链条，吸纳更多农业转移人口就地落户。有序发展生态功能区区县城，挖掘特色生态人文资源，加快发展生态经济，完善旅游配套服务功能，精心塑造特色风貌，加强公共服务供给能力，有序承接生态地区超载人口转移。

增强县域经济内生动力。县域综合承载力的核心因素是产业，是否拥有高质量的本土特色产业，一定程度上决定了县域经济发展水平和潜力。分类引导区县城发展方向，因地制宜做强二至三个优势主导产业，推动生产与科研相结合，通过"飞地抱团"将建设用地指标等稀缺资源从低效利用的地区集中配置到条件相对优越的"飞地"，积极招引国际一线农业品牌企业、国际一流农业高科技企业、国家级农业龙头企业、上市公司，推动进城农民持续增收。推动传统商圈、商业街等改造提升，以数字化、智能化赋能旅游业发展，不断补齐配套设施短板，加快智慧旅游建设，打造一批品质高端化、业态多元化的新兴产业空间和新型消费集聚区。加快推进县乡村三级物流网络、中心站点、专业市场、农贸市场建设，完善冷链物流设施，培育壮大农村电子商务主体，推广抱团进村、驻村设点等模式，实行"联配联送"，推动全市农产品上行、工业品下行。

提升区县城综合承载能力。深化小县大城试点牵引，实施区县城功能品质提升行动，推动区县城市市政设施提档升级、公共服务设施提标扩面、环境基础设施提级扩能。持续优化区县国土空间总体规划，合理配置城镇开发边界增量空间，优化区县城和重点城镇的空间布局和发展形态，促进人口向承载力较强的优势地区集聚。按照服务人口和服务半径标准科学配置公共服务资源，推进医疗、教育、养老、扎育等公共服务设施提标扩面，积极发展"医共体""教共体"等模式，加快建设智慧社区，构建"15分钟高品质生活服务圈"。

加快推进中心城镇建设。中心城镇既是连接城乡的战略节点，又是区域经济、文化和公共服务中心，联结着农民的生产生活，是吸引农民就地城镇化的重要载体。要按照规模适度、突出特色、强化功能的原则，统筹优化区县域城镇布局，带动培育一批中心镇、卫星镇、专业镇、特色镇，完善基础设施配套，全面提升小城镇服务"三农"功能，更好发挥辐射带动作用。对经济实力较强、人口集聚态势显著、发展前景较好的中心城镇，支持纳入区县城规划建设范围，打造人口和产业集聚的区县域副中心，创新体制机制，以中心城镇为基地，稳妥有序探索城市人才下乡、农村土地制度改革，引导农村人口适度集中居住，促进农村土地适度规模经营和现代农业发展。

3. 全面深化城乡融合发展重大改革

改革是经济社会发展的强大动力，城乡融合的关键在于深入推进城乡二元结构体制改革。要锚定实现共同富裕目标，以全面深化国家城乡融合发展试验区重庆西部片区改革探索为牵引，建立完善城乡统一的户籍登记制度、土地管理制度、就业管理制度、社会保障制度以及公共服务体系和社会治理体系，促进城乡各项体制全面并轨，让城镇化建设与乡村全面振兴比翼齐飞，让农村发展在城乡融合中迸发活力，让城乡居民同等享有改革发展的丰硕成果。

抓好国家城乡融合发展试验区重庆西部片区建设。实施城乡融合发展示范工程，以乡镇为单位，选择最有条件的区域推进实施，推动农村宅基地制度改革、农村集体经营性建设用地入市、进城落户农民依法自愿有偿转让退出农村权益等重大试点任务全面落地、尽快突破。搭建城乡产业协同发展平台，率先打造城乡产业协同发展先行区，重点优化提升特色小镇、特色小城镇、美丽乡村和各类农业园区，创建一批城乡融合发展典型项目，实现城乡生产要素的跨界流动和高效配置。建立城乡基础设施一体化、基本公共服务均等化体制机制，通过稳步提高待遇等措施增强乡村岗位吸引力。

推进"小县大城""强镇带村"试点工作。健全"小县大城"发展模式，探索支持培育市域副中心城市、区域中心城市工作体系。加快引进一批与本地主导产业相关的优质企业，推动生产要素、市场主体、配套服务集成集聚，构建具有县域特色的现代产业体系。支持通过多种途径满足搬迁农民住房需求，鼓励搬迁农民依法自愿有偿退出农村宅基地，支持试点区县与周边区县和对口协同区县探索农民跨区县转移新模式，加快人口和产业向区县城集聚，带动农民就近就业，确保农民"搬得下、稳得住、富得起"。深入推进"强镇带村"，探索特大镇经济社会管理权赋能改革，推行强镇规划建设"一镇一策"，完善"百强镇"培育体系，构建加工在镇、基地在村、增收在户的产业融合机制。

完善城乡资源要素双向流动机制。深入推进"四进三回"行动，有序引导、依法规范城市工商资本和科技、人才下乡，助力乡村全面振兴。畅通城市人才入乡通道，完善乡村引才、育才、用才、留才的体制机制和政策体系，允许入乡就业创业人员在就业创业地落户并依法享有相关权益，完善农民工返乡就业创业服务体系，探索以投资入股、合作等多种方式吸收人才入乡。深入推进农村土地制度改革，有序推进农村集体经营性建设用地入市。深化市域对口协同发展，推动主城都市区与山区库区资源要素协同配置、产业链供应链合作配套。健全市、区县、乡镇（街道）、村（社区）四级农村产权交易体系，培育引进市场交易主体，推广应用"渝农经管"平台，构建农村资源资产价格发现、价值实现等机制，建立健全农村集体"三资"监管体系。积极引入社会投资，引导中央企业、市属国有企业参与新型城镇化建设。

4. 深入实施"四千行动"

精准发力推进乡村全面振兴，坚持五个振兴协同推进，学好用好"千万工程"经验，迭代实施"四千行动"，用好巴山渝水宝贵自然资源，系统谋划、整体重塑、集智攻坚，夯实重庆加快实现农业农村现代化发展基础。

深入实施千万亩高标准农田改造提升行动。迭代升级"投、建、用、管、还"一体推进机制，以改造提升为重点，推动高标准农田西南示范区建设，不断提升丘陵山区农业机械化、智能化水平，着力建设巴渝粮仓，守住守牢耕地保护、粮食安全底线。加快编制逐步把永久基本农田全部建成高标准农田实施方案，同步规划高标准农田改造提升区域布局，建立健全基层政府、经营主体、集体经济组织等多方参与的管护机制，有序推进高标准农田改造提升项目建设。

深入实施千亿级生态特色产业培育行动。坚持大农业观、大食物观，聚焦"3+6+X"农业产业集群，做深做透"土特产"文章，依山就势发展生态特色农业，推动一二三产业融合发展，做精做优柑橘、榨菜等具有重庆辨识度的特色名优农副产品，壮大农业产业集群。持续打好生态、乡村、文旅三张牌，拓展农业休闲观光、生态康养、农耕体验等多种功能，促进农文旅融合发展。全面提升农业品牌，持续打造"巴味渝珍""三峡柑橘"龙头品牌，培优做强涪陵榨菜百亿级和奉节脐橙、潼南柠檬、忠县忠橙、巫山脆李、荣昌猪等重点品牌，构建区域公用品牌、特色品牌、企业品牌体系。

深入实施千万农民增收致富促进行动。完善强农惠农富农支持制度，健全推动乡村全面振兴长效机制，完善全覆盖农村人口常态化防止返贫致贫机制，建立农村低收入人口和欠发达地区分层分类帮扶体系。持续推动产业增收，鼓励以土地流转、土地托管、土地入股等形式，支持小农户创办家庭农场、农民合作社等发展适度规模经营，鼓励农民兴办乡村旅游、农村电商等增收项目。带动农民就业增收，加强就业引导指导辅导，开展针对性的技能培训，持续开发乡村就业岗位，重点拓展乡村创业促就业。促进农民财产性收入增长，深化"强村富民"综合改革，推广"强村公司"等模式，加快形成"人地钱"挂钩新模式，深化村庄经营，盘活用好农村闲置资源，因地制宜稳步发展壮大新型农村集体经济，在强村富民综合改革中进一步推动高水平全域国土空间优化布局和资源要素精准配置。提高农民转移性收入，落实各类强农惠农政策。

深入实施千个巴渝和美乡村示范创建行动。学好用好"千万工程"经验，因地制宜开展乡村建设，推动美丽城镇组团式、集群化发展，新培育一批小而美、特而强的特色小镇。扎实推进农村人居环境整治提

◎ 重庆市彭水县保家镇三江村（赵勇摄／重庆彭水网）

升，抓好农村厕所、垃圾、污水革命，有序推进场镇提质改造，加强农房规划建设管理。分级开展巴渝和美乡村达标创建，完善"141"基层智治体系，健全党组织领导的自治、法治、德治相结合的基层治理体系，加强农村精神文明建设，推进移风易俗，坚持和发展新时代"枫桥经验"，培育文明善治乡风。

5"一县一策"推动山区库区高质量发展

促进城乡融合发展是设立重庆直辖市的初衷，面向 2027 年直辖 30 周年，现代化新重庆能否赶超跨越交出高分答卷，最大短板和潜力在山区库区、在广大农村。要立足资源禀赋和发展实际，找准山区库区独有特点，"一县一策"系统谋划，做优做强县域特色产业，纵深推进山区库区强县富民乡村振兴。

着力构建区域联动发展机制。厘清发展思路、做好顶层设计，做好

167

山区库区重大规划、重大政策、重大举措的研究谋划，出台山区库区高质量发展规划，"一县一策"量身定制针对性强、辨识度高的发展方案和政策举措。深化区县对口协同，推动主城区与山区库区土地、资金、人才等资源要素协同高效配置，积极探索对口协同发展成本共担、收益共享机制。强化平台打造、区域联动，深入推进万开云同城化发展，牵引带动渝东北川东北一体化高质量发展，塑造山区库区联动发展典范。

着力打造城乡融合发展示范样板。稳步推进以区县城为重要载体的新型城镇化建设，在开州、梁平、城口、丰都、云阳、奉节、石柱、秀山、酉阳开展"小县大城""强镇带村"试点工作，深化新型城镇化建设示范，实现县乡村功能互补，带动县域高质量发展。推动城市更新提升，做实做细城市体检，稳妥推进城市危旧房和老旧小区、老旧街区等改造提升，加强完整社区、现代社区建设，健全商贸流通网络，提高山区库区聚集力、承载力。突出江峡山地、民俗文化、生态宜居等城市特质，塑造山水相依城市风貌，加快打造一批精致山水城市。实施"五村"行动，调整一批"空心村"、保护一批"特色村"、壮大一批"千人村"、培育一批"亿元村"、探索一批"共富村"。

着力提升公共基础设施便捷水平。构建内畅外联的便捷交通网，加快建设渝万高铁等重要通道，加密高速省际通道，推进区县之间、城镇组团之间、乡镇之间衔接互通、提质改造，加快建设一批串联旅游景区、产业园区等的重要节点道路。策划实施一批成熟度高、牵引性强的城镇化建设项目，推动山区库区公共服务设施、环境卫生基础设施、市政公用设施提级扩能，提升区县城管理运营水平。

着力构建分工协作产业发展格局。推动每个区县因地制宜发展一个优势制造业，促进山区库区中小企业"专精特新"发展，积极开展"三峡制造""武陵加工"品牌建设。支持各区县培育各具特色的主辅产业，大力发展粮油、肉蛋奶、中药材等产业，打造一批国家特色优势产业集群。高标准建设大三峡、大武陵旅游带，立足生态资源和民族特色，建设一批生态康养基地、民俗文化景点，丰富生态观光、文化体验、休闲度假等业态。构建上下游协同的产业生态，加快培育本土"链主"企业，深化产业链分工合作，增强产业韧劲，提高区域经济核心竞争力。

6. 加快促进农业转移人口市民化

加快促进农业转移人口市民化，不仅是提升城镇化质量、不断增强人民群众获得感幸福感安全感的客观要求，也是破解城乡二元结构、畅通城乡循环、构建新发展格局的必然选择。要顺应农业转移人口变化趋势，引导农业转移人口向区县城和重点小城镇集聚，不断提升农业转移人口就业质量和技能水平，增强农业转移人口享有基本公共服务的可及性和便利性。

推动新一轮农业转移人口市民化。以"聚人"为目标，深化户籍制度改革，全面放开中心城区落户限制，建立以经常居住地登记户口制度，深化"互联网＋"政服务，推动成渝地区双城经济圈户籍准入年限同城化累计互认、居住证互通互认。探索农业转移人口农村权益有偿转让退出机制，依法保障进城落户农民的农村土地承包权、宅基地使用权、集体收益分配权，引导其依法自愿有偿转让退出上述权益，并逐步扩大农村权益退出试点范围，健全农户"三权"市场化退出机制和配套政策。

健全以居住证为载体的基本公共服务提供机制。推行由常住地登记户口提供基本公共服务制度，完善财政转移支付、城镇建设用地供应与吸纳农业转移人口市民化挂钩机制。建立跨区域、覆盖城乡、服务均等的公共就业创业服务体系，探索建立新业态从业人员劳动权益保障机制，建立健全就业失业统计监测预警体系，加强规模性失业预警。按照"以流入地政府管理为主、以公办学校接收为主"的原则，将流动人口随迁子女接受义务教育纳入流入地区县义务教育保障范围。完善"人地钱"挂钩机制，健全财政转移支付、城镇建设用地增加规模与吸纳农业转移人口落户数量挂钩机制。

提升农业转移人口融入城市能力。围绕重点产业和产业链需求，统筹发挥企业、职业院校等主体作用，强化农业转移人口职业技能培训和职业教育，不断深化产教融合、校企合作，支持和引导职业院校为返乡农民工等群体提供再教育，提高其在城市稳定就业能力。提升农业转移人口对城市居民的身份认同，提高各级人大代表、政协委员及青联委员中农民工的比例，积极引导农民工参加党组织、工会和社团组织，在公租房社区等农业转移人口集中居住地建设公共文化体育空间，并在人口流入规模较大地区探索建立外来人口服务管理机构。

八、人文立城　奏响巴山渝水文化新乐章

文化建设是现代化建设的应有之义，没有社会主义文化的繁荣发展，就没有社会主义现代化；中国式现代化是物质文明和精神文明相协调的现代化。重庆坚持把文化建设贯穿于现代化新重庆建设的全过程各方面，自觉担负起新时代新的文化使命，培育文化新优势，大力建设新时代文化强市，持续为新时代新征程现代化新重庆建设提供坚强思想保证、强大精神动力和有力文化支撑。

（一）为建设现代化新重庆提供强大精神力量

文化自信自强，是关乎国运兴衰、关乎民族精神独立的重大问题。一个国家、一个民族，只有坚定文化自信自强，才能昂然屹立于世界民族之林，才能在通往未来的道路上行稳致远。

1. 习近平文化思想是推动文化繁荣兴盛的科学指引

党的十八大以来，习近平总书记在新时代文化建设方面提出一系列具有原创性的新思想新观点新论断，形成了习近平文化思想。这在党的宣传思想文化事业发展史上具有里程碑意义，在马克思主义文化理论

发展史上具有深远意义。习近平总书记用"九个坚持"高度概括了我们党对宣传思想工作的规律性认识，明确了文化建设方面的"十四个强调""七个着力"等重要要求，提出了坚持党的文化领导权、推动物质文明和精神文明协调发展、"两个结合"的根本要求、新的文化使命、坚定文化自信、培育和践行社会主义核心价值观、掌握信息化条件下舆论主导权、以人民为中心的工作导向、保护历史文化遗产、构建中国话语和中国叙事体系、促进文明交流互鉴等一系列重大创新观点，在新时代文化建设中彰显出真理伟力。习近平文化思想从理论与实践相结合、历史与现实相贯通、国内与国际相关联等三个维度，深刻回答了新时代我国文化建设举什么旗、走什么路、坚持什么原则、实现什么目标等根本问题，系统回答了新时代坚持和发展什么样的中国特色社会主义文化、怎样坚持和发展中国特色社会主义文化的重大课题，为在新的历史起点上担当文化使命提供科学指引和行动指南，具有重大的理论意义、实践意义、历史意义、时代意义。

我们坚持以习近平文化思想为引领，不断开创宣传思想文化工作新局面。要聚焦首要政治任务，坚持不懈用党的创新理论武装全党、教育人民，坚持不懈用习近平新时代中国特色社会主义思想凝心铸魂；要自觉担负起新的文化使命；要遵循基本原则，坚定文化自信、秉持开放包容、坚持守正创新，守护和巩固好中华文化主体性，赓续历史文脉、谱写当代华章；要贯彻部署要求，紧紧围绕习近平总书记提出的"七个着力"的重要要求谋划各项工作；要加强党的全面领导，牢牢把握党的文化领导权，旗帜鲜明坚持党管宣传、党管意识形态、党管媒体、党管互联网。

2.物质富足、精神富有是社会主义现代化的根本要求

人的现代化不仅是社会主义现代化的重要内容，而且是社会主义现

代化的最终目的。现代化最终是为了提高人的素质，满足人的发展需要，促进人的自由全面发展。没有人的现代化，就没有真正意义上的现代化。党的二十大报告指出，中国式现代化是物质文明和精神文明相协调的现代化。物质富足、精神富有是社会主义现代化的根本要求。现代化进程中人的需要呈现出多层次、多样化、多方面的特点，满足人民过上美好生活的新期待，必须不断提供丰富的精神食粮。中国式现代化把人的现代化放在核心位置，不断夯实人民幸福生活的物质条件，同时大力发展社会主义先进文化，充分发挥文化对人的塑造功能，以先进文化引领人的现代化进程，避免资本主义现代化的弊端。推动现代化新重庆建设，人民群众对精神文化生活提出了更高要求，迫切需要促进物质文明与精神文明协调发展，迫切需要更好地发挥文化引领风尚、教育人民、服务社会、推动发展的作用，进而为现代化新重庆建设提供强大精神力量。

3. 新时代文化强市为现代化新重庆建设注入不竭精神动力

重庆是一座历史文化名城，历经了远古聚落、原始军事城堡、古代城池、近代城市和现代化都市3000多年的变迁历史，成就了邃远深厚的文化底蕴。重庆是一座山水之城，重峦叠嶂、江山环绕的特殊风貌，造就了长江三峡、乌江画廊、天坑地缝等举世瞩目的自然奇观，也催生了重庆人逢山开路、遇水架桥的坚韧品格。重庆是一座英雄之城，从巴将军"割头取义"、钓鱼城"上帝折鞭"，到血染"红岩"的抗争，为这座城市书写了大义凛然的鲜明本色。重庆拥有独特的文化资源和人文精神，源远流长的巴渝文化、享誉世界的三峡文化、可歌可泣的抗战文化、彪炳史册的革命文化、独具特色的统战文化、感天动地的移民文化，孕育了"坚韧、忠勇、开放、争先"的新时代重庆城市精神，这一精神蕴含着巴渝优秀文化之"根"和红岩精神之"魂"，为推进现代化文化建设提供了源远流长的历史文脉和丰富深厚的精神滋养。

习近平总书记十分关心重庆发展，并多次就宣传思想文化工作作出重要指示。2016年在重庆调研时就强调，"不能把理想信念只当口号喊"①。2019年在重庆考察时又专门就做好思想舆论引导工作作出指示，强调："要围绕中国共产党为什么'能'、马克思主义为什么'行'、中国特色社会主义为什么'好'等重大问题，广泛开展宣传教育，加强思想舆论引导，坚定广大干部群众对中国特色社会主义的道路自信、理论自信、制度自信、文化自信，进一步激发全体人民爱党、爱国、爱社会主义的巨大热情。"②"重庆要运用这些红色资源，教育引导广大党员、干部坚定理想信仰，养成浩然正气"③。2024年在重庆考察时指出，"深化城乡精神文明建设，推进移风易俗，提高全社会文明程度"④。这一系列重要论述蕴含着加快推动文化建设、坚定理想信念等重要要求。新征程上，要坚持以习近平文化思想为根本遵循，不断增强党领导文化建设的历史主动，挖掘中华优秀传统文化精华，坚持创造性转化、创新性发展，保护和运用好红色资源，在推动文化繁荣、建设文化强国、建设中华民族现代文明上积极作为，打造最富魅力、最具吸引力、最具辨识度的重庆文化标识和文化品牌，展示好中华民族的文化自信，为建设社会主义文化强国贡献重庆力量。

---

① 《习近平在重庆调研时强调　落实创新协调绿色开放共享发展理念　确保如期实现全面建成小康社会目标》，《人民日报》2016年1月7日。

② 习近平：《论中国共产党历史》，中央文献出版社2021年版，第12页。

③ 习近平：《论中国共产党历史》，中央文献出版社2021年版，第32页。

④ 《习近平在重庆考察时强调　进一步全面深化改革开放　不断谱写中国式现代化重庆篇章》，《人民日报》2024年4月25日。

（二）开创宣传思想文化工作新局面

重庆高度重视宣传思想文化工作，聚焦"举旗帜、聚民心、育新人、兴文化、展形象"的使命任务，围绕中心、服务大局，推动宣传思想文化领域不断取得新成果，为加快建设新时代文化强市奠定良好基础。

1. 持续巩固壮大主流思想舆论

巩固壮大主流思想舆论是坚定自信、鼓舞斗志、激励人民同心同德、共同奋斗的重要途径。重庆以党的创新理论凝聚力量、统一思想、统一意志、统一行动，不断塑造主流舆论新格局。一是推动学习宣传贯彻党的创新理论走深走实。把学习宣传贯彻习近平新时代中国特色社会主义思想作为首要政治任务，扎实开展学习贯彻习近平新时代中国特色社会主义思想主题教育，深入开展党的二十大精神学习宣传。扎实推进《习近平著作选读》《习近平谈治国理政》等重要文献进高校、进教材、进课堂工作。打造"学习新思想"微宣讲品牌，推出"理响青年"微视频，多个基层理论微宣讲典型获得国家级表彰，创办大型理论传播电视节目《思想的力量》。二是意识形态阵地持续巩固。牢牢掌握意识形态工作的领导权、管理权、话语权，全覆盖开展意识形态工作责任制专项检查，有力确保意识形态领域平稳可控。建立重要媒情、网情、社情监测分析和研判处置闭环机制，开发建设"文化·三情联动"应用，妥善处置一系列突发敏感舆情和风险隐患，意识形态风险得到有效防范、及时化解。三是加快推进全媒体传播体系建设。大力推进媒体融合发展，全面推进平台建设、内容生产、技术革新、机制优化、队伍培养等变革，构建全市统筹的融媒体传播矩阵。推出《总书记的足迹》《领航新时代》

等主题报道，开设《一号工程·十项行动》《唱好"双城记"共建经济圈》等专题专栏，"第1眼"新闻客户端入选首批全国广电新媒体联盟。

2. 精神文明建设亮点纷呈

精神文明建设是滋润人心、德化人心、凝聚人心的工作。重庆不断加强精神文明建设，推动主流价值凝聚，城市精神升华，在全社会树立崇德向善、共建文明的鲜明导向。一是大力培育和践行社会主义核心价值观。持续完善社会主义核心价值观培育践行体系，构建理想信念教育常态化机制，对社会主义核心价值观入法入规协调机制作出具体规定，承办"社会主义核心价值观百场讲坛"系列活动。二是实施红岩精神传承弘扬工程。深入研讨红岩精神的历史形成、培育主体、精神特质、历史地位、时代价值、传承弘扬及其与中国共产党人精神谱系的内在关联等。成立重庆市革命文物保护中心，筹建重庆市红色资源宣传教育中心，启动红岩文化公园二期项目建设。三是深入实施文明创建工程。深化拓展新时代文明实践中心建设，迭代升级新时代文明实践数字化应用，开展文明新风满巴渝行动。高标准打造新时代文明实践示范带，区县新时代文明实践中心实现全覆盖。突出"美丽乡村·善美巴渝"主题，实施"纯美农民、洁美农家、和美农村、富美农业"等行动，全面深化农村精神文明建设。成功推选"时代楷模"毛相林、王红旭、杨雪峰、马善祥等全国先进典型，打造"让烈士回家""红岩思政"等具有重庆辨识度、全国知名度的宣教品牌。

3. 文化事业稳步发展

文化事业的发展事关文化强国的成效，事关保障人民文化权益的底色成色。重庆积极发展文化事业，不断满足人民群众精神文化生活新期待。一是大力推动中华优秀传统文化创造性转化和创新性发展。举办两届长江文明论坛，筹办长江文明书馆，增强长江文明的传播力影响力。编制以长江干流沿线为主轴的长江国家文化公园（重庆段）建设保护规划和实施方案，启动建设"文化·长江文明传承"数字化应用。"红色三岩"提升项目获评"全国革命文物保护利用十佳案例"。以大足石刻为代表的石窟寺文物保护利用走在全国前列，《大足石刻全集》考古报告入选党的二十大"奋进新时代"主题成就展，巫山大溪遗址入选全国"百年百大考古发现"。二是社科理论研究和文艺创作成果丰富。国家社科基金立项数居西部前列，在中央"三报一刊"刊发理论文章创新高。当代文学艺术创作工程和文艺作品质量提升工程深入实施，党的十八大以来，120余件文艺作品获国家级奖项，其中电视剧《绝密使命》等8件作品荣获中宣部"五个一工程"奖，川剧《江姐》等21件作品获国家级重要艺术奖项，50余人获得国家级文学奖项。精心筹办中央广播电视总台2025年春节联欢晚会重庆分会场，组织重庆市新春音乐会、川渝春节联欢晚会和"新时代新征程新重庆"首届重庆都市艺术节焰火表演等一系列大型文化活动。推出纪录片《重庆谈判》、电视剧《一江水》、网络剧《尘封十三载》、动画片《画江湖之天罡》等一批优秀作品，现实主义题材电影《开山人》全国公映。一是提升公共文化服务水平。广播电视基本公共服务县级标准化试点、智慧广电乡村工程试点工作稳步推进。全市应急广播体系基本建成。广播综合人口覆盖率达99.57%，电视综合人口覆盖率达99.69%。实施新型公共文化空间建设行动计划，依托文图总分馆改革创新打造城乡书房、文化驿站等新型公共文化空间。2023年，重庆市文化馆、公共图书馆一级馆率均位列西部第一，每万人拥有公共文化设施面积超过全国平均水平，全市公共文化服务质量满意度位列全国第三。

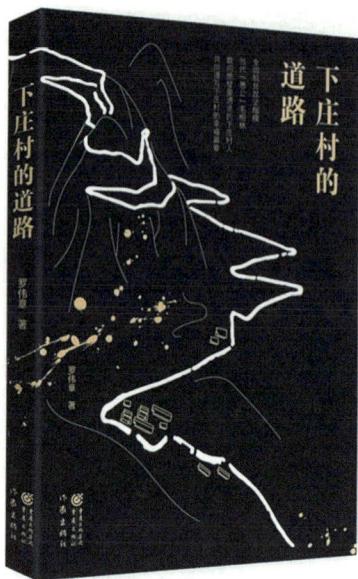

◎ 图书《下庄村的道路》、电视剧《绝密使命》入选中宣部"五个一工程"奖（重庆市委宣传部供图）

4.促进文化产业高质量发展

文化产业是推动经济体系转型升级、驱动高质量发展的重要引擎，是满足人民对美好生活新期待的重要途径。重庆坚持把社会效益放在首位、社会效益和经济效益相统一，深化供给侧结构性改革，推进文旅融合发展，以文化创意、科技创新、产业融合催生新发展动能。加快文旅企业发展，搭建政企对接平台，举办文化和旅游产业重点项目推介会、中国西部旅游产业博览会、中国温泉产业博览会、中国西部动漫文化节等活动。联合四川省举办、承办川渝双城艺术季、巴蜀合唱节、川渝曲艺展演大会等活动，共同打造"成渝地·巴蜀情"活动品牌。2023年底，国家A级旅游景区总数达到294家，精品景区高于全国平均数，涪陵武陵山大裂谷等景区成功创建国家5A级旅游景区。开展文化旅游消费示范城市建设，举办文旅惠民消费季等活动。

5.积极扩大对外文化传播

加强文化对外传播是推动世界全面了解中国的重要路径，是提高中华文化软实力的迫切要求。重庆主动适应国际传播发展趋势，着力扩大对外文化传播，不断提高重庆文化传播力、吸引力、影响力。一是加强西部国际传播能力建设。提升国际传播效能，西部国际传播中心在渝成立。持续壮大 I Chongqing 海外网络传播矩阵，海外阅读量持续突破。深入实施"视听中国"播映工程，"电视中国剧场"项目在墨西哥、哥伦比亚落地。西部影视译制中心建成运行，建立"西语译配作品片库"，为项目提供国内优质视听作品版权。二是加强重庆形象推广。借助"西洽会"、中新金融峰会等重大活动，进一步展示好"山水之城·美丽之地"重庆形象。加强对外新闻宣传，推进"采访线"建设，邀请境外主流媒体、海外网络大 V、智库人士等来渝参访。开展"听 Ta 讲重庆"、渝味传五洲、"万里中国"系列品牌网络外宣活动。三是深化对外人文交流。支持对外文化交流协会、陆海公益基金会建设，举办"陆海之约·青春与城市·中欧青年对话""自然重庆"嘉年华等活动。

（三）加快打造新时代文化强市

建设新时代文化强市，要坚持以习近平新时代中国特色社会主义思想为指导，全面落实党的二十大部署，深入学习贯彻习近平文化思想，坚定文化自信，开放包容、守正创新，传承弘扬红岩精神，坚持以文化人、以文育人、以文聚人，着力促进人的全面发展和社会全面进步，做到政治立魂、精神立德、人文立城、文艺立品、创新立业、变革立制，在培育重庆文化新标识、构建文化建设新格局、激发重庆发展新动能上取得新突破，推动宣传思想文化工作体系重构、流程再造、能力重塑，加快建成"承千年文脉、铸人文精神、树时代新风、强创新品质"的新时代文化强市。

1. 推动用党的创新理论凝心铸魂

党的创新理论是新时代新征程赢得战略主动的强大思想武器。用新时代党的创新理论凝心铸魂是全党的首要政治任务，是加强党性修养的必然要求。我们要坚持用习近平新时代中国特色社会主义思想凝心铸魂，持续深入实施"走心走深走实"工程，学、讲、宣一体化持续开展理论阐释，更好推动真学真懂、真信真用，着力推动党的创新理论入脑入心。

强化体系化学习、体系化领会、体系化贯彻。深入推动党员干部从体系化学到学出体系，形成工作模块、知识体系和价值判断。开展"读原著学原文、悟原理知原义"大学习活动，把学习习近平总书记重要讲话重要指示精神作为理论学习中心组学习的"第一议题"，教育引导党员干部全面准确领会习近平新时代中国特色社会主义思想的核心要义、科学内涵、理论体系和实践要求，增进对习近平新时代中国特色社会主义思想的政治认同、思想认同、理论认同、情感认同。

高质量开展党的创新理论的研究阐释。搭建研究阐释平台、组建专家矩阵，建好重庆市中国特色社会主义理论体系研究中心和高校马克思主义学院，加强体系化学理化研究阐释，围绕"习近平新时代中国特色社会主义思想在重庆的生动实践""中国共产党为什么'能'、马克思主义为什么'行'、中国特色社会主义为什么'好'"等主题，推出更多有学理深度、学术厚度和重庆辨识度的研究成果。深入实施哲学社会科学创新工程，构建"大成集智"新型智库体系，加强哲学社会科学重点实验室、创新团队建设，积极构建哲学社会科学学科体系、学术体系、话语体系，打造"渝字号"社科品牌。坚持思政课建设与党的创新理论武装同步推进，深化大中小学思想政治教育一体化建设，推动习近平新时代中国特色社会主义思想进教材、进课堂、进头脑，把思政小课堂和社会大课堂结合起来，以"大思政课"拓展全面育人新格局。

加强党的创新理论重庆实践的宣传阐释。深刻把握习近平新时代中国特色社会主义思想在重庆实践的理论脉络和内在逻辑，总结提炼蕴含其中的实践创新、理论创新、制度创新，融入现代化新重庆建设目标任务，更好团结引领全市广大党员干部群众实干拼搏、锐意进取，为丰富发展习近平新时代中国特色社会主义思想提供重庆智慧。统筹网上网下媒体资源，做优"学习新思想"等宣讲活动，打造"理响重庆"宣讲品牌，实施党的创新理论"精微"传播工程，把宣传宣讲阵地有效延伸到互联网上，形成立体协同的创新理论传播矩阵。加强党的创新理论生动实践的案例研究、学理分析，发挥智库在决策咨询、政策解读、舆论引导等方面的作用，高效服务党委、政府中心工作和经济社会发展，为现代化新重庆建设贡献力量。

2.巩固壮大主流意识形态

意识形态工作事关党的前途命运，事关国家长治久安，事关民族凝聚力和向心力。习近平总书记强调："宣传思想工作就是要巩固马克思主义在意识形态领域的指导地位，巩固全党全国人民团结奋斗的共同思想基础。"[①]当前，意识形态领域面对的形势依然错综复杂，面临的风险

---

① 《习近平谈治国理政》第一卷，外文出版社 2018 年版，第 153 页。

挑战依然严峻。我们要旗帜鲜明坚持党管宣传、党管意识形态、党管媒体、党管互联网，把意识形态工作的领导权、管理权、话语权牢牢掌握在手中，巩固人民团结奋斗的共同思想基础。

坚持马克思主义在意识形态领域指导地位的根本制度。马克思主义在意识形态领域的思想指导关乎旗帜、关乎道路，也关乎国家的政治安全。必须坚持党管意识形态原则，牢牢掌握党对意识形态工作领导权，旗帜鲜明坚持正确的政治方向、舆论导向、价值取向，巩固壮大奋进新时代的主流思想舆论。在意识形态工作中要坚持党性和人民性的统一，把体现党的主张和反映人民心声统一起来，增强意识形态工作的吸引力感染力，使全体人民在理想信念、价值理念、道德观念上紧紧团结在一起。

落实意识形态工作责任制。完善意识形态协同管理机制，健全风险监测预警和应急处突工作体系，建立网络意识形态问题高效治理机制。坚持守土有责、守土负责、守土尽责，按照属地管理、分级负责和谁主管谁负责的原则，健全重要媒情、网情、社情监测分析和研判处置闭环机制，建好各类意识形态阵地。推动各级党委（党组）增强维护意识形态安全的政治敏锐性，将落实意识形态工作责任情况纳入巡视巡察内容，纳入督查内容，纳入监督执纪内容，守住管好各类意识形态阵地。

有效防范化解意识形态风险。迭代升级阵地管控、风险防范、应急处置、预警监管等舆情应对的整体智治体系，建立意识形态阵地数据库和智能化运用场景，提高各级干部运用新理念新技术打赢舆论战、认知战的能力本领。发挥基层智治体系扁平高效优势，加强风险源头和舆情苗头防范，真正做到第一时间发声、最合适层级发声，确保意识形态领域平稳可控。强化部门联动、区域联控、网上网下衔接，提升应急处置效能，实现依法办理、舆论引导和社会面管控同步。

3. 提升全社会文明程度

社会文明程度是衡量国家、民族、地区文明进步状态的重要标志，也是衡量现代化发展水平的核心指标。我们把提高社会文明程度作为建设文化强市的重要任务安排，坚持"以文化人""以文兴城"，着力塑造以红岩精神为核心的城市精神，提升干部群众思想道德素质、科学文化素质和社会文明程度，大力涵养山水都市城市气质，不断厚植巴渝文明新风尚。

传承弘扬红岩精神。红岩精神是在争取民族独立和人民解放的革命斗争实践中孕育形成的伟大革命精神，是重庆最显著、最独特的红色资源。红岩精神的特质是坚如磐石的理想信念、和衷共济的爱国情怀、不折不挠的凛然斗志、坚贞不屈的浩然正气。高标准用好用活红

◎ 重庆红岩革命历史博物馆举办中小学研学实践教育活动（重庆红岩革命历史博物馆供图）

岩精神发祥地优势，深入实施红岩精神传承弘扬工程，一体推进研究、阐释、活化利用，打造红岩文旅经典景区、精品线路，推出一批具有红岩精神特点的城市人文地标、人文街区、人文场景等。加强红岩基础史料整理研究，创建国家革命文物协同研究中心，整体保护好"红色三岩"和中共中央西南局旧址，高质量建设红岩文化公园等，集中力量打造新时代红岩文艺经典，加快推进红岩数字展示中心、红岩产业基地、红岩研学基地融合示范项目建设，开展"弘扬红岩精神·争做时代新人"等教育实践活动，全面彰显红岩精神的历史价值、理论价值、时代价值。

培育践行社会主义核心价值观。社会主义核心价值观是凝聚人心、汇聚民力的强大力量，彰显着推进现代化建设的价值追求。要以社会主义核心价值观为引领，深入实施公民道德建设工程，健全把社会主义核心价值观融入法治建设、融入社会发展、融入日常生活机制，厚植崇德向善精神沃土。完善思想政治工作体系，充分发挥思政课关键课程作用，健全思想政治工作组织体系、工作体系、融入体系，引导广大青少年扣好人生第一粒扣子。推动理想信念教育常态化制度化，持续加强党史、新中国史、改革开放史、社会主义发展史、中华民族发展史宣传教育。积极推进校地合作，形成"点线面"相结合的实践育人协同体系，完善爱国主义教育基地和国防教育基地建设管理服务体系。充分激活重庆人固有的坚韧顽强、开放包容、豪爽耿直等优秀特性，深入提炼和大力弘扬新时代重庆城市精神，加强宣传阐释和实践养成，推动融入改革发展、生产生活和规章制度。

塑造山水都市城市文化气质。重庆被称为"山城"和"江城"，城市立于山间江畔，命脉与山水交融。长江上游山形水势、两江围合的半岛地形塑造了"山水重庆""桥都""雾都"等独特的地理标识，也形塑出源远流长的"长嘉汇"、雄阔壮美的"三峡魂"、绚丽多彩的"武陵风"。这需要坚持"文化兴市，艺术塑城"理念，加强城市界面审美引导，构建以"两江四岸"为核心的山水都市文化视觉体系，保护展现好市域"山环水绕、江峡相拥"的自然山水格局，修复老街老巷等城市文化载体，打造覆盖世界主要客源目的地的重庆文化海外营销矩阵，开展艺术营造与美育行动，实施重庆文化形象推广计划，全面增强山水都市知名度、美誉度。

加强城乡精神文明建设。推进精神文明实践需要统筹文明培育、文明实践、文明创建工作，培育新时代文明示范区，推动形成适应时代要求的思想观念、精神面貌、文明风尚、行为习惯。以实施乡村振兴战略和城市品质提升行动为抓手，开展精神文明创建活动，努力实现乡村传统文化与现代文明相融合。用新时代重庆城市精神凝神聚气，锻造市民坚韧奋发、自强不息的意志品质，忠诚勇敢、重信守诺的品格，开拓进取、兼容并包的胸怀，唯实争先、力争上游的气质。推进全市域精神文明创建，全方位融入基层社会治理，大力实施"春风满巴渝"社会风气提升行动和文明乡风工程，建好新时代文明实践中心（所、站），打造文明实践精品示范带。全域开展"礼让斑马线"等文明提升行为，把文明行为落小、落细、落实。聚焦宜居宜业和美乡村建设，推进城乡精神文明融合发展试点，推动创建全国精神文明城乡融合发展示范区。深化文明城市、文明村镇、文明单位、文明家庭、文明校园创建，实施文明创建提质扩面工程，重视家庭家教家风建设，持续开展"家风润万家"主题活动。发挥荣誉表彰的精神引领、典型示范作用，开展"时代楷模""全国道德模范""最美重庆人"等先进典型选树活动，以人民群众身边先进典型的模范行为和高尚人格感染人、影响人、转化人。

4. 深化文化领域体制机制改革

推动文化领域体制机制改革不仅是解放和发展文化生产力的根本要求，也是提高文化治理体系和治理能力现代化水平的现实需要。深化文化领域体制机制改革，实施文化数字化战略，破解一批深层次矛盾、体制性障碍，构建大文化改革格局，聚力打造深化文化体制改革标志性成果。

加快国有文化企业改革。突出市场化导向、竞争力导向，结合"三攻坚一盘活"改革突破部署，按照"止损、瘦身、提质、增效"的改革思路，实施文化领域国企改革提效增能行动，深化以国有文化资产监管为重点的管理体制改革，推动国有文化企业完善生产经营机制，实现功能、优势、体制机制重塑。稳步推进重点国企战略性重组、专业化整合，打造一批主业突出、核心竞争力强、市场占有率高的综合性文化企业集团。理顺国有文化资产管理体制，推动实现经营性国有资产集中统一监管。

推动文化事业单位改革。制定市属文化事业单位改革的目标任务和项目清单，积极稳妥推进改革落地。全面落实党委领导下的院（团）长负责制，健全宣传思想文化系统归口领导和归口管理的体制机制，深化国有文艺院团、广电网络整合、电影院线重组等改革，深化文化馆、图书馆、博物馆等公共文化机构法人治理结构改革和内部运行机制创新，加快形成符合实际的现代治理架构。探索开展国有博物馆资产所有权、藏品归属权、开放运营权分离改革试点，以演出为中心深化国有文艺院团改革，激发院团生机活力。

创新文化领域政策和制度供给。统筹用好政府和市场"两只手"，分领域制定完善文化经济政策，深化文化领域行政体制改革，创新文化公共服务管理运行机制，加快完善有利于激发文化创新创造活力的文化管理体制和生产经营机制。加强全媒体改革，打造市级"媒体大脑"综合场景，对"双网格"进行改革，推动线上线下叠加融通，加强意识形态协同，迭代"三情"联动应用。紧扣文化强市建设需求，建立急需紧缺人才引进"绿色通道"，落实"一事一议、一人一策"，做好全周期全要素人才服务。

5. 推动文化事业繁荣发展

繁荣发展文化事业是保障人民群众基本文化权益的基础性工程，有助于让人民享有更加充实、更为丰富、更高质量的精神文化生活。需要不断健全现代公共文化服务体系，创新实施文化惠民工程，发挥人文春风化雨之功，让人民享有更加充实、更为丰富、更高质量的精神文化生活。

加快推动中华优秀传统文化创造性转化、创新性发展。重庆有深厚的传统文化资源，要持续开展巴渝文化、三峡文化、抗战文化、革命文化、统战文化、移民文化、民俗文化等特有的文化传承研究转化，建设一批文化名城、名镇、名村、名街区。实施《巴渝文库》等重点工程，建设一流文化遗产集群、博物馆群。加强巴文化遗址考古和研究，推进考古中国——川渝地区巴蜀文明研究项目进程，建设川渝石窟寺国家遗址公园，实施蜀道（荔枝道重庆段）保护、研究、利用，建设成渝古道文化旅游带。持续办好长江文明论坛，建好长江文明书馆，推进长江国家文化公园（重庆段）等保护传承项目。打造全国中小石窟寺保护利用新范例，推动大足石刻研究院建设成为世界知名研究院，加快推进钓鱼城遗址、白鹤梁题刻、川渝宋元山城体系、蜀道（荔枝道重庆段）等申遗工作。强化非遗保护传承，实施非遗传承人研培计划、传统工艺振兴计划、传统节日振兴工程、传统戏曲振兴工程等，提升非遗系统性保护水平。创建国家级文化生态保护区、中国民间文化艺术之乡等，让沉睡的文化资源"活"起来。

促进文化文艺创作攀高原、登高峰。党的二十大指出，坚持以人民为中心的创作导向，推出更多增强人民精神力量的优秀作品。在新时代新征程上，要构建催生文化精品力作的生态链，创新文化精品力作创作生产体制机制、完善全流程保障，加强对文艺队伍的价值引领和创作引导，创作生产更多彰显时代特征、中国气派、重庆韵味，满足人民精神文化生活新期待的文艺精品。实施文学"讴歌"计划、美术"添彩"计划、舞台艺术"渝韵"计划、影视"扶垚"计划等，加强精品出版，收藏彰显时代气象、中国气派、重庆气韵的"渝字号"大剧、大片、大戏、大作。重点打造电视剧《走向大西南》《春天的故事》《浴血荣光》《万里河山》、网络剧《完美的救赎》《重庆遇见爱》《二十一天》、纪录片《卢作孚》《"桥"见新重庆》、广播剧《不尽长江滚滚来》等"渝字号"影视精品力作。建立健全文艺作品创作生产、演出演播、评价推广等全周期支持机制，加强对文艺精品创作的题材组织，优化文艺创作顶层设计，有针对性地策划重点选题和创作方向。加大对艺术精品创作生产的投入，发挥艺术创作重点项目专项资金的孵化作用，对原创作品、优秀作品等重点项目进行重点支持。

健全城乡均衡共建共享的公共文化服务体系。公共文化服务体系建设不仅需要财政的投入，也要鼓励和引导社会力量参与公共文化建设。建立优质文化资源直达基层服务机制，健全现代公共文化服务体系。提档升级区（县）文化馆、公共图书馆，切实提升每万人拥有公共文化设施面积基数，加快打造城乡一体的"15分钟品质文化生活圈"，落实好居民住宅区文化设施配套建设标准。高质量配建一批特点鲜明、功能完

◎ 重庆图书馆 24 小时城市书房（重庆图书馆供图）

备、标志性强的文化设施，因地制宜建设城市书房、乡村复兴少年宫、乡村文化礼堂等一批公共文化新型空间。深入挖掘巴渝自然资源和文物文化遗产的多重价值，全力打造全市"二江四廊"文化线路和中心城区"两江四岸"文化生态走廊。高水平办好重庆文化艺术节、重庆城市公共空间艺术季等一系列艺术节庆活动，提升春节联欢晚会、新年音乐会、广场舞展演等活动品牌的影响力，打造重庆国际文化产业博览会、中国西部旅游产业博览会、中国西部动漫文化节、世界大河歌会、中国长江三峡国际旅游节等知名节庆品牌。实施文化惠民工程，推进乡镇（街道）、村（社区）两级文化服务中心建设，加快农家书屋、文化广场、体育健身等文体设施建设，形成辐射城镇、农村一站式文化服务网络。

6. 提升文化产业创新力竞争力

现代文化产业体系和文化市场体系是社会主义市场经济的重要组成

部分，在促进国民经济健康发展等方面发挥着重要作用。要抓住新技术、新业态、新消费带来的重大机遇，实施支撑全市文化产业发展的重要平台和具体抓手，体系化链条化构建文化产业发展生态，加速发展文化生产力。

做大做强文化市场主体。进一步完善现代文化市场体系，推动各类文化市场主体发展壮大，培育新型文化业态和文化消费模式，积极打造文化领军企业，加快建设文化产业功能平台，加快文化产业数字化步伐，推行引导新型文化业态健康发展机制。实施重大文化产业项目带动战略，加快发展文化用品装备制造、动漫游戏、精品演艺和舞蹈、广电网络视听、数字影音等产业，促进创意设计服务与制造业融合，壮大综合性文化企业集团，实现"全国文化企业30强"的突破。理顺市级国有文化企业管理机制，使技术、人才、资金等资源要素向核心业务集中，推动国有文化企业聚焦主业，实现协同发展、创新发展。积极鼓励文化企业创新，促进文化企业成长壮大，培育"专精特新"企业和"独角兽"企业，吸引知名文化类总部企业，支持一批领军企业、骨干企业、新锐企业加速发展。加快制定文化企业发展激励和保障政策工具包，培育孵化一批本土骨干民营文化企业。

大力发展文化新场景新模式新业态。加快文化产业数字基础设施建设，聚焦文艺惠民、文创发展、文脉传承、文明创建、融媒传播等渠道丰富数字文化供给。大力发展数字演艺、数字影音、数字阅读、数字场馆等数字文化业态，丰富网络消费、定制消费等文化消费新场景，积极创建"文化产业创新实验区"，打造具有全国影响力的文化产业集群。支持演艺院团生产创作一批体现重庆文化特色，适合线上观演、传播、消费的原生线上演播产品。升级打造两江新区国家数字出版基地、南滨路国家级文化产业示范园区等，谋划打造国家文化和科技融合示范基地，推进长江文化艺术湾区等建设，建设都市演艺聚集区，重点培育海王星数字文化创意产业园、智慧广电数据中心等。充分发挥西部动漫节、成渝影视发展大会等平台作用，聚焦更多广电和网络视听发展资源；鼓励有条件的区县布局网络剧生产制作配套基地，努力培育壮大广电和网络视听内容产业，不断提升在区域和全国的竞争力和影响力。

串珠成链打造文旅融合精品。根据旅游资源禀赋特质和区位条件，加快建设世界知名都市旅游目的地，加快建设文化旅游强市。持续发挥"大都市、大三峡、大武陵"旅游资源优势，打造长江国际黄金旅游带，建好巴蜀文化旅游走廊，塑造世界山水都市、壮美长江三峡等具有国际美誉度的文旅品牌。围绕"核心景区＋精品线路"，形成跨区域文化旅游特色产业带。优化文旅融合发展机制，打造国家文化产业和旅游产业融合发展示范区。加强文旅领域中新合作、鲁渝协作等，打造国家

◎ 2025 年央视春晚重庆分会场现场（龙帆摄／视觉重庆）

文化和旅游消费示范城市、世界知名文化旅游品牌。进一步整合山水资源，深度挖掘人文资源，建设一批大型文旅融合综合体，提升和新建一批富有文化底蕴的世界级旅游景区和度假区。全面提升红色旅游、都市旅游、三峡旅游、民俗生态旅游、温泉旅游、康养休闲旅游等产业发展质量，推动全域旅游示范区、旅游休闲街区等创建。推进文旅融合 IP 工程，打造具有丰富文化内涵的文旅融合品牌，实施品牌培育计划。以科技创新推进文化和旅游生产方式、体验方式、服务方式、管理模式创新，深化"互联网＋旅游"，加快建设智慧景区，支持旅游景区、度假区等开发建设智能化旅游产品。

7. 增强全媒体传播力影响力

文明因交流而多彩，文明因互鉴而丰富。加强全媒体传播体系建设是引领主流媒体改革方向、应对新媒体格局下新挑战的根本要求。要坚持立足重庆、服务全国、面向世界，积极参与对外文化传播，全面提升正面宣传传播能力，全方位讲好中国故事、新重庆故事，增强重庆作为内陆开放高地的美誉度和影响力。

打造新型主流舆论传播平台。主流舆论传播平台不仅是信息传递的"主桥梁"，更是社会舆论的"引领者"。坚持大平台服务大传播、大流量凝聚正能量，加快推进重庆日报报业集团、重庆广播电视集团（总台）改革，汇聚主流媒体资源品牌优势，打通内容创作、生产、传播链条，培育一批互联网和移动端传播大号。积极探索央媒、市媒、区媒、商业平台、自媒体"五媒联动"和报（台）、网、端、微、屏"五端融合"的全媒体传播格局，推动各级各类媒体统一发声、集中推送、全面协同，持续增强传播效能。持续提升"新重庆""第 1 眼新闻""上游新闻"等媒体传播力影响力，培育"第 1 声音"等新媒体特色品牌，做大做强区县融媒体中心，进一步优化全市统筹的融媒体平台矩阵。

提高城市传播效能。持续推动主力军挺进主战场，深化内容供给侧结构性改革，策划组织全媒体新闻行动，打造具有全国影响力的名记者、名编辑、名主持人、名栏目、名节目，将优质内容产品化，推出更多高质量"爆款"作品。推进城市国际传播阵地设施、创作生产、传播方式的现代化，宣传好重庆人奋斗现代化的故事。围绕西部国际传播中心，着力建设海外网络矩阵、拓展国际合作传播、加强国际媒体联络、提高国际传播能力，大力推介重庆现代化建设取得的成就和独特的历史文化。加强与共建"一带一路"和国际陆海贸易新通道沿线国家和地区的交流与合作，积极参与实施中华文化"走出去"工程、中华文化海外推广等学。

加强国际传播能力建设。积极融入国家战略传播体系，实施重庆文化形象推广计划，创建国家级国际传播创新试验区，建设西部国际传播产业园。用好国际合作新机遇，广泛拓展"中国流量""重庆关注"的进场通道。积极融入中西部国际交往中心建设，实施交流对话、城市推介、文化互动、公益行动等项目。推进重庆市文化和旅游国际交流中心、重庆国际文旅之窗等平台建设，打造政府间交流交往、出境游服务、国际研学等多元交往载体。创新短视频、微视频、云直播、语音播报等多元信息发布形式，吸引更多国际友人讲述"我眼中的中国""我眼中的重庆"，建好国际传播平台。积极办好智博会、西洽会等重要展会，建设欧洲重庆中心，搭建多元国际交往平台。办好"重庆日""重庆周"等活动，实施"陆海之约"中外交流、"感知重庆"等项目，打造"机遇中国·品牌重庆"等传播品牌，探索设立国际传播海外中心。

8.推进数字文化建设

数字文化建设是数字中国建设的重要组成部分，是新时代推动宣传思想文化工作实现格局演变、效率变革、生态重构的重要引擎，是积极应对互联网快速发展给文化建设带来机遇和挑战的战略举措。大力推进文化数字化，让社会主义先进文化为经济发展增动能增效益、为旅游休闲增内涵增魅力、为城乡社会增正气增活力。重庆谋深做实数字文化建设，找准定位、选好跑道、彰显功能，让数字化赋能宣传思想文化工作整体重塑、能力跃升。

发挥数字文化引领撬动作用。构建与文化数字化建设相适应的市场准入、市场秩序、技术创新、知识产权、安全保障等政策法规体系，全面推进宣传思想文化工作的运行方式、业务流程和服务模式数字化。坚持多跨协同、大成集智，加快重塑宣传思想文化领域的体制机制、组织架构、方式流程、手段工具，实现市域宣传思想文化治理体系和治理能力现代化。加强核心业务梳理，突出高质量、颗粒度、标准化，着力构建"项目管理、目标量化、过程管控、效果评估、督查考核"的全流程工作体系，推动数字文化改革迭代更新、螺旋上升。

建设文化传播重大应用。对接全市数字化改革系统，加快推进宣传文化智融工程，依托"数字重庆"一体化智能化公共数据平台，建好用好"文化·三情联动"等一批数字文化重点应用，结合数字化赋能意识形态阵地管理、全媒体传播、公共文化集成、城市气质涵育，重点打造"意识形态安全问题处置综合快响""全媒传播大脑""高品质文化生活""弘扬红岩精神"等综合场景集成应用。结合实施宣传文化智融工程，聚焦高频需求、突出多跨协同，推进文化资源配置闭环、精准服务闭环、管理评价闭环，打造更多优质高效的"一站式"文化服务应用。

深入实施文化数字化战略。探索文化和科技融合的有效机制，加快发展新型文化业态，形成更多新的文化产业增长点。完善文化数字化基础设施，搭建文化数据服务平台，充分运用超高清、虚拟现实、互动化传播等新技术新手段，加快技术迭代、数字化升级。加快推进生成式人工智能、5G、区块链、大数据、云计算、物联网等新技术在文化领域的应用，推动文化内容、版权、产品、服务、装备创新升级。发展新兴媒体、智慧广电、数字出版、网络视听等新业态，促进文艺出版精品的数字化呈现和传播，实施优秀传统文化普及数字化代表性项目。

九、民生为大　创造高品质生活新范例

"中国式现代化，民生为大"①，阐明了中国式现代化以人民为中心的发展思想，揭示了中国式现代化的鲜明特质，蕴含着深厚的人民情怀。创造高品质生活，是中国共产党人践行初心使命在新时代的生动体现，是推进中国式现代化的重要目标。习近平总书记的重要指示要求，拓展了对经济社会发展目标的认识，深化了对人的自由全面发展的理解。重庆聚焦社会主要矛盾变化，着力更好解决老百姓急难愁盼问题，持续破解城乡人民生活品质面临的"堵点""痛点""难点"问题，坚持在高质量发展中扎实推进共同富裕，努力将重庆建成高质量发展高品质生活新范例。

"人民对美好生活的向往，就是我们的奋斗目标。"② 建设现代化新重庆，要始终坚持以人民为中心的发展思想，坚持发展为了人民、发展依靠人民、发展成果由人民共享，把实现好、维护好、发展好最广大人民根本利益作为发展的出发点和落脚点，坚持在发展中保障和改善民生，不断增进民生福祉，鼓励共同奋斗创造美好生活，着力维护和促进社会公平正义，着力促进全体人民共同富裕，着力促进物的全面丰富和

---

① 《习近平在重庆考察时强调　进一步全面深化改革开放　不断谱写中国式现代化重庆篇章》，《人民日报》2024 年 4 月 25 日。
② 《习近平著作选读》第一卷，人民出版社 2023 年版，第 60 页。

人的全面发展。

（一）践行以人民为中心的发展思想

以人民为中心是中国共产党的初心。党的十八大以来，以习近平同志为核心的党中央顺应时代发展潮流和人民期盼，创造性地提出以人民为中心的发展思想，这为实现人民对美好生活向往的目标提供了坚强的保证。

1. 以人的全面发展和社会的全面进步为导向

现代化的本质是人的现代化。推进中国式现代化，锚定的是人民对美好生活的向往，党和政府的一切工作，都是为了让老百姓过上更加幸福的生活。中国式现代化是物质文明和精神文明相协调的现代化。创造高品质生活需要协同推进物的全面丰富和人的全面发展，既要努力保持经济健康发展势头，又要不断提高社会文明程度，实现物质富裕和精神富足有机统一、相得益彰。满足人民对美好生活的需求，不仅包括厚植现代化的物质基础，使人民群众能够在诸如人均可支配收入、住房面积、受教育年限、基本公共服务等方面享有良好的物质生活水平，也包括大力发展社会主义先进文化，使人民在享受民生建设成果过程中不断增强幸福安康的主观生活感受。重庆城乡区域间在基础设施建设、公共服务供给以及社会保障等方面还有不小差距，需要持续投入，增强公共服务的均衡性和可及性，通过改革和政策创新，为全体居民实现个人全面发展、实现中国式现代化创造更好的条件。

2. 不断提高人民生活品质

不断提高人民生活质量和水平，是我们一切工作的出发点和落脚点。习近平总书记强调："增进民生福祉，提高人民生活品质。"[1] 人民美好生活需要日益广泛，不仅对物质文化生活提出了更高要求，而且在民主、法治、公平、正义、安全、环境等方面的要求日益增长。创造高品质生活，需要在现代化建设中不断促进共同富裕，让人民共同享受改革发展成果，并持续满足人民群众不断发展的美好生活需求。进入新时代，重庆经济水平稳步提升，2024 年全市人均地区生产总值突破 10 万元，城乡居民收入比持续下降。也要看到，重庆巩固拓展脱贫攻坚成果同乡村振兴有效衔接任务依然艰巨，在民生方面仍有不少短板。要系统解决好这些难题，只有主动顺应社会主要矛盾变化趋势，从过去着力解决"有没有"转向注重解决"好不好"，紧紧抓住人民群众的急难愁盼问题，协同推进各领域稳步发展，为人民群众提供全方位的物质和精神生活保障。

3. 把发展成果不断转化为生活品质

习近平总书记强调，"必须以满足人民日益增长的美好生活需要为出发点和落脚点，把发展成果不断转化为生活品质"[2]。高质量发展与高品质生活，是相互关联协调、互为条件、互为促进、相辅相成的辩证统一关系。高品质生活是高质量发展的题中应有之义，只有筑牢高质量发展的物质基础、持续优化产业结构、推动新质生产力发展等，才能为居

---

[1] 《习近平著作选读》第一卷，人民出版社 2023 年版，第 38 页。
[2] 《习近平在参加江苏代表团审议时强调　牢牢把握高质量发展这个首要任务》，《人民日报》2023 年 3 月 6 日。

民提供良好的就业机会、足够的物质支付能力和稳定的发展信心。高品质生活则是高质量发展的目标和归宿，人民生活品质的提高才能反向推动消费需求提升、人力资本积累，不断提升经济发展的质量和效益。持续不断改善民生，不仅能为群众纾解难点，还能挖掘新的经济增长点。重庆在全国发展大局中地位重要，统筹兼顾好高质量发展和高品质生活关系，紧贴民生推动经济社会发展，为解决民生问题投入更多的财力物力，有利于在深化改革中创造人民群众幸福生活，在解决群众关键小事难事中提升生活品质；有利于实现发展和民生有效对接、良性循环，让发展更有温度、民生保障更可持续；有利于激发、释放和聚集各种需求潜力，推动国民经济循环效率更高、更好构建新发展格局。

4. 让人民群众的获得感、幸福感、安全感不断增强

高品质生活不是一句口号，而是由一系列具体目标要求构成的战略设想，是伴随着人民群众对美好生活需要的动态发展，相应动态调整、持续优化的发展历程。正如习近平总书记所说："我们要着力解决人民群众所需所急所盼，让人民共享经济、政治、文化、社会、生态等各方面发展成果，有更多、更直接、更实在的获得感、幸福感、安全感，不断促进人的全面发展、全体人民共同富裕。"[1]重庆每年出台重点民生实事工作目标任务，滚动实施 15 件重点民生实事。通过对接群众需求，明确工作举措、完成时限、验收标准，落实项目资金来源，做好要素保障，解决了一批老百姓的操心事、烦心事，切实把好事办好、实事办实、难事办妥。重庆面临着就业结构性矛盾、人口"老龄化"等挑战，城乡社会保障水平和老百姓的期盼还有差距。围绕幼有所育、学有

---

[1] 《习近平著作选读》第二卷，人民出版社 2023 年版，第 224 页。

所教、劳有所得、病有所医、老有所养、住有所居、弱有所扶，努力解决好人民最关心、最直接、最现实的利益问题。

5. 坚持尽力而为、量力而行、久久为功

习近平总书记指出，"既尽力而为、又量力而行，做那些现实条件下可以做到的事情，让群众得到看得见、摸得着的实惠"[①]。尽力而为，强调的是人的主观能动性，鼓励人们根据现有条件尽最大努力把能做的事情做好；量力而行，强调的是尊重客观规律，提醒人们做事情不能脱离实际。民生工作关乎老百姓切身利益、关乎社会和谐稳定，要同老百姓直接见面、对账的，来不得半点虚假。既要积极而为，承诺了就要兑现，又要量力而行，决不开空头支票，防止吊高胃口，两者相辅相成、缺一不可。重庆在创造高品质生活、奔向共同富裕的征程中将面临不少困难和挑战，只有始终坚持以人民为中心，坚持以问题为导向，围绕群众的急难愁盼问题，尊重社会发展和民生保障的规律特点，注重事前论证、事中协调、事后长效，一件一件抓落实，一年接着一年干，既精准发力又持续用力，在"量"时精准，在"行"时稳妥，才能把为民实事办好办实，让广大群众实实在在享受到现代化建设成果。

（二）坚持在发展中保障和改善民生

创造高品质生活，归根到底是全面提升人民群众的获得感、幸福感、安全感和认同感。重庆始终把增进人民福祉作为高质量发展的根本目的，持续做好巩固拓展脱贫攻坚成果同乡村振兴有效衔接，努力实现

---

① 《习近平关于全面深化改革论述摘编》，中央文献出版社 2014 年版，第 92 页。

高质量充分就业，着力优化公共就业服务，创新民生实事项目人大代表票决制，构建"群众提、代表定、政府办、人大督"全流程管理机制，加强普惠性、基础性、兜底性民生建设，全市人民在高质量发展中共享高品质生活。

1. 巩固拓展脱贫攻坚成果

防止脱贫群众返贫致贫是新重庆建设始终坚守的底线，聚焦"守底线、增动力、促振兴"，大力实施"大走访大排查大整改"专项行动，高质量巩固脱贫攻坚成果，全面推进乡村振兴。2023年，全市14个脱贫区县农村居民人均可支配收入19299元，同比增长8%，增速高于全国、全市平均水平。

聚焦"守底线"，坚决防止整村整乡返贫。构建"市领导＋市级帮

◎ 重庆市石柱县中益乡华溪村初心小院（马培钧摄）

扶集团＋协同区县＋驻乡工作队＋产业指导组"帮扶矩阵，市、区县及相关部门分别组建工作专班，任务重的乡镇(街道)成立专项工作组，形成上下联动工作体系。持续开展"大走访大排查大整改"专项行动，加强点线片面立体监测，"一户一策"落实精准帮扶措施。加强低收入脱贫人口帮扶，及时将符合条件的脱贫不稳定户、边缘易致贫户、突发严重困难户纳入基本生活兜底保障，实现"应兜尽兜"。加强受灾脱贫群众帮扶，健全"4+1"水旱灾害防御责任体系，及时将有返贫致贫风险的受灾农户纳入监测帮扶范围。升级建设"社会·渝悦·防贫"应用，开发农户"一键风险申报"，从风险发现到识别认定时间缩短到 15 天内。

聚焦"增动力"，持续推动脱贫地区发展。加强政策帮扶，"一县一策"精准支持，构建"1+17+N"政策体系。全面激发 17 个区县发展活力，加强城口、巫溪、酉阳、彭水等重点帮扶县的帮扶举措。强化资金帮扶，安排市级及以上财政衔接补助资金、新增发放小额信贷用于产业发展，提高中央衔接资金用于产业占比。强化产业帮扶，发展"一主两辅"乡村产业，建成一批产业基地，特色产业覆盖 90％以上的脱贫户和监测户。强化就业帮扶，推动有劳动力的搬迁户实现稳定就业，制定支持务工、培训等惠民举措。加强扶贫项目资产后续管理，开展扶贫项目资产数字化清理试点。

聚焦"促振兴"，合力推动"巴渝和美乡村"建设。深化鲁渝协作帮扶，高效推动鲁渝协作迭代升级；持续对接落实中央单位定点帮扶，直接投入和协调引进帮扶资金，帮助乡村发展；大力实施"万企兴万村"行动，通过项目投资、捐款捐物等结对帮扶重庆乡村。稳妥推进农村基础设施、县乡村公共服务一体化建设，持续提升农村人居环境；深入运用"积分制""清单制"，创新推行"院落微治理"，健全党建统领下自治、法治、德治、智治"四治"融合乡村治理体系，一体推进"巴渝和美乡村"建设，促进乡村全面振兴。

2. 持续促进就业增收

高质量就业是有效发挥人口红利优势、加快培育完整内需体系、实现城乡居民共同富裕的关键举措。重庆坚持把稳就业提高到战略高度通盘考虑，着力稳存量、扩容量、提质量、强技能、优服务，就业形势总体保持稳定，高质量充分就业凸显新成效。近两年，重庆城镇新增就业人数持续增长，全体居民人均可支配收入位于中西部地区前列。

全力以赴促就业。实施促进青年就业创业"十大行动"，开展"就业援助月"等专项活动，持续帮扶困难人员、失业人员就业。建成近百家零工市场（驿站）和全市统一的线上零工市场，大力培育劳务品牌。坚持把稳市场主体作为稳就业的基础和关键，推出"降、返、补、减、贷"政策包，为参保企业降低失业保险费，向未裁员、少裁员企业返还失业保险费，向用人单位发放社保补贴等，为中小微企业减免贷款利息，发放低利率"稳岗贷"。

数智创新助就业。积极打造市场主导、平台支撑、金融参与、企业孵化的创新创业生态系统。举办中国国际大学生创新大赛重庆赛区选拔赛、"渝创渝新"创业创新大赛，挖掘优质创业项目，培育认定创业导师，组织开展创业服务活动，不断扩大带动就业规模。结合数字重庆建设，迭代升级人力资源信息库和就业服务、创业、培训、人力资本联盟"一库四联盟"，为全市2200多万劳动力精准画像，动态掌握企业用工需求。开发上线"大学生创新创业一件事一次办"主题套餐服务，实现大学生创新创业线上"一网通查""一网通办"，上线"渝职聘""数治就业"小程序和重庆24365大学生智慧就业服务平台，优化创业生态，数实相融促进供需精准对接，与重点产业匹配度持续提升，促进就业和产业良性互动。

多措并举促增收。创新抓手载体、完善政策体系、优化调控机制，千方百计增加城乡居民收入，突出抓产业发展促增收、抓业态拓展促增收、抓市场主体促增收，不断夯实增收基础。持续推进高校毕业生、农民工、退役军人等重点群体就业增收工作，突出抓好山区库区和农村地区居民增收。建立健全最低工资标准与经济增长、社会平均工资增长联动机制，开展最低工资标准调整评估，指导科技人才和技能人才薪酬改革，调增城乡居民养老保险基础养老金。2023 年，重庆全体居民人均可支配收入 3.76 万元，同比增长 5.4%，城乡居民人均可支配收入比缩小至 2.28∶1。

3. 完善社会保障体系

保障和改善民生没有终点，只有连续不断的新起点。重庆着力健全多层次社会保障体系，完善医疗保障体系和社会救助机制，加强对特殊和困难群体的关爱帮扶，持续推动社会保障事业高质量发展、可持续发展，织密扎牢社会保障"民生之网"。

社会保障水平持续提升。社会保障体系不断健全，稳步提升参保率，深入实施"渝保渝快"社保惠民行动计划，全市基本养老、失业、工伤参保人数持续扩大，均超额完成年度目标。第二支柱、第三支柱养老保险更加坚实，覆盖率进一步提高。构建"1+1+3"基金安全数字化综合治理体系，不断夯实社保基金"智治监管"平台。促进基金保值增值，收支总体平衡。推进保障领域创新，在全国首批开展新就业形态就业人员职业伤害保障试点，全域推进个人养老金试点，深化社保卡"一卡通"试点，"社保卡+"等应用拓展实现"零突破"。加强退役军人服务保障，让退役军人的获得感、幸福感、荣誉感成色更足、更可持续。做好住房保障，推进城镇老旧小区改造，通过"留改拆增"进行微改造、巧利用，九龙坡区民主村等一批老旧社区改造后面貌焕然一新、井然有序。着力建设"15分钟高品质生活服务圈"、共建全民友好型社会等，重点打造社会领域改革标志性成果。

医保参保扩面提质。深入开展全民参保计划，低收入人口、稳定脱贫人口动态参保率达100%，长期护理保险试点覆盖全市所有区县，"渝快保"投保人数快速增长。全面落实医保待遇，职工医保、居民医保住院费用政策范围内报销比例分别达85%左右、70%以上，与成都率先在全国实现职工医保缴费年限跨省互认。深化医保支付方式改革，优化按疾病诊断相关分组（DRG）付费政策体系。加强医保基金监管，守护好人民群众"看病钱""救命钱"。

基本民生底线持续兜牢。健全分层分类的社会救助体系，城乡居民最低生活保障标准稳步提高，脱贫群众及防返贫监测对象按规定被纳入救助范围，城乡低保、特困对象基本生活兜住兜牢。强化特殊困难群体关爱，"救助通"改革全面推开，困难残疾人生活补贴和重度残疾人护理补贴惠及近50万人，为3.9万精神障碍患者提供社区康复服务，孤儿、事实无人抚养儿童的基本生活、教育、医疗等权益得到有效保障。

4.补齐公共服务短板

教育、医疗健康、"一老一小"等都是老百姓最为关心的问题，重庆深化医疗改革、强化医疗服务水平，促进城乡教育均衡发展、办好人民满意的教育，体育事业跑出高质量发展"加速度"，努力补齐公共服务短板，更好支撑现代化新重庆建设。

基础教育质量稳步提升。实现中华民族伟大复兴，基础在教育。坚持教育优先、公平、高质量发展不动摇，着力推动义务教育优质均衡发展和城乡一体化。努力补短板、强弱项，让每一个孩子都有一个公办学位，让每一个孩子都能享受到优质的公办教育资源。持续新增公办幼儿园学位，新建、改扩建一批义务教育学校，新增学位更好满足入学需求。打造义务教育阶段学校优质教育集群，持续提高义务教育阶段校舍标准化率。学前教育普惠率、义务教育巩固率、高中阶段教育毛入学率持续提升，义务教育基本均衡发展区县实现全覆盖。

健康服务水平持续提高。坚持把人民健康放在优先发展的战略位置，着力推动优质医疗资源扩容下沉、均衡布局。挂牌成立市、区县两级疾控局，有序推进国家区域医疗中心建设项目，全市 2023 年新增三级医院 23 家、三甲医院 8 家，新创建甲级基层医疗卫生机构 62 家。开展"就医服务""诊所联办""从业人员健康体检"一件事一次办试点，推进建设个人电子健康档案、健康码，近千家医疗机构实现扫码就诊。实施中医药振兴"八大工程"。公立医院门诊、住院患者满意度均位列

◎ 重庆市九龙坡区正创建全国义务教育优质均衡发展区、建设全国首个教育强国实验区。图为重庆市杨家坪中学实验课堂（九龙坡区教委供图）

全国第七，群众看病就医需求得到保障。

"一老一小"得到更多关爱。"一老"方面，出台基本养老服务清单，推动街道养老服务中心和社区养老服务站点统筹联网运行，完成一批特殊困难老年人家庭居家适老化改造，紧贴居民需求建成一批老年食堂等助餐服务设施；"一小"方面，制订实施婴幼儿照护服务能力提升三年行动计划，"幼有所育、渝有善育"的托育服务体系进一步完善，整体谋划推进育儿友好型社会建设。统筹抓好人口高质量发展和经济社会发展，精准动态分析全市人口发展变化的形势，提升城市宜居宜业水平，正式启动全市域青年发展型城市建设工作，落实"青年优先发展"理念。

全民体育事业蓬勃发展。实施全民健身设施补短板工程、体育公园和健身步道"双百计划"，建成一批体育公园、健身步道、智慧化体育场馆，全市体育场地面积总量突破8800万平方米，公共体育场馆面向社会有序免费低收费开放。高质量承办第九届中俄青少年运动会，铜梁龙足球队升入中甲，重庆体育健儿在杭州亚运会取得历史最好成绩，2024年第28届亚洲青少年乒乓球锦标赛和2027年第八届全国智力运动会落户重庆。广泛开展群众性体育活动，形成了覆盖城乡、人人参与的全民健身热潮。

（三）深入实施高品质生活惠民富民行动

提高人民生活品质是社会主义现代化建设和实现共同富裕的内在要求。要坚持推进新型城镇化和乡村振兴有机结合，在发展中保障和改善民生，坚持群众所愿即改革所向；要在推动高质量发展中创造高品质生活，突出"民呼我为"、注重从"小切口"破题入手解决群众烦心事揪心事操心事，投入更多财力物力滚动办好可感可及民生事实；要尽力而为、量力而行、久久为功，常态化开展好"三服务"，健全解决群众急难愁盼问题的长效机制；要紧贴民生推动经济社会发展，健全社会保障体系，兜牢民生底线；要坚持科学决策，不断完善民生政策决策机制，做好政策评估、风险预防、监管处置工作。努力让人民群众的获得感成色更足、幸福感更可持续、安全感更有保障，聚力打造高品质生活宜居地，为现代化新重庆建设提供战略支撑。

1. 扎实推进共同富裕

共同富裕是人民群众的共同期盼。新时代的共同富裕离不开高质量发展和高品质生活，发展质量提升、生活品质提高，发展成果共享的成色也会更足。应遵循经济社会发展规律，坚持农业农村优先发展，多渠道增加城乡居民收入，让人民群众在高质量发展中共享高品质生活。

促进巩固拓展脱贫攻坚成果同乡村振兴有效衔接。实施防止返贫攻坚行动，健全防止返贫动态监测帮扶机制，精准落实最低收入户"一户一策一责任人"帮扶，推动防止返贫和农村低收入人口帮扶两项政策衔接并轨，迭代升级防止返贫大数据监测平台，更加精准有效帮扶 17 个市级乡村振兴重点帮扶县和原 18 个深度贫困乡镇。巩固"两不愁三保障"成果，持续开展农村义务教育控辍保学专项行动，完善医疗救助分类资助政策和家庭医生签约服务，建立农村住房安全动态监测机制，实施农村饮水安全保障提升工程，确保"两不愁三保障"问题动态清零。加大重点区域支持力度，加快"一县一策"推进山区库区高质量发展政策体系落地实施，改善乡村振兴重点帮扶县、重点帮扶乡镇发展条件，提升脱贫地区发展水平。完善对口协作机制，健全市领导定点帮扶机制，深化鲁渝协作和中央单位定点帮扶，深入推进"万企兴万村"行动，稳固帮扶格局、拓展帮扶成效。

多渠道增加居民收入。实施中等收入群体倍增计划，健全工资合理增长和支付保障机制，推进高等学校和职业院校毕业生、技能型劳动者、农民工等群体稳定增收。盯住脱贫群众最低收入，推动低收入群体收入增长快于居民收入平均增长，强化重点群体支持帮扶。积极探索促进农民增收有效路径，加快发展县域富民产业，做好"土特产"文章，促进县域富民产业通过"强村"带动"富民"。优化完善农村集体资产长效运行管理机制和利益联结机制，根据项目特点鼓励探索多种形式管理经营模式，不断提升项目资产收益。

优化收入分配体制机制。坚持按劳分配为主体、多种分配方式并存，鼓励勤劳守法致富，保护居民合法收入，增加低收入者收入，缩小城乡、区域、行业收入差距，制定完善促进低收入群体增收政策举措。完善再分配制度，进一步落实中央与地方财政事权和支出责任划分改革，优化转移支付结构，逐步明确市与区县事权和支出责任，促进转移支付制度化、规范化。积极落实针对生态环保、科技创新、自由贸易试验区建设等重点领域财税政策。强化转移支付预算管理，健全全过程管理机制，提高转移支付使用绩效，积极发展公益慈善事业。

2. 实施就业优先政策

就业牵动着千家万户的生活，是最大的民生工程、根基工程，是社会稳定的重要保障。深入实施好就业优先战略，从战略高度谋划经济转型与稳定就业相互促进的政策举措。

千方百计扩大就业容量。坚持市场调节与政府促进相结合，稳住高质量充分就业关键群体，实施重点群体就业帮扶工程。提升制造业、服务业盈利能力和从业人员收入水平，支持吸纳就业能力强的服务业、中小微企业和劳动密集型企业发展。坚持把促进青年特别是高校毕业生就业工作摆在更加突出的位置，深入实施青年留渝来渝就业创业行动计划，打造全市域青年发展型城市。坚持外出务工和就近就业双向发力，返乡创业、劳务品牌、职业技能、劳务协作"四轮驱动"。加强困难群体援助帮扶，确保零就业家庭动态清零。实施"优创优帮"大学生创业扶持计划、"渝创渝新"创业促进计划，加大对初创实体的支持力度，打造一体化创业服务体系，营造良好创业生态，充分发挥创业带动就业的倍增效应。支持和规范发展新就业形态，强化对灵活就业人员的就业服务。

全面提升劳动者就业创业能力。推行终身职业技能培训制度，围绕劳动者就业创业和经济社会发展需求构建培训体系。实施"巴渝工匠"终身职业技能培训工程，全面推行企业新型学徒制培训，加快建设"智能＋技能"数字技能人才培养试验区，打造一批"工匠小镇""工匠园

◎ "流动医院"义诊活动（重庆医科大学供图）

区""技能大师街"等技能培训特色载体。完善技能人才评价制度，深入开展"新八级"制度试点，支持企业备案为评价机构，面向职工广泛开展职业技能等级"认定"，推动社会培训评价组织实现品牌化、特色化、专业化，构建政府监管、机构自律、社会监督的质量监督体系，切实保障评价结果的科学性、公平性和权威性。推进职业技能培训市场化、社会化改革，加强职业培训高质量发展，不断健全职业技能培训公共服务体系。

推进全方位公共就业服务。健全覆盖城乡的公共就业服务机构，完善街道社区等基层服务平台，建设一批"家门口"就业服务站和促进高校毕业生充分就业的高校就业创业服务工作站。建立健全支持劳务品牌建设的工作机制，培育打造一批叫得响的劳务品牌。强化数字赋能，推进"社会·渝悦·就业"重大应用建设，上线求职招聘一码办、职业培训一键办、创业服务一网办、大学生就业服务一件事等应用场景。加强就业统计数据质量核查，加快全市公共人力资源市场供求信息监测和发布制度建设，有效防范规模性失业风险。

3. 健全多层次社会保障体系

社会保障是保障和改善民生、维护社会公平、增进人民福祉的基本制度保障，对创造高品质生活至关重要。应进一步筑牢民生保障安全网，提供更可靠更充分的保障，托起人民群众稳稳的幸福。

织密社会保障安全网。推动社保扩面提质，持续推进全民参保计划，推动实现社会保险法定人员全覆盖。探索建立城乡居民养老保险缴费筹资和待遇水平双提升机制，稳步推动更多集体经济组织加大对个人缴费的补助力度。深化新就业形态就业人员职业伤害保障试点，探索新就业形态就业人员职业伤害保障政策。优化"渝保渝快"社保惠民服务机制，深化社保卡"一卡通"应用试点。健全社会保险基金监管体系，强化政策、经办、系统、监督"四位一体"基金管理风险防控。构建以公租房、保障性租赁住房等为主体的住房保障体系，做好老旧小区改造，深化公租房租转售改革试点，更好满足新市民、青年人和困难群众的基本住房需求。健全退役军人服务保障体系，深入推进退役军人安置、就业创业、拥军优抚等提质增效。

健全医保制度体系。完善社会保险基金市级统筹、职工基本医疗保险门诊共济保障机制，健全重大疾病医疗保险和救助制度，提高医保基金使用效率。国家医保局与重庆市政府共建全国唯一的智慧医保实验室在渝建成并投入使用，推进全国统一的医保信息平台建设，全面推广应用医保码。健全企业年金、职业年金和补充医疗保险制度，加快发展商业养老和医疗保险。

构建分层分类的社会救助体系。打造覆盖所有区县的社会救助服务联合体，推进政府救助与慈善帮扶有效衔接，建立健全以基本生活救助、专项社会救助、急难社会救助为主体，社会力量参与为补充，与其他保障制度相衔接的分层分类的救助体系。扩宽困难家庭认定范围，完善低收入人口动态监测信息平台，推动城乡低保标准年度增速与经济社会发展水平相适应。聚焦助困、助老、助残、助小等多样化需求，全力确保兜住底、兜准底、兜好底，让兜底保障更加优质。强化急难社会救助，全面建立乡镇（街道）临时救助备用金制度。健全困境儿童和留守儿童关爱服务提升机制，强化妇女、残疾人等重点群体权益保障。深化殡葬制度改革，发挥红十字会人道救助作用，规范引导志愿者服务活动。

4. 全面提升公共服务质量

推进教育优质均衡发展。坚持教育公益性原则，适应人口变化，全面优化基本公共教育布局结构和资源配置，打造西部基础教育高地。大力发展公办幼儿园，积极扶持普惠性民办幼儿园，推进学前教育普及普惠安全优质发展。持续巩固和提升义务教育办学水平，扩大优质义务教育资源覆盖面，实施基础教育城乡一体化发展工程。推进高中阶段学校多样化特色发展，促进个性化学习和创新素养培养，完善特殊教育、专门教育保障机制，完善覆盖全学段学生资助体系。完善现代化职业教育体系，更好发挥全市双高职业院校带头作用，努力建设全国职业教育高质量发展引领区。健全高校高质量发展机制，推动高等教育内涵式发展，实施高水平大学建设计划，加强基础科学和高科技领域的研究，超前部署经济社会发展亟需的新兴专业，主动适应发展新领域新赛道。

加强卫生健康体系建设。打造全市高水平医疗集群，推动形成大健康产业聚集区，提升人口流入区县卫生资源适度超前配置，城乡协同建设高水平医院。打造区县域整合型医疗服务体系，通过"医共体"建设，落实分级诊疗制度，引导辖区优质医疗资源下沉。打造高水平的医疗中心、医学创新中心、人才汇集中心，力争在国家医学中心、国家区域医疗中心、国家临床重点专科群建设上有新突破。完善疾病预防控制体系，全面启动等级疾控中心建设，推动区县疾控机构标准化建设，加快构建"市—区域—区县"三级疾控网络，促进医保、医疗、医药协同发展与治理和公立医院综合改革，统筹推进医疗管理体制、运行机制、服务价格、绩效分配等综合性改革。加强国家区域诊疗中心（中医）和中医重点专科建设，促进中医药传承创新和成果转化。

提高托育和养老服务水平。优化市域人口发展战略，完善普惠性育儿、养老服务和政策体系，加快推进社区食堂、社区医疗服务等"微改革"，大力发展"银发经济"，推进育儿友好型社会建设。完善生育支持政策，有效降低生育、养育、教育负担，提高市民生育意愿。完善婴幼

◎ 重庆市九龙坡区民主村新貌（尹诗语摄／视觉重庆）

儿照护服务政策体系，实施城企联动普惠托育专项行动，支持社会力量举办托育服务，加强托育人才队伍建设，建成一批托育服务示范机构，增加多元化托育服务供给。健全养老服务体系，健全基本公共养老服务清单，发展普惠型养老服务和互助型养老，加快构建以居家为基础、社区为依托、机构充分发展、医养康养有机结合的多层次养老服务体系。加快农村养老服务设施提档升级，合理布局农村失能特困人员集中照护中心，发展城乡互助养老等新型养老模式。加快各类公共设施适老化改造，构建老年人友好型社区，支持居家适老化改造，加快消除老年"数字鸿沟"，创造无障碍生活环境。

建设体育强市。加强全民健身场地设施建设，推进一批市级重大体育场馆、区县全民健身中心和体育公园、健身步道、户外营地、社会足球场等建设，推动乡镇健身广场建设。建设"渝悦运动"全民健身公共服务平台，探索全民健身与教育、文化、医疗、卫生、旅游等深度融合发展，促进体育消费。强化青少年体育教育，组建重庆体育职业学院，改善训练条件，加强竞技人才培养，推进足球、篮球、排球等职业体育发展，着力提升竞技体育水平。

十、绿色发展 展现维护长江生态安全新作为

建设生态文明，关系人民福祉，关乎民族未来。习近平总书记多次强调，重庆是长江上游生态屏障的最后一道关口，对长江中下游地区生态安全承担着不可替代的作用；保护好三峡库区和长江母亲河，事关重庆长远发展，事关国家发展全局。美丽重庆建设是践行习近平生态文明思想、落实美丽中国建设战略的实际行动，不仅是重庆一域一地自己的事，更是影响全国生态文明建设大局的大事，事关现代化新重庆的底色成色。要在美丽中国建设的宏大场景中谋划美丽重庆的具体行动，大力推动绿色发展、建设美丽中国先行区，协同推进大保护、示范引领西部地区筑牢国家生态安全屏障，努力形成以高水平保护支撑高质量发展的新格局，在维护长江生态安全上展现新作为。

（一）深入践行习近平生态文明思想

重庆地处长江上游经济带核心地区，具有好山好水的自然基础。习近平总书记高度关注、寄予厚望，多次指示要"使重庆成为山清水秀

美丽之地"①"在推进长江经济带绿色发展中发挥示范作用"②"大力推动绿色发展，建设美丽重庆，筑牢长江上游重要生态屏障"③等。这些重要指示，是结合重庆特殊的重要作用和独特的生态优势，对重庆生态文明建设实践提出的，是习近平生态文明思想的重要内容，为美丽重庆建设提供了根本遵循。

1. 坚持把修复长江生态环境摆在压倒性位置，筑牢长江上游重要生态屏障

2016年1月5日，习近平总书记在重庆召开推动长江经济带发展座谈会并发表重要讲话，指出"要把修复长江生态环境摆在压倒性位置，共抓大保护，不搞大开发"④。此后，又在湖北武汉、江苏南京、江西南昌分别主持召开三次推动长江经济带工作座谈会，反复强调要共抓大保护、不搞大开发。习近平总书记先后两次要求重庆筑牢长江上游重要生态屏障。习近平总书记还在不同场合，就我国高原、重要山脉、主要河流及生态关键区域提出了筑牢生态安全屏障的要求，如要求青海"筑牢国家生态安全屏障"⑤，青藏高原是"我国重要的生态安全屏障"⑥，

---

① 《习近平在重庆调研时强调　落实创新协调绿色开放共享发展理念　确保如期实现全面建成小康社会目标》，《人民日报》2016年1月7日。

② 《习近平在重庆考察并主持召开解决"两不愁三保障"突出问题座谈会时强调　统一思想一鼓作气顽强作战越战越勇　着力解决"两不愁三保障"突出问题》，《人民日报》2019年4月18日。

③ 《习近平在重庆考察时强调　进一步全面深化改革开放　不断谱写中国式现代化重庆篇章》，《人民日报》2024年4月25日。

④ 《习近平在推动长江经济带发展座谈会上强调　走生态优先绿色发展之路　让中华民族母亲河永葆生机活力》，《人民日报》2016年1月8日。

⑤ 《习近平在青海考察时强调　尊重自然顺应自然保护自然　坚决筑牢国家生态安全屏障》，《人民日报》2016年8月25日。

⑥ 《习近平致信祝贺第二次青藏高原综合科学考察研究启动》，《人民日报》2017年8月20日。

要求内蒙古"筑牢祖国北方生态安全屏障"①、甘肃"构筑国家西部生态安全屏障"②；强调西部地区"要坚持以高水平保护支撑高质量发展，筑牢国家生态安全屏障"③。"共抓大保护"，就是要把长江生态修复放到首位，全方位加强生态系统治理，全流域共抓生态环境保护；"不搞大开发"要求我们走高质量发展之路，不搞建设性破坏。坚持"共抓大保护、不搞大开发"的战略导向，筑牢长江上游重要生态屏障，保护好长江母亲河，是党中央交办给重庆的重大使命。重庆必须强化上游意识、肩负起上游责任担当，强化水土资源"固定器"、生态风险"缓冲器"、环境污染"过滤器"、江河流量"调蓄器"等生态功能，全面开展生态系统修复，加强生物多样性保护，维护好长江中下游乃至更大范围地区生态安全，让一江碧水、两岸青山美景永存，努力形成以高水平保护支撑高质量发展的新格局。

2. 坚持生态优先、绿色发展的战略定位，在推进长江经济带绿色发展中发挥示范作用

2016 年 1 月，习近平总书记在推动长江经济带发展座谈会上强调，"推动长江经济带发展必须从中华民族长远利益考虑，走生态优先、绿色发展之路"④。2019 年 4 月，习近平总书记要求重庆"在推进长江经济

---

① 《习近平在参加内蒙古代表团审议时强调　完整准确全面贯彻新发展理念　铸牢中华民族共同体意识》，《人民日报》2021 年 3 月 6 日。
② 《习近平在甘肃考察时强调　坚定信心开拓创新真抓实干　团结一心开创富民兴陇新局面》，《人民日报》2019 年 8 月 23 日。
③ 《习近平主持召开新时代推动西部大开发座谈会强调　进一步形成大保护大开放高质量发展新格局　奋力谱写西部大开发新篇章》，《人民日报》2024 年 4 月 24 日。
④ 《习近平在推动长江经济带发展座谈会上强调　走生态优先绿色发展之路　让中华民族母亲河永葆生机活力》，《人民日报》2016 年 1 月 8 日。

带绿色发展中发挥示范作用"[1]；2024 年 4 月 23 日，习近平总书记在重庆主持召开新时代推动西部大开发座谈会上强调，要"进一步形成大保护、大开放、高质量发展新格局""在中国式现代化建设中奋力谱写西部大开发新篇章"。[2]"生态优先、绿色发展"，揭示的是经济发展与生态环境保护的辩证关系，揭示的是人与自然相互依存、紧密联系的关系，深刻体现了坚持绿色发展是发展观的深刻革命。这就要求美丽重庆建设必须统筹生态环境保护和经济社会发展，坚决摒弃西方国家以牺牲环境为代价换取经济利益的工业化道路，注重同步推进物质文明建设和生

◎ 重庆梁平双桂湖国家湿地公园（重庆市生态环境局供图）

① 《习近平在重庆考察并主持召开解决"两不愁三保障"突出问题座谈会时强调　统一思想一鼓作气顽强作战越战越勇　着力解决"两不愁三保障"突出问题》，《人民日报》2019 年 4 月 18 日。

② 《习近平主持召开新时代推动西部大开发座谈会强调　进一步形成大保护大开放高质量发展新格局　奋力谱写西部大开发新篇章》，《人民日报》2024 年 4 月 24 日。

态文明建设，走节约资源、保护环境、绿色低碳的新型发展道路，形成节约资源和保护环境的空间格局、产业结构、生产方式、生活方式，统筹污染治理、生态保护、应对气候变化，努力实现经济发展与生态保护的双赢。推动长江上中下游携手联动，唱响长江经济带绿色发展的"大合唱"，在抓实大保护筑牢长江上游重要生态屏障上发挥示范引领作用，在绿色低碳发展体制机制创新上发挥示范引领作用。

3. 坚持发挥好山好水的生态优势，推动城乡自然资本加快增值

习近平总书记 2016 年 1 月在重庆视察时指出，"推动城乡自然资本加快增值，使重庆成为山清水秀美丽之地"[1]，要"完善生态产品价值实现机制和横向生态保护补偿机制"[2]，这是"绿水青山就是金山银山"发展理念在美丽重庆建设中的具体体现。"山清水秀"是重庆自然景观和资源禀赋特点的直观表达，体现了重庆独特生态优势。绿水青山既是自然财富，又是社会财富、经济财富，保护好得天独厚的自然生态，把生态环境优势合理地转化为民生优势、经济优势，使绿水青山产生巨大生态效益、经济效益、社会效益，对于重庆未来发展十分关键。只有推进生态产品价值实现，将生态环境的保护修复成本真正内部化、真正把资源优势转化为发展优势，才能摆脱"守着金山银山过穷日子"的困境，实现生态美、产业兴、百姓富的良性循环。美丽重庆建设要把"绿色 +"融入经济社会发展各方面，加快推动生产方式绿色化，推动城乡自然资本加快增值，实现生态环境高水平保护、经济高质量发展和创造高品质

---

[1] 《习近平在重庆调研时强调 落实创新协调绿色开放共享发展理念 确保如期实现全面建成小康社会目标》，《人民日报》2016 年 1 月 7 日。

[2] 《习近平主持召开新时代推动西部大开发座谈会强调 进一步形成大保护大开放高质量发展新格局 奋力谱写西部大开发新篇章》，《人民日报》2024 年 4 月 24 日。

生活的协同推进。

4. 坚持生态系统整体性和流域系统性治理，推动成渝地区双城经济圈生态共建环境共保

习近平总书记在中央财经委员会第六次会议上指出，"推进成渝地区统筹发展""加强生态环境保护"。成渝地区处于长江上游，对维护国家生态安全至关重要。要把加强生态环境保护作为推动成渝地区双城经济圈建设的重要战略任务，吸收生态功能区人口向城市群集中，使西部形成优势区域重点发展、生态功能区重点保护的新格局，保护长江上游和西部地区生态环境。习近平总书记强调："长江经济带作为流域经济，涉及水、路、港、岸、产、城和生物、湿地、环境等多个方面，是一个整体，必须全面把握、统筹谋划。"① 只有从流域系统性整体性出发，更加注重综合治理、系统治理、源头治理，这样才能顺应生态环保的内在规律，形成良好的生态系统结构、切实发挥生态屏障整体功能。推进成渝地区双城经济圈生态环境建设，要以山为骨、以水为脉，携手推进生态廊道建设，深化跨界污染治理，建立跨区域生态补偿机制，在生态共建、污染共治、机制共商、环境共管上下功夫，共同筑牢长江上游生态屏障，共同守护好巴山蜀水。

（二）持续筑牢长江上游重要生态屏障

重庆全市上下牢记习近平总书记殷殷嘱托，全面贯彻习近平生态文

---

① 《习近平在推动长江经济带发展座谈会上强调　走生态优先绿色发展之路　让中华民族母亲河永葆生机活力》，《人民日报》2016 年 1 月 8 日。

明思想，深学笃行习近平总书记关于推动长江经济带发展的重要论述，深入践行绿水青山就是金山银山理念，持续加强生态环境系统保护修复，扎实推动经济社会发展绿色低碳转型，将"共抓大保护、不搞大开发"贯彻到推动长江经济带发展全过程、各方面，推动生态环境保护各领域工作取得显著成效，重庆天更蓝、山更绿、水更清、生态环境更优美，为持续筑牢长江上游重要生态屏障打下了坚实的基础。

1. 加强总体谋划、凝聚战略共识，对重庆生态文明建设作出全面部署安排

坚决扛起生态文明建设政治责任。始终保持加强生态文明建设的战略定力，持续强化对生态文明建设和生态环境保护的统筹谋划和组织领导，将其作为重大政治责任、重大发展任务、重大民生工程摆在突出位置，绿水青山就是金山银山的理念深入人心，生态优先、绿色发展日益成为全市上下的思想共识和行动自觉。出台"1+N"政策体系，明确"路线图""时间表""任务书"。深入推动长江经济带发展，加快建设山清水秀美丽之地，对美丽重庆建设作出战略部署和系统安排，围绕环境分区管控、生态屏障建设、污染防治攻坚战、生态优先绿色发展、碳达峰碳中和等内容出台了系列专项规划、实施方案、行动计划，确保美丽重庆战略目标落地、落实和落细。高质量高标准完成"两江四岸""四山"生态治理等中央环保巡视问题整改，还老百姓蓝天白云、清水绿岸。

"党政同责、一岗双责"格局更加牢固。重庆市委、市政府主要领导共同担任市生态环保督察、深入推动长江经济带发展加快建设山清水秀美丽之地领导小组组长、市总河长、市总林长，分别担任市深入打好污染防治攻坚战总指挥、副总指挥，构建职责清晰的任务分解体系、系统联动的问题督办体系、严格规范的过程管理体系、多方参与的协调沟

通体系、严密有力的责任追究体系，推动生态环境保护"党政同责、一岗双责"落到实处、见到实效。以压实生态环保任务为抓手、以整治生态环境问题为导向、以考核生态环保业绩为检验，全市负总责、区县抓落实的工作机制不断健全，全市各级各部门"管发展必须管环保、管生产必须管环保、管行业必须管环保"的自觉性、主动性持续增强。

生态环境保护工作体系迭代升级。打表落实美丽重庆建设主要目标和重点任务，统筹实施"推动生态优先绿色发展行动"并纳入推动成渝地区双城经济圈建设十项行动靶向攻坚，创新集成"生态报表"并纳入"八张报表"强力推动，归集形成"生态环保督察问题清单"并纳入"八张问题清单"严格督办，系统重塑"数字生态环保"并纳入"数字重庆总体构架"整体推动，每季度在区县委书记和部门"一把手"例会上动态晾晒生态环保成效及问题，推动形成比学赶超、唯实争先的浓厚氛围。

社会各界生态环保意识显著提升。出台市属国有企业生态环保绩效考核方案，督促市属重点国有企业带头履行生态环保责任。广大市场主体加强环境污染治理、落实环保政策标准的主观能动性显著增强，主观恶意违法行为明显减少。广大群众和社会组织把"盼环保""求生态"的意愿转化为参与、监督生态环保的自觉行动。生态文明理念深入人心，绿水青山就是金山银山的理念更加牢固，生态优先、绿色发展日益成为全市上下的思想共识和行动自觉，山水之城、美丽之地魅力更加彰显。

2.坚持问题导向、注重标本兼治，举全市之力打赢污染防治攻坚战

以解决人民群众反映强烈的突出生态环境问题为重点，以中央生态

环境保护督察反映的突出问题整改为抓手，一体推进治水、治气、治土、治废、治塑、治山、治岸、治城、治乡，坚持方向不变、力度不减，突出精准、科学、依法治污。

深入打好碧水保卫战。全面推行"河湖长制"，认真贯彻落实长江保护法，统筹"水资源、水环境、水生态"系统治理，持续筑牢长江上游重要生态屏障。2023 年，长江干流重庆段水质连续 7 年保持 Ⅱ 类，74 个国控断面水质优良比例达到 100%，城市集中式饮用水水源水质达标率保持 100%，48 段原城市黑臭水体未发生返黑返臭，开州区汉丰湖入选全国第二批美丽河湖优秀案例，梁平入选"国际湿地城市"。

深入打好蓝天保卫战。用情用力解决人民群众的"心肺之患"，深化交通、工业、扬尘和生活污染控制，实施"一区一县一策"精细管控。接续实施夏秋季、冬春季"治气"攻坚专项行动，区域联防联控机制不断完善。中心城区基本实现没有钢铁厂、燃煤电厂、化工厂、燃煤锅炉、水泥厂和烧结砖瓦窑等"五个没有"。2023 年，全市空气质量优良天数达 325 天，自 2020 年连续 4 年保持 320 天以上，自 2018 年以来连续 6 年无重污染天气。

深入打好净土保卫战。落实农用地分类管理措施，化肥农药使用量持续下降，畜禽粪污综合利用率排名全国前列；在全国率先推行建设用地土壤污染程度分级和用途分类管理，2023 年，在全国率先推进农用地土壤重金属污染排查整治全覆盖，重点建设用地安全利用率达到 100%，受污染耕地安全利用率达到 100%。率先开展全域"无废城市"建设，在全国首个开展跨省域"无废城市"共建，印发全国首个跨省域"无废城市细胞"建设标准，率先完成锰行业落后产能淘汰退出，锰污染综合整治走在"锰三角"地区前列。川渝两地建立全国首个新污染物环境风险省际联防联控机制，首创危险废物跨省转移"白名单"制度，城镇医疗废物集中无害化处置率达 100%，危险废物利用处置率达 90% 以上，从 2021 年起中心城区历史性实现原生生活垃圾零填埋、全焚烧，危险废物规范化环境管理评估达到 A 级要求，危险废物全过程环境风险得到有效管控。

大力强化治塑，废旧塑料回收量超过 68 万吨，农膜回收率达 94.1%，一次性塑料制品使用量减少 50%。强化治城，噪声投诉明显下降，功能区声环境质量达标率为 97.8%。强化治乡，累计完成 5630 个行政村（社区）环境整治、248 个农村黑臭水体治理，农村生活污水治理率达 61.8%、排全国第 6 位。

3. 服从服务全局、勇担上游责任，切实筑牢长江上游重要生态屏障

坚持共抓大保护、不搞大开发，始终把修复长江生态环境放在压倒性位置，长江上游重要生态屏障进一步筑牢，"山水之城·美丽之地"颜值更高、气质更佳。

优化发展空间格局。加强成渝地区双城经济圈生态环境共建共治共保，优化长江上游重要生态屏障空间格局，健全"一区两群"协调发展机制，严守长江上游生态屏障最后一道关口。划定生态保护红线、永久基本农田、城镇开发边界三条控制线，在全国率先发布"三线一单"（即生态保护红线、环境质量底线、资源利用上线、生态环境准入清单）成果。统筹推进生态保护红线评估调整和自然保护地整合优化，持续开展"绿盾"自然保护地强化监督，生态环境空间管控能力得到有效提升。

加强生态保护修复。强化治山，全面推深做实"林长制"，2023 年新建"两岸青山·千里林带"50.5 万亩、国家储备林 101.5 万亩，新增

◎ 满山红叶伴巫峡（重庆市生态环境局供图）

治理水土流失面积 2133 平方公里、石漠化面积 266.7 平方公里，森林覆盖率稳定在 55％以上。强化治岸，加强三峡水库消落区治理，严格管控河湖水域岸线，"两江四岸" 109 公里岸线治理提升工程稳步推进，累计建成 "清水绿岸" 河段 397.9 公里、建成率 93.2％。广阳岛、铜锣山生态修复项目入选全国 "山水工程" 优秀典型案例，累计创建国家生态文明建设示范区和 "绿水青山就是金山银山" 实践创新基地 12 个。

全面落实长江十年禁渔令，长江 "十年禁渔" 三年退捕任务两年完成，5342 艘渔船、10489 名渔民在 2020 年全面提前退捕。全面加强生物多样性保护，外来入侵动植物分布基本摸清，覆盖全市典型生态系统的生物多样性观测网络初步构建，推进区县县域生物多样性调查，全市水生生物多样性呈现恢复向好趋势。

防范化解生态环境风险。做到医疗废物、废水处理处置监管和服务 "两个 100％"；编制环境应急预案，深化落实环境应急联动协议，与鄂湘川黔 4 省建立跨省流域上下游突发水污染事件联防联控机制，共同保

◎ 重庆市渝中区珊瑚公园治理提升　江岸蝶变（重庆市生态环境局供图）

护长江母亲河。

1. 学好用好"两山论"，走深走实"两化路"　探索绿色低碳全面转型路径

坚持把"绿色+"融入经济社会发展各方面，推动形成绿色发展方式和生活方式，提升经济社会发展"绿色含量"。

严格建设项目环境准入。在全国率先研发"二线一单"智检服务系统、首创首发建设项目选线选址环评"一键查"App 并上线"渝快办"，精准高效服务招商引资项目免费"云上选线选址"。严守生态环境准入关口，禁止在长江干支流岸线 1 公里范围内新建、扩建化工园区和化工项目等，严禁项目违规触碰自然保护区、饮用水源保护区等生态敏感区，严格"两高一低"项目环评审批，为生态"留白"、给发展"添绿"。

培育壮大绿色低碳产业。构建绿色制造体系，获批全国智能制造城市，创建国家级循环经济示范基地（园区）、绿色工厂、绿色园区和绿色供应链；绿色金融改革创新试验区建设扎实推进，绿色贷款余额不断增加。聚焦钢铁、化工、有色金属等重点行业，加快推动园区循环化和节能降碳改造，推进重点领域清洁生产。推动传统产业绿色低碳改造升级，战略性新兴产业、数字经济增加值五年平均增速分别为12.5%、10%。加快构建清洁低碳安全高效能源体系，实施燃煤减量替代，煤炭消费占比低于全国平均水平13个百分点；加快抽水蓄能项目建设，新增风、光等新能源装机规模不断扩大。

有序开展"双碳"工作。构建重庆市碳达峰碳中和"1+2+6+N"政策体系，参建全国碳市场系统联建，培育西部唯一区域性碳排放权交易试点市场，在全国率先将碳排放纳入环评和排污许可管理打造"碳评"实践新样板，入围全国首批气候投融资试点，上线全国首个覆盖碳履约、碳中和、碳普惠的"碳惠通"平台，并获评"美丽中国，我是行动者"2022年十佳公众参与案例。在全国首创"提高森林覆盖率横向生态补偿机制"，形成以不同地区政府间横向生态补偿为实施主体、以森林覆盖率为指标体系的生态产品价值实现机制；建立重点生态功能区转移支付制度，实现生态服务受益地区与重点生态功能地区"双赢"。

5.聚焦重点领域、扭住关键环节，全面深化生态文明体制机制改革

坚持深化体制改革、完善制度体系，推进生态治理体系和治理能力现代化，美丽重庆建设保障机制不断健全。

全面落实重点问题整改。中央巡视反馈涉及生态环保问题已全部完成整改销号，中央生态环保督察整改任务全面完成，长江经济带生态环境警示片披露问题整改达到序时要求，坚决贯彻落实习近平总书记对缙

云山生态环境问题的重要指示批示精神，打造生态环境治理现代化缙云山样板。全市清查认定的违建别墅项目已全部整治到位，未发现新增违法别墅项目；开展"大棚房"问题回潮反弹排查整治，全市涉锰企业全部淘汰退出，秀山县锰污染综合整治取得显著成效，相关国控断面水质总锰指标总体满足国家考核要求。

生态文明体制改革纵深推进。长江入河排污口排查整治试点、绿色金融改革创新试验区、气候投融资试点等一系列改革和试点在重庆先试先行，累计出台200余个改革成果文件，40余个典型案例在全国推广。深入实施河长制改革，在全国率先推行落实市、区县、乡镇（街道）三级"双总河长"制，全面建立市、区县、乡镇（街道）、村（社区）四级河长体系，实现"一河一长""一库一长"全覆盖。在全国率先启动林长制试点，市、区县、乡镇（街道）、村（社区）"四级林长＋网格护林员"的林长制责任体系日趋完善。推动领导干部自然资源资产离任审计改革。深入实施领导干部自然资源资产离任（任中）审计、排污许可、环境信用评价等责任监督制度。建立例行督察、专项督察、驻点督察和日常督察"四位一体"督察体系，在全国率先实现市级部门和市属国有重点企业生态环保督察"两个全覆盖"。

生态环境法治体系更加完善。形成以重庆市环境保护条例、大气污染防治和水污染防治条例等环保地方性法规为支柱，重庆市建设用地土壤污染防治、辐射污染防治办法等环保政府规章和系列行政规范性文件为支撑的环保地方性法规制度体系。推动环境行政执法与刑事司法机制改革，在全国率先成立公安环境安全保卫总队，培育发展环境损害司法鉴定机构，创新建立"长江生态检察官制度"，在全国率先建立组织机构纵向"全覆盖"和管辖范围横向"全覆盖"的环境资源审判体系，"行刑衔接"做法及成效走在全国前列。

生态环境监管体系进一步健全。在全国率先完成省以下生态环境机构"垂改",挂牌全国唯一副厅局级生态环保综合行政执法总队。加强领导干部自然资源资产离任审计,深入推进生态环境损害赔偿,两个案件被生态环境部评选为"生态环境损害赔偿磋商十大典型案例"。加强生态环境保护督察,建立以例行督察为主体,专项督察、驻点督察、日常督察、暗访暗查、联动督察为支撑的"1+5"督察工作推进体系。深化川渝生态共建环境共保,共同制定出台长江经济带发展负面清单实施细则,建立联合巡河、执法等十项机制。

生态环保数字化转型蓄势发展。聚焦生态环保核心业务,将数字化改革与生态文明体制改革一体融合,突出数字变革、系统重塑,破除思维定式和路径依赖,紧扣数字重庆"1361"整体构架,对标党的二十大战略部署和美丽中国建设任务,构建重庆市数字生态环保构架体系,迭代梳理治水、治气、治土、治废、生态环保督察、生态环境执法、生态环境应急等核心业务,梳理业务事项至最小颗粒度,找出群众所盼、基

◎ "巴渝治水":全市河流水环境智能监控(重庆市生态环境局供图)

层和企业所需等问题。运用"三张清单"、V 字模型等，谋划建设"巴渝治水""巴渝治气""巴渝治废（危险废物闭环管理）"等重点应用，打造生态环保整体智治典型应用场景，推动生态环保工作流程再造、业务重塑、数字赋能。

（三）加快建设美丽中国先行区

美丽重庆建设是现代化新重庆建设的重要目标，是具有重庆辨识度、标志性的"金名片"。美丽重庆建设大会提出，深学笃用习近平生态文明思想，深入落实全国生态环境保护大会部署，牢固树立绿水青山就是金山银山的理念，坚决扛起在推进长江经济带绿色发展中发挥示范作用的重大使命，有效统筹高水平保护和高质量发展、高品质生活、高效能治理，加快推进生态环境治理理念、思路、机制、方法变革重塑，持续健全以治水治气为牵引的"九治"生态治理体系，坚决打好长江经济带污染治理和生态保护攻坚战，高标准筑牢长江上游重要生态屏障，高水平建设山清水秀美丽之地，高质效建设美丽中国先行区，奋力打造人与自然和谐共生现代化的市域范例，为美丽中国建设贡献重庆力量。

聚焦到 2027 年，全面完善美丽重庆建设的目标体系、工作体系、政策体系、评价体系，全市生态环境质量、城乡大美格局、绿色低碳发展水平、生态环境数智化水平显著提升，生物多样性得到有效保护，美丽重庆建设取得显著成效。到 2035 年，全市绿色生产生活方式全面形成，生态环境质量达到西部领先、全国前列水平，生态系统多样性稳定性持续性显著提升，人与自然和谐共生现代化的市域范例全面呈现，高水平美丽重庆基本建成。到本世纪中叶，高水平美丽重庆全面建成。

1. 持续深入打好蓝天碧水净土保卫战

天蓝、地绿、水净、空气清新的生态环境质量决定美丽重庆的底色，也关系到人民群众最普惠的民生福祉。要深化拓展治水治气治土的力度深度广度，统筹推进农业面源、工业、城乡生活、尾矿库等污染治理防治，建设美丽幸福河湖、守护美丽蓝天、筑就净土家园，满足人民群众对优美生态环境的热切期盼。

全力建设美丽幸福河湖。深入落实"河湖长制"，推进水环境、水资源、水生态、水安全、水文化"五水共治"。开展美丽河湖、幸福河湖建设，积极体现区域特色、流域特色、重庆辨识度。滚动编制实施"一河一策"河流保护方案，深入实施城乡黑臭水体"清零"行动并形成长效机制，推进"污水零直排区"建设，实施全社会饮用水质量提升行动，常态化开展"从水源头到水龙头"水质监测监管。强化水资源开发利用控制、用水效率控制、水功能区限制纳污"三条红线"，保护河流、湖库水源涵养区、绿色缓冲带等生态空间，提升河流、湖库自然净化功能。以恢复"有河有水、有鱼有草"为目标，加强用水总量和强度控制红线，加强水生态考核，逐步提升水生生物多样性。

全力守护美丽蓝天。要以空气质量明显改善为刚性要求，还老百姓蓝天白云、繁星闪烁。持续推进空气质量持续改善行动，紧盯重点区域、重点时段、重点行业、重点环节，持续深化工业、交通、扬尘、生活污染管控，开展 $PM_{2.5}$、臭氧等污染防治攻坚行动。深入实施川渝毗邻地区大气污染联防联控，推进重污染天气应急响应一体联动。大力推进挥发性有机物和氮氧化物协同减排，持续降低细颗粒物浓度。高质量推进钢铁行业超低排放改造，水泥、玻璃、陶瓷等重点行业深度治理和挥发性有机物深度治理，继续实施燃煤锅炉淘汰和燃气锅炉低氮燃烧改造。强化柴油货车、船舶、非道路移动机械污染治理和能源清洁化发展。强化扬尘污染综合管控，深化施工工地扬尘智慧监管。开展餐饮油烟深度治理，强化露天焚烧，健全秸秆收储运服务体系，提高秸秆综合利用水平。

全力筑就净土家园。土壤是经济社会可持续发展的物质基础，土壤污染防治是关乎公众健康和环境保护的大事。开展土壤污染源头防控行动，加快构建土壤和地下水污染防治治理体系，严控耕地、在产企业、化工园区等领域新增污染。加强农用地分类管理，动态调整耕地土壤环境质量类别，开展农用地土壤涉镉等重金属污染源头防治行动，持续推进重点区域耕地周边涉镉污染源排查整治。持续推动化肥农药减量增效，推广生物农药、高效低毒低残留农药。严格畜禽养殖和水产养殖禁养区、限养区管理，优化养殖产业布局。实施优先监管地块污染管控，严格落实建设用地土壤污染风险管控和修复名录制度，推动建设用地土壤污染程度分级和用途分类管控。开展地下水污染调查评价，以长江干流、嘉陵江、乌江等沿江化工园区、矿山、污染地块为重点，实施典型污染地块土壤和地下水风险管控和修复治理。

2.实施限塑减废协同治理攻坚战

强化目标协同、多污染物控制协同、部门协同、区域协同、政策协同，不断增强各项工作的系统性、整体性、协同性。坚持"建体系、控风险、守底线"，以提质建设全域"无废城市"和新污染物治理为抓手，全链条、全环节强化固体废物综合治理的要素保障，不断提升固体废物治理综合能力和整体治理水平。

深入开展垃圾分类治理。全面提升城乡生活垃圾分类处置能力，加快生活垃圾焚烧处理和厨余垃圾资源化利用项目建设。持续推进专业污泥无害化处理处置设施建设和生活污泥资源化利用，实现区域内污泥处置能力稳定全覆盖。细化垃圾分类指标体系，深入开展城乡达标创建活动。鼓励动员全社会力量参与垃圾分类投放、收集、运输、处置。开展垃圾分类先锋创建"百千万"行动，培育垃圾分类先锋典型案例，创建垃圾分类先锋单元和垃圾分类先锋细胞。

提质建设全域"无废城市"。建立健全源头分类、专业分拣、智能清运和资源化利用的固体废物治理体系，实现工业固体废物、医疗废物等重点废物收运网络全覆盖。深入开展危险废物（医疗废物）等综合利用处置设施建设，全面形成高效处置体系。提高大宗工业固体废物综合利用水平，鼓励开展工业固体废物综合利用先进技术、装备及高附加值产品的开发和应用。持续推进新污染物治理行动，开展化学物质环境信息调查，落实重点管控新污染物环境风险管控措施。加快成渝地区双城经济圈"无废城市"共建，稳步推进"无废城市细胞"创建，开展"无废城市"建设成效评估，建立"无废单元"示范创建标准，积极打造"无废单元"，创建"无废园区""无废工厂""无废社区"等。

深入开展"白色污染"减量行动。全链条推进塑料污染治理，推动源头减量，建立健全塑料制品全环节长效管理机制。以中心城区为核心，开展可循环快递包装规模化应用试点，探索一批可复制推广的塑料减量模式。加大可降解塑料产品推广应用力度。加快推进以绿色商场、绿色农贸市场为重点的示范创建工作，着力构建绿色流通生态体系。建成废旧农膜有偿回收利用体系。深入实施塑料废物利用处置行动，常态化开展河道、船舶码头、旅游景区等重点区域塑料垃圾清理治理。深入实施塑料废弃物利用处置，加快实现塑料垃圾"零填埋"。

3. 提升城乡风貌整体大美

重庆集大城市、大农村、大山区、大库区于一体，城乡空间广阔、潜力巨大。要发挥江峡相拥、山环水绕的江城山城优势，挖掘生态环境资源要素"美丽因子"，通过保护修复城市生态空间，创建宜居宜业和美乡村示范，传承弘扬巴山渝水生态文化，充分展现城乡景观之美、自然风光之美、人文魅力之美。

建设江峡相拥美丽都市。积极探索超大城市治理新路子，深入实施城市更新提升行动。加强"四山"生态廊道保护，推进"两江四岸"治理提升，高水平打造一流滨江公共空间和城市山地生态公园，系统重塑山城江城国际大都市风貌。突出油烟、噪声整治，推动餐饮业聚集区、老旧小区油烟集中收集治理，持续推进"宁静小区"创建。巩固拓展海绵城市建设成果，提升城市雨洪调蓄功能。加强江心绿岛生态保护，深入推动广阳岛片区绿色发展，打造高品质生态湾区。推进生态园林城市建设，优化城区绿色空间布局，加强永久保护绿地划定，开展"增绿添园"行动和立体绿化建设，拓展社区公园、"口袋公园"等绿色活动空间，塑造山城步道、山城夜景等"山城品牌"。

建设生态活力美丽县城。统筹老城、新城建设，注重历史文脉延续，建成一批生态宜居、富有活力、各美其美的美丽县城。优化区县城园林绿化体系，打造城市绿肺、市民花园。加强餐饮油烟、扬尘等治理，推进雨污分流改造，实施湿地生态和水环境修复。开展城乡风貌优化工作，支持有条件的区县建设"绿水青山就是金山银山"实践创新基地。推动城市更新向区县城延伸，稳妥实施棚户区、老旧小区、老旧街区等改造提升工程，完善交通、防洪、管廊等基础设施。

建设宜居宜业美丽城镇。全面提升城镇品质，加大历史文化名镇以及传统老街、老建筑保护力度，塑造具有浓郁民俗风情和地域特色的城镇风貌。加大乱搭乱建、乱停乱放、乱扔乱排等问题整治力度，改善大街小巷、城乡接合部等重点公共空间环境卫生。推进场镇污水管网、垃圾收运等配套建设，完善交通、医疗、休闲等基本公共服务设施。支持有条件的乡镇开展"强镇带村"试点，打造环境优美、特色鲜明、管理有效的美丽城镇市级样板。

建设巴渝和美乡村。学习运用"千万工程"经验，统筹推进乡村生态振兴和农村人居环境整治，实施"五清理一活动"专项行动，加强传统村落保护利用和乡村风貌引导。实施农村改厕质量提升行动，持续提升农村卫生厕所普及率。加强农业废弃物资源化利用，促进农业投入品减量增效。推进畜禽粪污资源化利用，规范工厂化水产养殖尾水排污口设置。加强适宜山区库区特点的农村生活垃圾分类处置。实施农村黑臭水体清零区县行动，实现全市域农村黑臭水体全面清零。

传承弘扬巴山渝水生态文化。实施长江文化保护传承弘扬规划，高质量推进长江国家文化公园（重庆段）建设。强化中国南方喀斯特（武隆片区、金佛山片区）、神农架（五里坡片区）等世界自然遗产保护。加强川江号子、大足石雕等非物质文化遗产的保护与传承，加大生态文化产品创作、创新和传播力度。用好重庆中国三峡博物馆、重庆自然博物馆、重庆市规划展览馆等，打造美丽重庆建设教育实践基地。

4.提升生态系统多样性、稳定性、持续性

生态系统能否长期维持功能和服务，依赖于自身的稳定性和持续性。重庆地处青藏高原与长江中下游平原的过渡地带，是全国35个生物多样性保护优先区域之一。要立足北纬30°地理区位，加大生态系统保护力度，切实加强生态保护修复监管，探索从环境治理向生态恢复转变，提升生态系统多样性、稳定性、持续性，为子孙后代留下山清水秀的生态空间。

严格重要生态空间保护。健全生态环境分区管控体系，科学指导各

类开发保护建设活动。推进三峡库区、秦巴山、武陵山等国家重点生态功能区保护建设，加强缙云山等重要山体生态廊道保护。与四川省联合开展毗邻地区自然保护地和生态保护红线监管，打造成渝地区双城经济圈"六江"生态廊道。加快建立健全分类科学、布局合理、保护有力、管理有效的自然保护地体系，积极推进国家公园建设。常态化开展"绿盾"自然保护地强化监督行动，及时发现和查处各类生态破坏事件。推进生态保护修复监管制度建设，开展生态状况监测评估和生态保护修复成效评估。

统筹山水林田湖草沙系统治理。加快实施重要生态系统保护和修复、山水林田湖草沙一体化保护修复等工程，推进草原河流湖泊湿地休养生息。推深做实林长制，持续开展国土绿化行动，提质建设长江重庆段"两岸青山·千里林带"，健全森林火灾风险隐患全链条防控机制。开展小微湿地建设，逐步提升湿地生态功能。实施生态系统碳汇能力巩固提升行动。加快废弃露天矿山生态修复，建设"绿色矿山"。因地制宜开展水土流失和石漠化土地综合防治，全面推进小流域综合治理提质增效。

加强生物多样性保护。制定实施生物多样性保护重大工程实施方案，陆稀濒危水生野生动物保护计划。持续开展生物多样性调查、观测与评估，推动生物多样性体验地建设，全面完成山区库区区县生物多样性调查评估。加强野生动物重要栖息地、野生植物原生境、重要鸟类迁徙通道、重要水产种质资源及生存环境等就地保护和迁地保护体系建设。加快种质资源库、基因库建设，发展野生生物资源人工培育利用、生物质转化利用等产业。开展城市古树名木和后备资源普查、监测及保护。严格落实长江十年禁渔，实施库区鱼类种群演变趋势研究，开展圆口铜鱼、长鳍吻鮈等长江上游珍稀特有鱼类抢救性移养驯化及人工繁殖试验，不断提升长江水生生物完整性指数。

强化水域岸线保护修复。严格河道水域岸线空间管控，严控岸线空间土地开发，常态化清理整治河道"四乱"问题。高水平推进"两江四岸"岸线治理提升，有序实施嘉陵滨江生态长廊建设工程，高水平打造一批岸绿、景美、亲水的滨江公园和城市山地生态公园。持续开展消落区生态环境调查，实施消落区分区分类保护和多级治理，加快实施生态护坡、湿地公园等重点工程。推进长江、嘉陵江等重点流域、城市河段及其他重要水体河湖生态缓冲带建设。加强河库、航道、码头清淤疏浚管理，严厉打击非法采砂，有序推进砂石资源利用。建成美丽宜人的生活、生态、景观岸线，三峡水库消落区生态安全得到全面保障。

5. 打造绿色低碳发展高地

要站在人与自然和谐共生的高度谋划发展，把资源环境承载力作为前提和基础，自觉把经济活动、人的行为限制在自然资源和生态环境能够承受的限度内。突出企业端、居民端、产业端、治理端协同发力，实施减污降碳协同增效行动，着力构建绿色低碳循环经济体系，加快打造更多具有重庆辨识度的绿色低碳发展样板。

优化国土空间开发格局。强化国土空间规划统筹引领，贯彻落实主体功能区战略，优化农业、生态、城镇等各类空间布局，坚守耕地红线、生态保护红线，严控城镇开发边界。深入推动成渝地区双城经济圈建设和"一区两群"协调发展。提升主城都市区发展能级和综合竞争力，梯次推动中心城区和渝西地区、渝东新城功能互补和同城化发展。推动渝东北三峡库区生态优先绿色发展，打好"三峡牌"，建好"城镇群"，建设长江经济带三峡库区生态优先绿色发展先行示范区。推进渝东南武陵山区文旅融合发展，统筹产业发展与生态环境保护、乡村振兴与新型城镇化，打造文旅融合发展新标杆。

发展壮大绿色低碳产业。深入实施绿色转型创新发展行动，积极推行"生态＋""＋生态"发展新模式，全面拓宽绿水青山转化为金山银山的转化通道。大力发展绿色制造，培育壮大新一代信息技术产业，统筹打造"芯屏端核网"产业集群，做大做强智能网联新能源汽车产业，创新打造新能源及新型储能等新兴产业。大力发展高效生态现代农业，推广生态种养等现代农业技术，加强绿色优质农产品供给。大力培育生态服务业，推进全域生态旅游，推动高品质生态康养业发展，促进商贸物流、餐饮等行业绿色转型。严格产业准入，坚决遏制高耗能、高排放、低水平项目盲目发展。

突出抓好重点领域降碳。聚焦围绕钢铁、化工、有色金属等重点行业，推进园区循环化建设，支持企业开展"数字化绿色化"节能降碳协同改造，建设绿色工厂和绿色园区，培育创建国家生态工业园区。开展绿色低碳城市建设，推动城镇新建建筑全面执行绿色建筑标准，探索绿色建筑全生命周期管理机制，加快城镇建筑和市政设施绿色化改造，开展超低能耗建筑、近零能耗建筑、零碳建筑建设示范。大力发展多式联运，推进"公转铁""公转水"，加快提升铁路运输、水运比例，推进铁路场站、民用机场、港口码头、物流园区等绿色化改造。大力推广新能源汽车，完善充换电基础设施建设，推进中心城区公交出租车纯电动化，创建公共领域用车电动化试点城市。

加快构建绿色低碳新型能源体系。统筹能源安全和绿色低碳发展，推动能源供给体系清洁化、低碳化转型。深化与山西、新疆、甘肃等地能源合作，稳定外煤入渝保供渠道，拓展成品油供应渠道，加快实施川渝1000千伏特高压交流工程和"疆电入渝"，提升市外清洁能源入渝能力。有序开发渝东北、渝东南新能源资源，扩大天然气、页岩气勘探利用，推动氢能等未来能源产业创新发展。推动煤炭清洁利用，有序推动"煤改电""煤改气"，控制非电行业燃煤消费增速。推进天然气高效利用，适度发展天然气分布式能源，因地制宜布局天然气热电联产和分布式能源。推动航电枢纽、光伏发电等项目建设，推进氢能与清洁能源协同发展。推动能源终端清洁转型，加快推进充电、加氢、加气等综合能源补给站建设，加快实施电能替代。

积极稳妥推进碳达峰碳中和。有序推进碳达峰碳中和重点任务落实，统筹实施碳达峰二十项行动，按照国家部署组织开展碳达峰试点建设。推动建立健全碳排放统计核算体系，推进能耗"双控"逐步转向碳排放"双控"。完善能源消费总量弹性管理和能耗强度年度弹性管理，实施减污降碳协同增效行动，推动重点领域、重点行业减污降碳协同增效，推进城市和产业园区减污降碳协同创新试点。探索近零碳系列试点，开展碳市场扩容增效升级行动，深化气候投融资国家试点。常态化编制市、区县两级温室气体清单。开展成渝碳达峰碳中和联合行动，建设成渝"氢走廊""电走廊""智行走廊"。

建立健全生态产品价值实现机制。推动有效市场和有为政府更好结合，探索建立健全生态产品价值实现机制，完善排污权、碳排放权、生态地票等交易机制，稳步拓展用能权、用水权交易，探索开展碳远期、碳回购、碳资产管理等碳金融创新业务，完善生态环境导向的开发模式。继续以流域为重点，完善流域横向生态补偿机制建设。建好用活"碳惠通"等生态产品价值转换平台，健全碳履约、碳中和、碳普惠等三类产品的价值实现体系。加快构建生态产品价值核算和指标体系，完善乡村生态资源价值转化的政策体系，探索集体林地、宅基地所有权、承包权、经营权"三权"分置，规范推进集体经营性建设用地交易市场建设，支持引导乡村生态资源科学、有序、高效利用。

6. 推进生态治理系统重塑

生态治理系统重塑是解决生态环境问题的有效手段，要将大数据、5G、人工智能等数字技术有机嵌入生态文明建设，在数字化与绿色化的深度融合中不断提升生态环境治理的科学化、精细化、智能化水平。运用数字化技术、思维、手段，构建多跨协同、量化闭环、系统集成的美丽重庆数字化治理体系。

建立健全数字生态环保体系构架。探索拓展人工智能等先进技术落地运用，全链条、全视角、全过程推动生态环保领域整合资源、综合集成，打造"数字生态环保大脑"，形成生态环保智能化管控闭环。加快构建智慧水网，不断完善"智慧河长"系统。建立现代化生态环境监测体系，健全"天空地"一体化监测网络，推进生态环境卫星遥感技术落地应用，提升生态环境质量预测预报水平。推动核心业务系统重塑，形成全市生态环境核心业务目录库，将业务事项标准化、系统化。

布局建设数字生态环保重大应用。以"一件事"场景构建为核心，打造"巴渝治水""巴渝治气""巴渝治废（危险废物闭环管理）"重点应用，打造生态环保智治"全国样板"。"巴渝治水"协同水环境、水资源、水生态、水安全、水文化五大治水任务，打造"感知—预警—治理—考核—评价"五大应用场景。"巴渝治气"实现"环境感知—态势研判—污染治理—污染应对—考核评价"五大环节闭环管理，建设扬尘管控、露天焚烧监管、尾气管理等大气污染防治多跨协同场景。"巴渝治废"构建危险废物"产生一码集成、转移一码贯通、处置一码注销"闭环管理体系，打造危险废物"源头管理、转移管控、规范处置、复盘全链评价"四个多跨场景。

夯实生态环境数据底座。在全市一体化数字资源系统（IRS）上建设全市生态环境数据仓、重点应用数据仓，形成指标体系，加强数据归集共享，开展常态化数据治理。依托全国一体化生态环境大数据体系建设、生态环境涉企信息系统亟须整合等工作，完善生态环境数据资源管理体系。多渠道动态汇集数据，开展川渝生态环境数据资源互享、长江流域生态环境数据资源共享，部垂管系统数据资源回流，市区数据资源互享，横向各委办局数据资源互享，深化跨区域跨部门跨层级数据共享。

加强绿色低碳科技创新。推进绿色低碳科技自立自强，创新生态环境科技体制机制。组织开展生态环境领域科技攻关和技术创新，完善"揭榜挂帅"等科研攻关机制，加强重大复杂生态环境问题研究，推动绿色低碳科技成果转化应用。在三峡库区水环境保护、应对气候变化、新污染物治理、脆弱生态系统修复、锰污染整治等领域，建设一批重点实验室、技术创新中心、科学观测站，形成适应综合决策的观测网络。加快高层次生态环境科技创新人才培育，加强生态文明领域智库建设，持续开展生态环境科技专家帮扶行动。加强产业主导的产学研深度融合，引导企业、高校、科研院所共建绿色低碳技术创新中心，培育一批绿色技术创新龙头企业，加大高效绿色环保技术装备产品供给。

7. 健全美丽重庆建设保障体系

推动美丽重庆建设是一项系统工程，工作涉及各领域各方面，必须强化党建统领、完善组织保障，统筹各领域各方面的资源，汇聚形成强大合力。注重发挥制度管根本、管长远的作用，用最严格制度、最严密法治保护生态环境。

完善组织领导。加强党对美丽重庆建设的全面领导，统筹推进美丽重庆建设重大工作，完善市级统筹、区县抓落实的工作机制。完善市级生态环保督察机制，将美丽重庆建设情况作为督察重点。强化与"生态报表""生态环保督察问题清单"衔接，形成比学赶超、争先进位的局面。完善自然资源自查管理制度，健全国土空间用途管制，推进领导干部自然资源资产离任审计。

完善体制机制。强化美丽重庆建设法治保障，加快推动生态环境、资源能源等领域地方性法规和标准的制定。加强生态环境领域司法保护，统筹推进生态环境损害赔偿，健全环保公益诉讼检察协调机制，建立健全严格的生态环境治理制度。持续深化生态环境行政执法与刑事司法衔接机制，深入开展生态环保专项执法，推行审慎包容监管，进一步落实差异化监管措施。完善环评源头预防管理体系，健全以排污许可制为核心的固定污染源环境管理制度，构建重点排污单位自动监控管理体系。

完善绿色低碳发展政策。严格落实资源税法、环境保护税法、耕地占用税法，发挥绿色税收调节激励作用。建立企业能耗、环保绩效评价机制，对高耗能行业严格执行差别电价、阶梯电价等政策。完善排污权、碳排放权、生态地票等交易机制，稳步拓展用水权交易，探索开展碳金融创新业务，完善生态环境导向的开发模式，开展生态产品价值实现机制试点。健全"碳惠通"温室气体自愿减排交易机制。推进生态综合补偿，建立健全森林、湿地、水流等领域生态保护补偿制度。加大财政支持力度，鼓励引导金融机构和社会资本加大投入，支持参与美丽重庆建设。深入推动全域绿色金融改革创新试验区建设，探索区域性环保建设项目金融支持模式，稳步推进气候投融资试点，大力发展绿色保险、绿色债券、绿色贷款。

守住生态环境安全底线。健全生态安全体系，完善市级生态安全工作协调机制，形成多跨协同、迭代升级的生态安全防护体系，坚决防范重特大环境污染事件和生态破坏事件发生。确保核与辐射安全，推进核与辐射安全监管数智化，优化辐射环境监测网络，加强放射源和放射性废物监管，确保放射源安全可控。完善生物安全治理体系，抓紧生物安全重点风险领域，健全生物安全监管预警防控体系。建立外来物种环境风险评估制度、入侵预警报告制度，控制外来入侵物种的危害和扩散。完善环境应急体制机制，健全环境应急责任体系和上下游、跨区域的应急联动机制。加强化工园区（企业）、危险废物、饮用水水源地、页岩气开采、重金属、渣场和尾矿库等重点领域，以及跨省界地区环境隐患排查和风险防控。实施环境应急基础能力建设工程，健全环境健康监测、调查和风险评估制度。

十一、数字赋能 探索超大城市现代化治理新经验

习近平总书记指出："治理体系和治理能力现代化是中国式现代化的应有之义。强化数字赋能、推进城市治理现代化，要科学规划建设大数据平台和网络系统，强化联合指挥和各方协同，切实提高执行力。"① 重庆紧抓数字化变革机遇，全面推进数字重庆建设，以数字化变革牵引超大城市治理现代化，强化数字赋能持续放大治理成效，聚力打造建立智慧高效城市治理体系标志性成果，建成贯通实战的三级城市运行和治理中心，加快构建"大综合一体化"城市综合治理新体制新机制，完善韧性城市建设体制机制，创新打造超大城市现代化治理示范区。

（一）以数字重庆赋能超大城市治理现代化

数字重庆建设是事关现代化新重庆建设的战略性、基础性和全局性工作。重庆深学笃用习近平总书记关于网络强国的重要思想和习近平总书记关于数字中国建设的重要论述，召开数字重庆建设大会和推进会，

---

① 《习近平在重庆考察时强调 进一步全面深化改革开放 不断谱写中国式现代化重庆篇章》，《人民日报》2024 年 4 月 25 日。

系统谋划部署数字重庆建设，坚持边学边建边用，按照最快系统部署、最小投入代价、最佳实战效果、最大数据共享要求，创新构建数字重庆"1361"①整体构架，全力打造点上能力标志性成果，涌现出了一批具有重庆辨识度的实战实效应用（组件），推动实现工作体系重构、业务流程再造、体制机制重塑，全面提升了党政机关整体智治能力、推动高质量发展能力、服务群众美好生活能力和超大城市现代化治理能力。

1. 数字重庆建设政策体系、工作体系和推进机制基本形成，数字重庆的辨识度和全国影响力开始显现

加强顶层设计，完善政策体系，构建体系化推进机制，推动"1361"各板块工作具体化、推进时序化、效果可视化落地见效。

数字重庆建设政策体系基本形成。出台包括数字重庆建设总体方案和"1361"各板块子方案在内的政策制度规范和配套改革文件，形成核心业务"怎么理、怎么用"整套政策体系、"三张清单""怎么编、怎么审"整套制度体系、"一件事""怎么谋、怎么评"规范体系。

数字重庆建设工作体系和推进机制基本搭建。一是加强统筹领导，实行"例会推＋专班干"。成立数字重庆建设领导小组，由重庆市委和重庆市人民政府主要领导任双组长。组建各级各类专班、强化多跨协同，区县和市级部门狠抓落实、合力攻坚，以"最小单元"凝聚"最强力量"。二是紧盯任务落实，强化事项化、指标化、机制化推进。建立任务量化闭环落实机制，常态化分解下达数字重庆建设季度例会任务，梳理列出量化指标体系，每周走访督导盯进展、线上实时调度促进展，

---

① 第一个"1"即一体化智能化公共数据平台；"3"即数字化城市运行和治理中心、区县城市运行和治理中心、镇街基层治理中心一体部署；"6"即数字党建、数字政务、数字经济、数字社会、数字文化、数字法治"六大应用系统"；第二个"1"即构建基层智治体系。

每月盘点分析"1361"各板块工作优劣、晾晒指标进度、反映突出问题，形成进展报告报数字重庆建设领导小组。建立专题组、区县工作质量每月、每季点评机制，引导专题组、区县赛马比拼、竞相发力推进工作。

数字重庆的辨识度和全国影响力开始显现。"一件事一次办""突发事件直报快响"等一批数字化应用获得国家层面的肯定，相关经验做法被人民日报社、新华社、光明日报社、中央广播电视总台、经济日报社等权威媒体广泛深入报道，"一表通"应用组件及重庆基层智治体系建设成效被中央广播电视总台《焦点访谈》专题报道。

2. 一体化智能化公共数据平台基本建成，形成支撑应用运行能力

一体化智能化公共数据平台是数字重庆建设的重要底座。按照"集约建设、互联互通、协同联动"的要求，坚持以用促建、共建共享，初步建成全国首个市域统一部署、三级贯通的一体化智能化公共数据平台及面向政务管理、服务企业群众的"两端"体系，创新打造一体化数字资源系统，形成算力存储"一朵云"、通信传输"一张网"、数据要素"一组库"、数字资源"一本账"，覆盖面和支撑力持续提升。

数据归集共享提档升级。打造市、区县、乡镇（街道）三级贯通的公共数据资源管理系统，实现数据全覆盖，市级部门、区县、镇街数据仓全面建成。攻坚数据赋能应用，建成川渝数据共享专区，促进数据要素流通，出台数据要素市场化配置改革行动方案。

基础设施体系持续完善。做优"一张网"，按照政务外网与视联网"一网两线、异构互备"，建设全国首个异构互备的电子政务网络。抓实"山城链"，推动建设区县级子链，形成区块链基础服务功能。丰富"感知系统"，接入视频、传感器、单兵、无人机等感知终端实时数据，高

性价比物联感知网络加快构建。

能力组件服务提质增效。实施"满天星"行动计划，开放能力组件场景，组建全国首个大模型联盟，集中发布长安、京东、马上消费大模型，推动"政府＋企业"共建共享能力组件。

数字资源统筹持续增强。升级一体化数字资源系统，数字资源开通时间跃升至"分钟级"，数字资源供给数量和服务质量实现"双跃升"。

支撑"两端"能力初步形成。全面重构"渝快办"，初步建成全国首个三网深度融合的办事服务总入口，实现"一网通办""一网统管""一网协同"融合，形成面向群众"高效办成一件事"能力。优化升级"渝快政"，全面实现组织在线、沟通在线、业务在线。

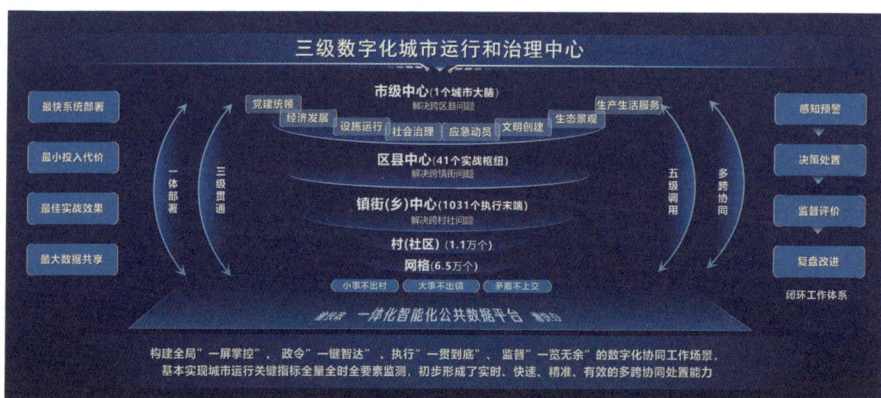

◎ 三级数字化城市运行和治理中心驾驶舱（重庆市大数据应用发展管理局供图）

3.三级数字化城市运行和治理中心全部实体化运行，感知预警、决策处置、监督评价、复盘改进的城市治理闭环工作体系持续完善

市、区县、乡镇（街道）三级数字化城市运行和治理中心，是数字

重庆建设最大特色、最大亮点和最具辨识度的重大成果。坚持"业务梳理—数据归集—应用打造"三位一体，全力推进三级治理中心建设落地见效，实现全局"一屏掌控"、政令"一键智达"、执行"一贯到底"、监督"一览无余"，跨层级、跨区域、跨部门事件办结率大幅提升，三级治理中心协同实战能力明显增强。市级城运中心定位"城市大脑"，建设覆盖全市的监测预警、指挥调度、决策支持、事件流转的核心系统，推动城市运行和治理全域覆盖、全程感知、全时响应。区县城运中心基本建成，全面上线部署数字驾驶舱、数字工作台、掌上指挥室等三大核心功能模块和任务中心、事项中心、智能研案等能力组件，实现"有场所、有机制、有专人"，"区县市镇街"能力不断增强。基层治理中心全量接入 1.12 万个村社、6.53 万个网格的地理信息数据。

基本体系初步构建。1 个市级治理中心、41 个区县治理中心和 1031 个镇街治理中心全部实体化运行，打通从市级直到网格员的有效链接，形成一贯到底能力，构建设施运行、社会治理、应急动员、文明创建、生态景观、生产生活服务六大板块，体系架构、工作机制和典型应用三级贯通。

市带区县、区县市镇街格局探索形成。聚焦六大板块重大事项实施、重大风险防范、重大活动保障，出台跑道建设工作方案，明确跑道牵头部门，确保责任落实、场景落地、工作落细。市级统筹谋划跑道、子跑道、一级子跑道，分类推动超大城市精细化治理。区县全量承接市级跑道，根据自身实际细分特色子跑道、二级子跑道，支撑本地精细化运行治理。

构建韧性安全城市体征指标。统筹设计城市体征指标，在"板块—跑道—子跑道"下构建城市体征指标体系，按照"一指标、一数据、一源头"原则，明确各指标的内涵定义、计算方法、参考阈值、设立标准、数据来源。打造城市运行体征指标"可视窗口",完成体征"一键查"、事件"总枢纽"、风险"一张图"、城市"体检表",支撑全域、全量、全时感知城市运行态势,加快赋予城市"实时、动态、鲜活"的生命感。

协同实战能力明显增强。基于业务事项打造"一件事"综合集成应用,推动市、区县、乡镇(街道)一体化梳理业务事项,依托一体化平台建设业务事项专题库,实现全市业务事项一本账管理、"一站式"浏览。提炼城市运行治理"急用先行"业务事项,为打造协同高效三级治理中心体系奠定坚实基础。

4. 六大应用系统构建和重点能力基本形成,推动各领域发展、服务、治理体系和治理能力迈向现代化

统筹建设数字党建、数字政务、数字经济、数字社会、数字文化、数字法治系统,按照"迁移一批、迭代一批、开发一批、谋划一批"思路滚动推进应用建设,大力推动数字化与全面深化改革相融合,坚持重大改革、重大应用一体谋划推进,编制重大需求、多跨场景、重大改革"三张清单",推动经济社会发展各领域工作体系重构、业务流程再造、体制机制重塑。

数字党建推动党建统领塑造变革能力明显提升。以加强党的全面领导、全面加强党的建设、全面从严治党为主线,对党政机关进行数字赋能、业务再造、流程重构、制度重塑,推动党的领导力、组织力、管控力整体跃迁,实现党建统领、整体智治、高效协同,构建市委总揽全局、协调各方的工作体系,为现代化新重庆建设提供坚强保障。一是数字党建系统构架持续迭代完善。聚焦发挥中枢作用,统筹推进党建领域核心业务数字化,系统谋划数字党建体系构架,迭代形成政治统领、组织人才、从严治党、全过程人民民主、群团建设、安全塑

造六条跑道。二是党建统领工作体系更加健全有效。以"八张报表""八张问题清单"等重大问题为抓手，建立领导班子运行评估和群众口碑评价、区县委书记和市级部门"一把手"例会等"五项机制"，一体打造党建统领"885"工作机制，有效通达基层"神经末梢"，推动党的全面领导在制度、治理、智慧三个维度全面提升。三是实战实效标志性成果加速涌现。"公权力大数据监督""渝巡在线""红岩先锋智慧党务""人大代表全渝通""重庆数字政协""青春重庆""突发事件直报快响"等一批具有数字党建特色、重庆辨识度的典型应用上线实战、发挥实效，推动政治领导能力、党组织智管能力、公权力监督能力、参政议政能力、联系服务群众能力、风险感知响应能力等重点能力初步形成，党建统领整体智治成效初显。

数字政务全面提升协同高效的政府数字化履职能力。聚焦政务服务、经济调节、市场监督、城市治理、应急管理、生态环保等重点领域，增强政府科学感知经济社会发展态势能力，加快建设"整体智治、唯实争先"的现代政府。一是数字政务系统框架持续优化。持续迭代完善系统构架，进一步厘清系统边界，搭建起数字政务系统"四梁八柱"。二是"一件事"场景构建不断拓展丰富。梳理核心业务，从重大需求谋划多跨场景，找准改革突破口。三是关键点上能力加快形成。在发展方面，聚焦服务高质量发展，上线经济运行监测、财政智管、国资智管等应用，推动经济运行分析从宏观向微观、定性向定量转变。在服务方面，针对企业群众办事不便的问题，上线"一件事一次办""民呼我为""不动产登记""公车在线""数字气象"等应用推动服务从政府"有什么、给什么"向群众"要什么、送什么"转变。在治理方面，针对过去"管不住、管不好"的老大难问题，上线数字应急、高楼消防、危岩地灾风险管控、九小场所安全智管、特种设备在线、渣土治理利用等应用，推动风险防范由人工向智能转变，由不确定向确定转变。

数字经济破解发展中的体制机制瓶颈。围绕构建"33618"现代制造业集群体系，迭代建设产业发展、科技创新、金融服务、人才支撑、产业生态、开放合作、要素保障等跑道，理清贯通产业大脑建设思路，促进数字经济和实体经济深度融合，培育发展新质生产力。一是推动重大任务协同落实。聚焦建设国家重要先进制造业中心、具有全国影响力的科技创新中心、西部人才中心、西部金融中心和内陆开放高地等关键任务，完成三轮核心业务梳理和存量数据归集；建设"数智经信"应用，构建产业生成、生产、生态"三生协同"综合场景，提升精准招商、精准培育等本地产业生成能力。二是实现涉企服务多元集成。聚焦企业发展诉求，构建"企业码上服务"综合场景，打造涉企服务"一键接入、一码画像、一体处置、一键直达"的"一站式"服务平台，形成全市企业诉求"一站式"化解服务能力。三是构建风险隐患监管闭环。围绕重大风险防控，打造"瓶装燃气智慧管理"应用，加强对全市液化气储配站、零售经营点、用户、气瓶的全周期监管。

数字社会构建数字化服务新机制推动惠民有感。坚持以人民为中心的宗旨理念，紧扣就业、教育、医疗、信用、社会救助、劳动权益保障等领域人民群众急难愁盼问题，突出"一老一小"等开发更多应用场景，打造泛在可及、智慧便捷、公平普惠的数字化服务体系，初步构建数字化服务新机制，惠民有感效果开始显现。一是体系构架丰富完善。迭代数字社会系统构架，形成数字社会系统底座，打造幼有所育、学有所教、劳有所得、病有所医、老有所养、住有所居、弱有所扶、智慧生活等应用跑道，建设"渝悦·信用""渝悦·根治欠薪"等应用。二是核心业务梳理、数据归集、"一件事"场景构建等进展顺利。成员部门全部完成核心业务梳理，加快数据归集共享。三是典型应用实战实效不断显现。打造"渝悦"系列品牌，建成上线"渝悦·根治欠薪""渝悦·医检互认""渝悦·养老""渝悦·救助"等"渝悦"系列应用，形成根治欠薪、公积金、就业、救助等点上能力，打造满足实战实效、具有辨识度的应用成果。

数字文化有效提升宣传思想文化治理体系和治理能力现代化水平。以建设新时代文化强市为总体目标，设置党的创新理论、主流意识形态、精神文明、文化事业、文化产业、全媒体传播等跑道，谋划推进重大应用。在党的创新理论领域，打造"文化·理响重庆"应用，建立"理响重庆"微宣讲品牌，依托数字化平台实现宣讲资源一方所有、多方所用，着力打通理论服务群众的"最后一公里"。在精神文明领域，"文化·文明进步"应用促进精神文明城乡融合。应用已实现市—区县—镇街—村社四级文明实践阵地全覆盖，为丰富群众精神文明需求提供了便捷保障。在文化事业领域，"文化·巴渝文物"应用有效提升文物安全防控能力。应用首期建设以文物安全监管场景为主，积极推进文物安全监管工作体系重构、业务流程再造、体制机制重塑。在文化产业领域，打造"文化·光影重庆"应用，形成影视拍摄"一站式"线上服务能力，推动影视生产要素聚集，助力电影产业快速提升。

数字法治坚持以数字化为平安法治建设现代化赋能增效。围绕深化平安法治建设、提升执法司法效能、促进社会稳定和公平正义，推动平安法治领域体制机制、组织架构、业务流程的系统性重塑，高效推进发展、服务、治理体系和治理能力迈向现代化。一是维护平安稳定能力不断增强。开发"社会矛盾纠纷多元化解"应用，建立社会矛盾纠纷统一分类标准、分层分级全量汇聚、风险综合预警预防等系统功能。二是促进公平正义机制迭代优化。"执法＋监督"紧扣"大综合一体化"行政执法体制改革，构建监管检查、处罚办案、执法监督等场景。"智慧检务"打通检、法、司数据壁垒，有效监督刑罚变更执行。三是法治惠民工作质效明显提升。"警快办"入选国家政务服务平台"数字化创新应用案例库"。"一案一码·刑事案件查询"有效解决被告人、被害人两方及其亲属查不到、查不清案件信息的问题。"智慧监狱"实现亲情会见业务"零材料"办理，有效提升了司法透明度和司法温度。

5. 基层智治体系系统重塑，更好承接六大应用系统在基层综合集成、协同赋能

着眼提升超大城市治理能力，创新实施"党建扎桩·治理结网"党建统领基层治理现代化改革，整体推进"四体系一平台"建设，在全国率先实现省域基层治理体系系统重塑，推动基层治理由自上而下向上下联动、单打独斗向协同共治、传统治理向智能治理转变。

构建党建统领工作体系，形成统揽有力的领导体制。一是建强动力主轴。市级建立党建统领基层治理工作联席会议制度，38 个区县和三个开发区建立由区县委书记任召集人的联席会议，强化全域统揽、高效协同。建强"镇街—村（社区）—网格"党的基层组织链条，把党的全面领导覆盖至每个网格。二是强化党建联建。在农村，推动采取龙头带动、城乡融合等方式开展党建联建；在城市，深化推进街道"大工委"、社区"大党委"建设，共同解决群众身边的"关键小事"；在企业，建立产业链联合党委，帮助企业及时解决难题。三是聚合社会力量。推动在职党员到社区进小区报到服务，积极引导新就业群体提供代办跑腿、爱心接送等志愿服务，党组织统领各方参与基层治理的机制更加健全。

构建三级清单责任体系，打造边界清晰的职责链条。一是镇街职责边界清。指导各地"一乡一策"编制"两张清单"，切实厘清县乡界限、强化县乡协同。二是村（社区）任务事项清。制发村（社区）事项"四清单一目录"，明确村级和社区事项清单、负面事项清单、依法出具证

明清单、不应出具证明清单、挂牌指导目录，防止增加村（社区）不合理负担。三是网格员闭环任务清。制发网格员任务清单，明确关注重点人员、日常巡查走访、排查重点场所等重点任务，推动照单履职、对单考核。严把网格事项准入关口，实行人随事走、费随事转、业务培训、数据交换"四同步"，防止网格负载过大。

构建赋权扩能支撑体系，健全条块协同的运行机制。一是健全统筹调度机制。加强与公安、规划和自然资源、市场监管等行业管理部门的协调，确保镇街对派驻机构负责人的考核考察和选拔任用征得同意权、规划听取意见权、公共事务综合管理权等落地落实。二是健全完善"大综合一体化"城市综合执法机制。探索"法定执法＋赋权执法＋委托执法"的镇街综合行政执法新模式，推动区县部门专业执法力量与镇街综合行政执法大队统筹运行，统一由镇街指挥调度，实行"一支队伍管执法"。三是健全平急转换机制。市、区县、乡镇（街道）、村（社区）立足实战分级制定工作预案，赋予乡镇（街道）、村（社区）党组织在应急状态下统筹调配本区域各类资源和力量的权力，把辖区力量迅速集结起来开展应急工作，提升"抓在平时，用在战时"组织效能。

构建一体化智治平台，提升数字化基层治理能力。全市统一开发、一体部署基层智治平台。一是镇街、村社、网格三级贯通、多跨协同。基层智治平台把镇街、村（社区）、网格"串"起来，把大屏端与移动端连起来，有效实现"小事不出网格、大事不出村社、难事不出镇街"。二是人房地事物一图呈现、一屏统揽。构建镇街、村（社区）、网格全息地图，重点人群、重点企业、重点场所、网格力量、视频资源等定位落图。三是重点工作、紧急情况在线指挥、一键调度。镇街通过平台将防汛、救火等突发事件处置预案数字化，紧急情况时一键启动、快速智达，及时应急处突。四是任务事件闭环处置、一办到底。全周期、全流程管控派发任务、待办事件，实时掌握进度，超期自动提醒，线上催办督办。五是信息信号分析监测、预警预判。利用平台动态监测、自动分析流转事件和体征数据，实时预警、及时处置民生高频事项、平安风险隐患。

（二）高质高效建设平安重庆法治重庆

"安全和发展是一体之两翼、驱动之双轮。安全是发展的保障，发展是安全的目的。"① 发展成果为夯实国家安全奠定了扎实基础，安全环境为经济社会发展提供了坚强保障。重庆坚定不移贯彻总体国家安全观，坚持以高水平安全护航高质量发展，坚持系统治理、依法治理、综合治理、源头治理、综合施策，强化全周期动态治理，除险清患，夯实基层基础，平安重庆法治重庆建设在更深层次、更宽领域、更高标准上得到了全面深化，人民群众美好生活的平安底色持续提升。

1.持续把平安重庆建设作为"一把手"工程抓实抓细，更好地以高水平安全保障高质量发展

坚持把平安重庆建设作为"一把手"工程，深化改革创新，忠诚履职、担当作为，交出了平安建设高分报表。

坚持统筹发展和安全，把平安建设与经济社会发展同研究同部署同落实。推动各级党委、政府和部门党委（党组）把平安建设工作列入重要议事日程，主要领导同志亲自抓、负总责。制定出台"一把手"平安建设履职尽责清单，落实平安建设"第一责任人"责任。调整平安重庆

---

① 《习近平关于防范风险挑战、应对突发事件论述摘编》，中央文献出版社2020年版，第7页。

建设领导小组组长、副组长及成员，修订领导小组工作规则，调整十个专项组，各专项组、各成员单位、各区县作对应调整，明确联系领导和具体处室，强化工作协调联络。优化完善"领导小组＋专项组＋工作专班"，推动平安建设"一把手"工程落实落地，形成横向联动纵向贯通的平安建设组织体系。

坚持"大抓平安、抓大平安"理念，系统性、整体性构建"1187"工作体系。推动出台了《关于健全完善现代化社会治理体系，一体推进平安重庆法治重庆建设的实施意见》，制定了《安全稳定风险闭环管控机制实施方案》，部署平安重庆建设工作体系和风险闭环管控机制。通过建章立制，推动制定重点领域风险分级评估预警办法、平安创建示范活动管理办法等相关制度，健全落实除险清患闭环管控机制，系统性、整体性构建工作体系。研究制定平安创建示范活动管理办法，细化"重庆市平安杯"和平安镇街、平安村社、平安细胞三级以及平安医院、平安校园、平安小区等九类创建标准，开展多层次多领域的基层平安创建，积"小安"为"大安"。

扣紧压实责任链条，构建横向联动、纵向贯通、层层传导的闭环责任体系。严格落实平安建设属地属事责任和主要领导、分管责任、班子成员工作责任，层层传导压力，确保措施到位、责任到位。扣紧压实各级各部门工作责任，细化量化任务到岗位、责任到个人，确保平安重庆建设工作每一项工作任务都有部门管、有专人抓，进一步增强各级各部门抓好平安建设工作的主动性和自觉性，打造纵向到底、横向到边的全链条、全要素、全方位责任体系。用好平安报表和平安稳定清单指标体系，每季度定期晾晒"一表一单"。坚持综合督导、常态督导、专项督导相结合，对区县、部门风险闭环管控情况进行全方位"扫描""体检"，及时发现问题、补齐短板、堵塞漏洞，层层压实工作责任，确保各级党委和政府担当起"促一方发展，保一方平安"的政治责任。

2. 建立"141"基层智治体系，基层智治效能显著增强

实施"党建扎桩·治理结网"党建统领基层治理现代化改革，推进"一中心四板块一网络"基层智治体系建设，打造党建统领基层治理"升级版"。"一中心四板块一网络"基层智治体系自 2023 年实施以来，取得了基层组织建强夯实、基层事务闭环办理、基层负担有效减轻、基层干部激励带动、基层群众可感可及等"五个明显突破"，大幅提升了基层治理效能。

做强"一中心"。按照"统筹利旧、能用尽用"的原则，充分利用城管中心、综治中心等现有场地和设施，1031 个镇街全覆盖建成基层治理指挥中心，作为镇街平时运行中枢、急时前沿指挥部。指挥中心作为镇街运行的"中枢"，赋予其指挥权、督导权、考核权。承担任务分办、协同流转、运行监测、分析研判、应急指挥等职责。根据日常运转和应急指挥的需要，整合原有党政办、值班室等机构职能，专人 24 小时值守，遇有情况直报快处。

做优"四板块"。打破镇街"七站八所"和人员身份界限，聚焦主要职能，构建党的建设、经济发展、民生服务、平安法治"四板块"。党的建设板块，将党建办、人大办以及派出监察室对应纳入，由镇街党（工）委书记牵头；经济发展板块，将经发办、财政办、规建环办、农服中心或社服中心以及税务所、规自所对应纳入，由乡镇长（街道办主任）牵头；民生服务板块，将民政办、社保所、文服中心、退役军人服务站对应纳入，一般由人大主席（工委主任）牵头；平安法治板块，将平安办、应急办、综合行政执法办、综合行政执法大队以及派出所、司法所、基层法庭、市场监管所对应纳入，一般由抓党建工作的副书记牵

头。每个板块按照"固定岗位＋特色岗位"模式设立若干岗位，将镇街行政和事业人员、派驻机构人员统一纳入岗位管理，日常依岗履责、应急拉通使用，由镇街领导直接分工负责、直接调度到岗，既减少中间层级，又便于多跨协同。

做实"一网格"。大力实施党建统领网格治理专项行动，在全市范围内，村（社区）按标准细化设置网格6.5万个，社区按照50—80户划分微网格19.6万个。全覆盖建立网格党组织，建强"镇街—村（社区）—网格"党的基层组织链条，持续整顿软弱涣散基层党组织，采取"单建＋联建"方式全覆盖建立网格党组织6万余个，把党的全面领导有效覆盖全每个网格。按照"1+3+N"模式（网格长＋专职网格员、兼职网格员、网格指导员＋其他各类力量）配备网格力量，分级分类全覆盖培训专兼职网格员，落实网格员"6+1"任务清单，健全"网格吹哨、部门报到"、平急一体快速响应等机制。同时，全市统一开发、一体部署基层智治平台，突出实战功能，构建镇街、村（社区）、网格数字化全息地图，开发在线指挥、智能分拨、超期预警、一键督办、清单派发、监测预警等能力组件，形成了"三级贯通、一屏统揽、一键调度、一办到底、预警预判、松绑减负"等实战能力。

3.推动治理转型，市域社会治理水平持续提升

坚持问题导向、实战导向，纵深推进市域社会治理建设，推动体系重构、机制重塑、力量重组，社会治理水平得到了持续提升。2023年全市人民群众安全感满意度达98.77％，全市信访总量总体下降，重大安全事故零发生，全市没有发生影响平安稳定的重大负面事件。

坚持改革突破，推动风险管控机制等重大改革项目落地。有针对性地制定政治安全、社会稳定、社会治安、公共安全、网络安全、经济金

融安全等 6 个领域风险分级评估预警办法等 30 余个制度文件，迭代升级感知识别、研判预警、管控干预、评估反馈风险闭环管理机制。强化感知识别，健全重大风险排查整治机制，扎实"遏重大、降较大、减总量"；完善情报收集机制，推行新时代网上"枫桥经验"，带动线上网格和线下网格联动融合、同频发力，实时发现各类风险隐患和苗头性问题。强化研判预警，健全除险清患信息研判调度机制，开展多维度、多层次的分析研判，量化分析、科学评估，做到眼睛亮、见事早。强化管控干预，对发现的问题抓早抓小从快，针对突发、高发、频发的问题开展专项整治行动。强化评估反馈，建立典型案事件复盘机制，复盘并建立案例库，切实举一反三、查漏补缺。切实推动一批改革项目落地见效。开展乡镇（街道）综合行政执法改革试点，实施"1+2+6"改革制度，厘清综合执法事项清单，推行"一支队伍管执法"，开展"综合查一次"组团式执法。

坚持惠民导向，专项治理一大批群众关心关注的突出问题。围绕"群众最关心什么，平安建设就解决什么"的要求，聚焦"除险清患"，着力打好矛盾纠纷化解处置攻坚战。创新制定风险等级研判基本标准，建立每月通报推进机制，扎实推进矛盾纠纷化解处置各项工作，社会矛盾纠纷化解率大幅提高。攻坚推进"法治·矛盾纠纷多元化解"开发设计，推动进入数字重庆建设"一本账"。聚焦未成年人保护，推进"莎姐守未"专项行动。紧扣"群众最痛恨什么，平安建设就攻坚什么"的导向，聚焦影响人民群众安全感的突出治安问题，有效维护社会治安秩序。全面落实"打防管控建"各项措施，常态化开展扫黑除恶斗争。纵深推进新型犯罪打击治理，全民反诈行动、禁毒严打整治专项斗争。聚焦公共安全重点要素管控，实施"乘上平安车""坐上平安船""打造平安路"建设，运输载具和道路安防水平不断提升。

坚持依法治理，在法治轨道上推进平安重庆建设。常态化开展涉企刑事"挂案""积案"清理、涉企执行案件执行攻坚，平等保护各类市场主体产权和合法权益，不断优化营商环境。加强和改进执法司法监督，规范执法司法权力运行，开展全市执行案件集中评查，对全市超期未执结的案件进行全覆盖评查，严格落实防止干预司法"三个规定"，健全完善执法司法责任体系。

明确基层权责，"一表通"推动基层减负治理增效。为基层减负要明确权责，不能什么事都压给基层，基层该承担哪些工作，要把职责事项搞清楚。重庆市由永川区牵头，按照数字重庆"1361"整体构架和基层智治体系构架，开发创建"一表通"智能报表，通过全量建台账、实时归数据、智能填报表，实现数据轻松维护、智能上报、随时取用，传统报表全面消除，处理报表时间大幅压减，处理报表人员大幅减少，有力促进"减报表、减时间、减人员"，让基层干部有更多时间和精力下沉一线服务群众、推动发展，不断提升基层治理效能。

抓好数字赋能，跑出平安重庆建设"加速度"。紧紧围绕数字重庆"1361"整体构架，按照"聚焦公平正义再造工作流程、聚焦为民服务务求实用好用"理念，积极搭建完善数字法治"1+4+N"3.0版架构体系，即1个"数字法治大脑"，"执法""司法""普法""平安"4条跑道，丰富完善N个重大应用。数字法治系统各成员单位围绕"一年形成重点能力"目标，"撸起袖子加油干"，聚焦改革发展大局，破解基层群众反映强烈问题，持续提升数字法治水平，为平安建设现代化赋能增效。聚焦主责主业，紧扣平安建设实战需求，找准多跨场景，认真谋划重大应用。建成"社会治安综合治理信息系统"，市、区县、乡镇（街道）、村（社区）、网格五级贯通，整合"一标三实"数据，支撑全市1031个镇街并和基层智治平台融合运行。建立矛盾纠纷标准分类、全量汇聚赋码、风险预警预防、协同联动化解等核心场景，以数字方式创新完善多部门协同化解矛盾纠纷机制，提升社会风险防范能力。

4. 扎实抓好平安重庆建设的重点任务

当前，是现代化新重庆建设从全面部署到纵深推进的重要时期，也是改革攻坚突破的关键时段。重庆把维护政治安全放在首位，完善正确处理新形势下人民内部矛盾有效机制，推进社会治安防控体系建设，健全公共安全体制机制，强化网络安全建设，健全风险防控机制，推动平安重庆建设开创新局面。

坚决维护政治安全。政治安全是国家安全的根本，政治安全直接关系政权安危、制度存亡，离开了政治安全，国家安全就无从谈起。重庆坚定不移贯彻总体国家安全观，坚持政治安全、人民安全、国家利益至上三者的有机统一，着力推进国家安全体系和能力现代化。严防敌对势力渗透破坏，严厉打击暴恐活动，打好维护政治安全整体战、主动仗。强化国家安全教育，增强全民国家安全意识和素养，切实筑牢国家安全人民防线。

有效化解矛盾纠纷。防范化解社会矛盾风险事关人民安居乐业、社会安定有序。推进平安重庆建设，进一步加强各级社会治理中心标准化建设，强化综治中心"一站式"矛盾纠纷调处化解功能，进一步做亮"老马工作法"①"老杨群工"②"乡贤评理堂"等具有重庆辨识度的矛盾纠纷

---

① 即在基层群众工作楷模——马善祥同志本人总结梳理的 60 多种工作方法和重庆市江北区观音桥街道多年来形成的基层群众工作机制的基础上，总结提炼出来的一整套基层调解工作和群众思想工作方法体系，包括了"民为本、义致和"六字理念、"情、理、法、事"十三要则、"3441"保障制度和老马"三十六策"等四个层面的内容。马善祥在基层工作26 年，群众亲切地称呼他"老马"，2014 年 11 月，他被中宣部授予"时代楷模"称号。
② 老杨杨永根原是重庆市高新区金凤镇的综治办主任，从事了 30 多年的基层群众工作，协调处理了数千件民生问题，还总结出一套群众工作方法。

化解品牌，持续完善基层矛盾纠纷多元预防调处化解综合机制，切实增强基层治理活力。深入实施矛盾纠纷专项行动，统筹开展区域性、行业性、领域性信访突出问题专项治理，加大对相关重点领域、重点群体矛盾纠纷攻坚化解力度。深入推进信访工作制度改革，发挥信访联席会议机制作用，完善突发事件应急处置机制，构建实战化、扁平化、合成化应急指挥模式，提高应急反应的速度和效率。深化新时代"枫桥经验"重庆实践，加快整合基层治理单元，健全完善维护群众权益机制，扎实开展矛盾纠纷"大排查大起底大化解"专项行动，建立问题整改、责任落实、依法处置闭环管控机制，加强矛盾纠纷多元化解，努力做到小事不出村、大事不出镇、矛盾不上交，及时把矛盾化解在基层、化解在萌芽状态。

全力维护社会治安。社会治安是广大人民群众最关心最直接的现实问题之一，是人民群众安全感的晴雨表，是社会安定的风向标，社会治安的好坏影响人民群众的生存环境和质量。推进平安重庆建设，要不断完善立体化社会治安防控体系，严厉打击群众身边突出违法犯罪，常态化开展扫黑除恶斗争，依法严惩涉枪涉爆、电信网络诈骗、跨境赌博等突出违法犯罪。着力强化社会领域风险闭环管控，加入智慧政法、数智平安建设，推进信息互联互通，构建以数据为核心、业务为抓手、决策为目标的信息数据资源池，为风险精准"画像"。坚持从源头发力抓早抓小，全面落实"四下基层制度"，聚焦欠薪讨薪等重点领域持续深化积案清理、行业治理和包案化解有效机制，完善住宅小区、商圈、楼宇等区域火、气、电安全的共治群防体系，进一步健全人民建议征集工作机制，全方位有效防范化解新兴风险。健全重大事项社会稳定风险评估机制，严防群体性极端案事件发生。

着力抓好安全生产。安全稳定工作宁可百日紧，不可一日松。要牢

◎ 重庆市公安局 110 报警服务中心（华龙网—新重庆客户端供图）

固树立安全发展理念，把安全生产摆到重要位置，着力遏重大、降较大、减总量，有效防范遏制各类安全事故发生。深入开展重点场所、重点行业领域大排查大整治，推进安全生产治本攻坚行动，开展道路交通、建设施工、燃气、危化品、矿山、工商贸、城市消防等事故易发多发领域的安全风险排查及专项整治。抓好极端天气防范应对，推进防汛抗旱、地质灾害、森林防火基础设施建设，不断增强防大汛、抗大旱、抢大险、救大灾能力。建设集日常管理、预警监测、应急指挥、辅助决策等功能于一体的重庆数字应急平台。严格落实"党政同责、一岗双责、齐抓共管、失职追责"和"三管三必须"要求，做到守土有责、守土负责、守土尽责。

巩固提升网络安全。没有网络安全就没有国家安全，就没有经济社会的稳定运行，广大人民群众利益也难以得到保障。要筑牢网络意识形态安全防线，完善网络舆情研判处置机制。针对网络新技术新应用新业态加快迭代，导致网络治理难度加大的突出问题，应深入研究、系统应对、着力解决。完善"依法办理、舆情引导、社会面管控"三同步工作机制，完善网络舆情应急预案，切实抓好重大敏感案件、突发事件及重要案件办理、重大活动举办、重要政策出台、重要敏感节点的舆情应对工作。加强网上舆情巡查处置，完善重大突发案事件网络辟谣联动机制，及时回应网民质疑，严防敏感案事件发酵形成重大舆情事件。强化媒情、网情、社情"三情"联动，全面提升基层一线舆情感知和监测能力，加强网络安全建设，营造清朗网络环境。

5.打好重点领域风险防范化解攻坚战

防范化解重大风险，是各级党委、政府和领导干部的政治职责。"明者防祸于未萌，智者图患于将来。"要强化风险意识，常观大势、常思大局，科学预见形势发展走势和隐藏其中的风险挑战，做到未雨绸缪。防范化解重大风险，"要加强对各种风险源的调查研判，提高动态监测、实时预警能力，推进风险防控工作科学化、精细化，对各种可能的风险及其原因都要心中有数、对症下药、综合施策，出手及时有力，力争把风险化解在源头，不让小风险演化为大风险，不让个别风险演化为综合风险，不让局部风险演化为区域性或系统性风险，不让经济风险演化为社会政治风险，不让国际风险诱化为国内风险"[①]。坚决守住不发生系统性风险的底线。

防范化解地方债务风险。持续打好地方政府隐性债务和国有企业债务风险防范化解攻坚战，健全隐形债务问责闭环管理体系，扎实开展开源增收、国企债务风险处置、政府投资项目管理等专项行动。争取中央安排的地方政府专项债券和其他再融资债券的支持，加大盘活资产力

度，进一步压减政府开支，持续推动债务控增量、减存量。

防范化解房地产风险。扎实做好保交楼、保民生、保稳定工作，加快"久供未建""久建未完"项目攻坚处置，减少风险隐患；优化房地产政策，一视同仁满足不同所有制房企合理融资需求，持续整治规范房地产市场秩序，促进房地产市场平稳健康发展；适应新型城镇化发展趋势和房地产市场供求关系变化，加快构建房地产发展新模式，完善"市场＋保障"的住房供应体系，实施好保障性住房、城中村改造等"三大工程"建设，满足居民刚性住房需求和多样化改善性住房需求。

防范化解金融领域风险。健全对跨市场、跨行业、跨区域金融风险监测、预警、处置、问责闭环管控机制，建立国资、金融、财政风险联动处置机制和求助工作机制。提升地方金融监管数字化水平，推动各类地方金融活动全部纳入监管。强化中小金融机构风险处置化解，做到综合施策、分类处置、精准拆弹坚决防"暴雷"。

防范化解生物安全风险。健全完善全市生物安全工作协调机制，建立生物安全事件调查溯源制度，完善全市生物安全治理体系，提高生物安全风险防控和治理体系现代化水平。

防范化解公共卫生安全风险。防范化解重大疫情和重大突发公共卫生风险，始终是须臾不可放松的大事，健全全市重大疫情监控网络，提高应对重大突发公共卫生事件的能力和水平，依托在渝医科类高校加大前沿技术攻关和尖端人才培养力度，完善平急结合的疫情防控和公共卫生科研攻关体系，加快提高疫病防控和公共卫生领域战略科技力量与战略储备能力。

6. 守牢底线、筑牢基石，一体推进平安重庆法治重庆建设

平安法治是现代化新重庆建设行稳致远的重要保障，是统筹发展和

安全的必然要求。推进平安重庆法治建设要坚持以习近平法治思想为指导，以解决平安重庆建设突出问题为着力点，聚焦守住不发生系统性风险底线，持续强化除险固安工作导向，更好发挥法治固根本、稳预期、利长远的保障作用，全面提高立法、执法、司法、守法、普法能力和水平，全面健全各类风险隐患闭环管控机制，系统提升城市本质安全水平，营造平安稳定社会环境和公平正义法治环境，实现以高水平安全保障高质量发展、高品质生活、高效能治理。

健全法规制度体系。推动平安建设条例、道路交通安全条例修订等地方立法，加强新型违法犯罪法律政策研究，加强矛盾纠纷多元化解、安全生产、基层社会治理、人工智能、信息安全等平安建设重点领域、新兴领域立法，推进区域协同立法，不断健全具有重庆辨识度的平安建设法律制度体系。

严格规范文明执法。完善行政执法程序，健全行政裁量基准，强化行政执法监督机制和能力建设，不断增强群众对行政执法的认可度、满意度。健全市县乡三级全覆盖的行政执法协调监管体系，构建涉企行政争议预防化解机制。科学运用法治思维和法治方式防风险、保安全、护稳定、促发展。推进政法一体化协同办案集成应用建设，强化行政执法和刑事司法高效衔接。聚焦服务国家重大战略，健全区域执法合作机制，深化跨境警务合作，打造一流的执法制度供给体系。

全力保证公正司法。把握好公正司法的基本原则，坚持尊重事实、尊重法律，以证据认定事实，依法律裁判案件。对刑事案件落实罪刑法定、疑罪从无、证据裁判等法治原则；对民事案件做到预防在前、调解优先、运用法治、就地解决；对行政案件建立行政争议从行政诉讼、信访向行政复议的引流机制，把更多矛盾纠纷化解在诉前。把握好公正司法的客观规律，切实遵循"权责统一、权力制约、公开公正、尊重程序"司法活动客观规律，健全公安机关、检察机关、审判机关、司法行政机关各司其职、相互配合、相互制约的体制机制，强化对司法活动的制约监督。深化审判权和执行权分离改革，建立法官、监察官办案权责清单和领导干部监督管理权责清单。

大力推进全民守法。法律的权威源自人民的内心拥护和真诚信仰。自觉守法意识及法律信仰的形成，离不开类型多样的法治宣传与教育。进一步创新推进普法与依法治理，深入实施精准普法"六个一"工程，建立公民法治素养精准提升机制，深化全国守法普法示范地区创建，以精准滴灌和春风化雨的形式，将法治教育送入街头巷尾、百姓人家，不断增强普法宣传针对性实效性，全面提升普法与依法治理水平。深化数字法治建设，在社会关注、群众关切的重点领域打造多跨协同的"一件事"场景应用，积极打造具有重庆辨识度和全国影响力的数字法治应用品牌。通过形式多样的法治宣传和法治应用，不断提升全民的法治意识和法治素养，让法治成为全民思维方式和行为习惯，全体人民都做社会主义法治的忠实崇尚者、自觉遵守者、坚定捍卫者，努力使尊法学法守法用法在全社会蔚然成风。

（三）加快建设超大城市现代化治理示范区

习近平总书记在重庆考察时指出："重庆是我国辖区面积和人口规模最大的城市，要深入践行人民城市理念，积极探索超大城市现代化治理新路子。"[1]这为重庆探索超大城市现代化治理指明了方向，提供了根

---

[1] 《习近平在重庆考察时强调　进一步全面深化改革开放　不断谱写中国式现代化重庆篇章》，《人民日报》2024年4月25日。

本遵循。新征程上，重庆深学笃用习近平总书记关于城市治理的重要指示精神，发挥直辖市扁平化管理优势，树牢人民城市理念，积极探索符合重庆自身特点的超大城市现代化治理方式，聚力打造智慧高效城市治理体系标志性成果，建设超大城市现代化治理示范区，打造最具重庆辨识度和标志性的改革"金名片"。

1.加快智慧城市建设步伐

在数字赋能提升超大城市治理现代化水平上创造新经验，是重庆迈向现代化的必答题。推进城市数字化转型、智慧化发展，是推动重庆城市治理体系和治理能力现代化的关键之举。重庆遵循国家关于深化智慧城市发展，推进城市全域数字化转型的部署和要求，聚焦城市治理，强化数字赋能推动城市运行和治理体制机制变革重塑，保持"时时放心不下"的责任感，运用数字化的理念思路方法手段，在数字重庆"1361"整体架构中全面完善三级数字化城市运行和治理中心的能力体系实战体系制度体系，全力打造全市域城市运行和治理数字化新范例，加快提升数字化城市运行和治理实战能力。其一，打造超大城市运行和治理智能中枢，形成数字化履职支撑体系。加快构建市级层面的"城市大脑"、区县层面的"实战枢纽"、镇街层面的"联勤联动"三级贯通、多跨协同、一体运行的数字化履职能力体系。提升市域一体部署、三级贯通的公共数据平台功能。构建算力存储"一朵云"、通信传输"一张网"、数据要素"一组库"和数字资源"一本账"高效运转机制。强化应用三级贯通和预案三级配置，构建市带区县、区县带镇街工作联动格局。持续完善 KPI 评价体系，健全配套制度规则体系，提升驱动经济社会发展、管控处置城市运行风险和服务企业群众的能力。其二，迭代一体化智能化公共数据平台，提升城市运行智能监测预警能力。提质建设国土空间数据综合信息系统，全面提升云网、感知、数据、组件等数字资源管理能力，建成泛在实时全域覆盖的"物联、数联、智联"三位一体感知网络。打造城市态势实时全面感知系统，持续推动风险点全量落图。探索完善人机协同平急结合的智能联合指挥调度机制，牢牢守住城市运行安全底线，全面推动城市治理从被动反应向主动预防、从事后行动向事前预警、从经验决策向科学决策转型。其三，深化"一件事"场景应用。强化高效协同闭环处置能力。以高效办好和处置"一件事"为核心，打造视联网、融合通信和挂图作战系统，建成多网融合指挥系统，着力打破"数字烟囱""数据孤岛"，实现跨部门、跨层级数据共享和业务协同，推进多跨协同综合场景全面破题，持续完善感知预警、决策处置、监督评价、复盘改进的闭环工作体系，推广"人工智能+"，持续推进应用上线和迭代优化，构建 AI 大模型赋能城市治理，让城市治理更智能、更高效、更精准。

2. 健全完善"大综合一体化"城市综合治理体制机制

健全完善"大综合一体化"城市综合治理体制机制，是习近平总书记对城市工作提出的新思想新观点新要求。重庆将深入贯彻落实这一新思想新观点新要求，推动城市治理理论和实践重大创新，把"大综合一体化"从行政执法领域丰富拓展到城市治理全领域，坚持以"大综合"方向为统领，以"一体化"为牵引，以市级统筹、横向协同、纵向贯通为原则，构建职能清晰、协同高效、安全有序、多元参与的城市综合治理新格局。其一，完善顶层设计。制定重庆市"大综合一体化"城市综合治理体制机制的目标体系、工作体系、政策体系、评价体系，形成重庆市"大综合一体化"城市综合治理体制机制的"架构图""施工图"。其二，成立重庆市城市运行和治理委员会。充分发挥委员会的"统"的作用，深化市级统筹，强化城市规划、建设、治理全链条协同，加大对城市综合治理事项的决策。构建市与区县高效联动管理体制，建立平时线上线下值守、急时分级联席指挥、战时提级调度制度。其三，制定一个方案。出台重庆市"大综合一体化"城市综合治理体制机制实施方案，推动重庆市"大综合一体化"城市综合治理体制机制建设。着眼于解决城市治理条块分割、多跨协同等问题，主要依托数字化等手段，促进部门间、区域间、层级间一体联动，推动城市治理从条块分割向整体协同转变、由城乡分离向城乡一体转变。其四，夯实法律依据。制定《重庆市大综合一体化行政执法条例》等地方性法规，完善机构、队伍、法规、制度配套政策体系，明晰市、区县、乡镇（街道）权责边界和治理事项清单，推进执法队伍、事项、监管、监督、平台大综合一体化，有效提升市、区县、乡镇（街道）三级"一体化"治理水平。其五，推出一批改革。解决城市治理权责不清、越位错位缺位等问题，通过对各类治理机构、力量、场景进行系统集成式改革，更大范围整合资源、厘清权责边界。其六，提升七大板块的实战实效。围绕党建统领、设施运行、社会治理、应急动员、文明创建、生态景观、生产生活服务七大板块，完善实时性、预警性、回溯性和可评性城市体征指标，精准把控城市运行态势，构建全天候城市运行安全保障新体系，确保城市高效、安全运行。

3.全面推进韧性城市建设

韧性城市作为城市安全发展的新范式，重点是要提高城市在自然灾害、安全生产、公共卫生等逆环境中的承受、适应和快速恢复能力。重庆城市地形地貌复杂、高楼桥隧密布、灾害隐患多、运行风险防控难度大，为探索韧性城市建设模式提供了重大场景。重庆运用数字孪生技术归集城市"神经网络"大数据，加快补齐城市运行和治理短板，健全完善人机协同、平稳结合的联合指挥调度机制。其一，建立完善相关风险防范领导协调和闭环管理机制。通过党建统领实现分级负责、统筹联动、统一指挥、考核问责和一体化、标准化、规范化管理，在规划、建设、管理等城市运转全过程各环节中提升风险感知、预警、应对、治理水平。其二，健全城市安全预防体系。完善城市防灾减灾救灾基础设施规划体系，加强重大风险监测预警，利用数字技术着重分析城市脆弱性人群、高风险人群等重点群体需求，推动重点对象图表化、监管区域可视化、风险预警自动化、问题交办智能化，有效解决风险沟通时效性不足、针对性不强、影响力不够等问题，推行城市治理风险清单管理，完善风险智能监测预警闭环管控机制。其三，强化城市生命线工程综合治理。加强地下综合管廊建设和老旧管线改造升级，构建燃气、管廊等数字孪生系统，提高各类城市生命线的韧性水平。深化城市建设运营治理体制改革。建立城市设施运行全生命周期闭环管理机制，健全城市更新和定期体检工作机制，健全"水电气讯路桥隧轨"安全运行保障机制。其四，健全智能联合指挥调度机制。完善大安全大应急指挥机制，强化人机协同平急结合，健全直达基层的分段分级分类分层预警响应机制，加强统分结合、防救协同、上下联动，形成有效管控突发情况的整体合力，建成全天候城市运行安全保障体系。其五，完善"全灾种大安全"应急管理体系。健全应急救援预案体系，构建小流域山洪、地质灾害等风险防控联动体系，完善高层建筑火灾防控长效机制，健全应急应战一体化保障体系。加强防灾减灾救灾能力建设，加快数字应急综合场景建设，系统整合全市应急力量和资源，提升区域联动救援能力。确保城市运行各类风险日常情况下高效管控、极端情况下安全可控，更好地保障人民群众生命财产安全。

4. 完善党建引领的基层社会治理体系

党建统领基层治理是现代化新重庆建设的基础工程。加强系统集成，促进数字重庆建设与基层治理改革贯通叠加，加快完善"一中心四板块一网格"基层智治体系，提升超大城市基层治理现代化水平。以推进市域社会治理现代化为抓手，突出地域性、特色性、示范性，把大问题大风险解决在当地；以创新基层社会治理为基础，夯实基础工作，提升基本能力，把小矛盾小问题化解在基层；以建强基层党组织为保障，发挥基层党组织核心作用，不断提升基层治理实效，逐步实现基层治理体系和治理能力现代化。

坚持党建统领，完善基层治理体制机制。加强基层社会治理，关键是把基层党组织作用发挥好，把党建统领基层治理作为"一把手"工程，健全党组织统一领导、政府依法履职、各类组织积极协同、群众广泛参与的基层治理共建共治共享制度，充分发挥"领导小组＋专项组＋工作专班"作用，把党的政治优势、组织优势转化为治理效能。聚焦镇街四板块主要职能，迭代岗位设置，统筹人员力量，健全完善与"一中心四板块一网格"相适应的镇街管理体制。建强"镇街—村（社区）—网格"主轴，迭代升级"141"基层智治体系，按照集约节约原则建好基层治理指挥中心，建立平安稳定一体化调度指挥、扁平化管理、协同联动机制，推动形成上联区县、下通村（社区）、直达网格、横向板块协同的穿透式实战能力。选好用好镇街、社区、小区党组织书记，以基层"一把手"来推动"一把手"工程真正落地。健全组织体系，充分发挥党组织领导作用，探索通过楼层"党员小家""党员中心户"等方式，把党组织作用延伸到城市小区、楼栋楼层和村民小组、农村院落等最末端，把党的领导优势转化为治理效能。

◎ 重庆市綦江区古南街道桥河地区居民议事会（重庆市委政法委供图）

优化网格治理模式，提升网格精细化治理水平。打通网格治理"末梢"，充分发挥网格"前哨""探头"作用，提升强化源头治理，把问题解决在基层。强化网格信息归集功能，畅通网格线上线下社情民意反映渠道，引导党员、热心群众、居民代表、志愿者等主动发现报送问题。对发现的网格事件，实行分级分类办理，形成网格信息收集、问题发现、任务分办、协同处置、结果反馈闭环管理。持续选优训强网格员队伍，健全社会组织、专业执法力量、在职党员、志愿者等参与网格治理机制，不断提升网格精细化治理水平。加强社区与社会组织联建共建，引导各类社会组织参与网格治理。充分发挥网格团队"1+3+N"中"N"的作用，引导网格内的在职党员、志愿者等积极参与基层治理，推动共建共治共享。网格化治理，使基层治理更加精细化、品质化、人性化。小小网格，让基层幸福"满格"。

注重力量下沉，强化基层服务保障能力。基层强则国家强，基层安则国家安。治国安邦重在基层，党的工作最坚实的力量支撑在基层，最突出的矛盾和问题也在基层，基层治理是国家治理的"神经末梢"，影响着国家治理体系和治理能力现代化的水平，要打通党建引领基层治理"神经末梢"，需要重心下移、力量下沉、保障下倾，保证基层事情基层办、基层权力给基层、基层事情有人办。打造新时代"红岩先锋"变革型组织，激活党员"红色细胞"，着力锻造一支能打硬仗的法治党员队伍，在基层治理中践行初心、淬炼党性、锤炼作风，发挥先锋模范作用。整合"三官一律""七站八所"，推动警力向社区前置，推动司法行政干警下沉司法所，实现司法资源向乡镇、村（社区）延伸，为基层单位预防化解矛盾纠纷提供专业支撑。创新开展大调解体系建设改革，把

◎ 重庆市万州区太白街道干部下沉到青羊宫社区与执法干部一起调解纠纷（重庆市司法局供图）

解纷资源送到群众家门口、矛盾发生地，做到就地化解。畅通群众主动反映渠道，发动物业、热心居民积极主动发现上报矛盾纠纷。

坚持自治为基、法治为本、德治为先、智治赋能，促进"四治"融合。坚持党对基层治理的全面领导，进一步完善党建引领自治、法治、德治、智治"四治"融合的基层治理体系，推进基层治理现代化。着力发挥自治强基作用，开展"治理强基"行动，积极推动民众踊跃参与到群众自治建设中来。探索推进新兴领域治理与"141"基层智治体系深度融合有效路径，推动新经济组织、新社会组织和新就业群体"三新"力量转化为基层自治力量，进一步加强基层政权治理能力建设，完善共建共治共享基层治理机制，持续破解基层治理"小马拉大车"突出问题，加快建设人人有责、人人尽责、人人享有的社会治理共同体。着力发挥法治保障作用，围绕未成年人保护、依法解纷、全民反诈等重点工作开展精准普法。着力发挥德治教化作用，广泛开展"弘扬红岩精神，争做时代新人"主题宣传教育活动，高质量建成新时代文明实践中心，有序推动社会主义核心价值观融入法治建设和社会规范。深化基层智治应用，大力推进基础设施与服务终端数字化改造，强化居民对数字治理的认知。以智治转型为抓手优化基层治理，建设5G智慧运营指挥中心、政务服务中心和社会治理综合服务中心，重点打造街镇、村（社区）两级数据智慧中心，建设社会矛盾风险智能预警处置平台，推动信息技术与基层治理深度融合，使报警、信访、诉讼等领域的矛盾纠纷实现追根溯源式"一件事"融合治理。打造涵盖交通、医疗、教育、社保、就业等内容在内的综合基层服务网络，建立电子政务服务大厅，实现"一门式"办理、"一站式"服务，为基层治理赋能。

十二、管党治党　打造新时代市域党建新高地

党的二十大报告强调，全面建设社会主义现代化国家、全面推进中华民族伟大复兴，关键在党。全面从严管党治党是落实谱写中国式现代化重庆篇章这一总纲领总遵循的根本保证。新征程上，重庆深入学习贯彻习近平总书记关于党的建设的重要思想和习近平总书记关于党的自我革命的重要思想，全面贯彻新时代党的建设总要求，时刻保持"赶考"的清醒和坚定，坚持党的全面领导、全面加强党的建设、深入推进全面从严治党，持续修复净化政治生态，强化党建统领的理念、思维、机制、方法创新，着力打造新时代"红岩先锋"变革型组织，提升党的领导力、组织力，加快打造新时代市域党建新高地。

（一）毫不放松坚持党的领导、加强党的建设

习近平总书记强调："治国必先治党，党兴才能国强。推进强国建设，必须坚持中国共产党领导和党中央集中统一领导，切实加强党的建设。"[1]

---

[1]　习近平：《在第十四届全国人民代表大会第一次会议上的讲话》，人民出版社 2023 年版，第 6 页。

建设新时代市域党建新高地，毫不放松坚持党的领导、加强党的建设，深化以党的自我革命引领社会革命的市域实践，把党的政治优势和组织优势转化为发展优势，对于更好地统一思想、凝聚力量，加快推进社会主义现代化新重庆建设，具有十分重要的意义。

1.中国式现代化是中国共产党领导的社会主义现代化

中国式现代化是中国共产党领导的社会主义现代化，这是对中国式现代化定性的话，是管总的、管根本的。党的领导直接关系中国式现代化的根本方向、前途命运、最终成败。坚持中国共产党领导，是中国式现代化最鲜明的特征和最突出的优势。地方党委工作做得好不好，关键看党的领导作用发挥得好不好。推进新时代新征程新重庆建设，党的领导是根本保证。建设新时代市域党建新高地，必然要在坚持和加强党的全面领导上有所作为，加强党的政治、思想、组织领导，不断提高执政能力和本领，更好地发挥党总揽全局、协调各方作用。必须始终把政治建设放在首位，引导全市广大党员干部进一步深刻领悟"两个确立"的决定性意义，增强"四个意识"、坚定"四个自信"、做到"两个维护"，坚持和加强党的全面领导，把党的领导落实到党和国家事业各领域各方面各环节，确保习近平总书记重要指示要求和党中央决策部署一贯到底，确保党的二十大的各项部署落实到位。

2.加快建设新时代市域党建新高地是落实习近平总书记关于党的建设重要思想的实际行动

党的十八大以来，习近平总书记围绕建设什么样的长期执政的马克思主义政党、怎样建设长期执政的马克思主义政党的重大时代课题，提出了一系列管党治党、兴党强党的新理念新思想新战略，形成了习近平总书记关于党的建设的重要思想，构成了习近平新时代中国特色社会主义思想的"党建篇"，为深入推进新时代党的建设新的伟大工程提供了根本遵循。习近平总书记高度重视重庆发展，对重庆党的建设工作多次提出明确要求，强调要抓紧抓实党的建设工作，推动基层党组织全面进步、全面过硬，领导干部不仅要有担当的宽肩膀，还得有成事的真本领，保持惩治腐败的高压态势。这些重要论述和重要指示要求，有力指引新重庆建设沿着正确方向前行。加快建设新时代市域党建新高地，既是贯彻落实习近平总书记关于党的建设的重要思想的具体行动，又是贯彻落实习近平总书记对重庆所作关于党的建设重要指示的务实举措，必须从讲政治的高度抓好新时代党的建设，坚持以党的政治建设为统领，扎实推进党的各方面建设，不断提高党的建设质量，推动新时代党的建设新的伟大工程向纵深发展。

3. 加快建设新时代市域党建新高地是落实习近平总书记对重庆殷殷嘱托，持续修复净化政治生态的重要举措

习近平总书记强调："加强党的建设，必须营造一个良好从政环境，也就是要有一个好的政治生态。"[1] 习近平总书记多次对重庆净化政治生态提出明确要求。2018 年全国两会期间，习近平总书记出席加重庆代表团审议时强调，形成风清气正的政治生态，是旗帜鲜明讲政治、坚决维护党中央权威和集中统一领导的政治要求。2019 年，习近平总书记视察重庆时要求，要持续营造风清气正的政治生态。2024 年，习近平

---

① 《习近平在中共中央政治局第十六次集体学习时强调　坚持从严治党落实管党治党责任　把作风建设要求融入党的制度建设》，《人民日报》2014 年 7 月 1 日。

总书记视察重庆时指出，要一以贯之反对和惩治腐败，不断铲除腐败滋生的土壤和条件，营造风清气正的政治生态。政治生态是一个地方党风、政风和社会风气的综合体现。风清才能气正，气正才能心齐，心齐才能事成。这方面，重庆有过深刻教训。近年来，重庆坚持破立并举、标本兼治，持续深入做好肃清流毒影响工作，推动全市政治生态不断修复净化。持续修复净化政治生态是一个不断完善、不断深化的过程，是走好新的赶考之路的重要保障。必须把政治生态建设作为新时代市域党建新高地建设的一项基础性、经常性工作抓紧抓实，迭代升级破立并举长效机制，深化细化"十破十立"要求，加快清廉重庆建设，以良好政治生态促进党建新高地建设。

4.毫不放松坚持党的领导、加强党的建设，以高质量党建引领高质量发展

建设现代化新重庆，党的建设是关键变量。要把宏伟蓝图变成生动现实，必须切实把党的建设各方面各领域都强起来。只有高质量抓好党的政治建设，才能增强各级党组织政治功能和组织功能，推动党中央决策部署和市委工作要求更好落地落实。只有高质量抓好党的思想建设，才能充分发挥党的创新理论的实践伟力，确保经济社会发展始终沿着正确方向前进。只有高质量抓好党的组织建设，才能推动各级党员干部和党组织实现系统性变革重塑，更好把组织优势转化为治理效能、发展胜势。因此，必须毫不放松坚持党的领导、加强党的建设。党的建设是一项系统工程，涉及方方面面，新征程上必须全面落实新时代党的建设总要求，坚决扛起管党治党政治责任，健全抓党建带全局工作体系，引导推动广大党员干部群众踔厉奋发、勇毅前行，加快推进现代化新重庆建设，以高质量党建引领高质量发展。

（二）全面提高党的领导力组织力

党是我们国家各项事业的领导核心，党的建设是党和国家事业领导力量的建设。推进现代化新重庆建设开好局起好步，关键在党、关键在人。新形势下，重庆毫不放松坚持党的领导、加强党的建设，坚决扛起管党治党责任，高质量完成"确定目标、强化思想、稳抓落实"的党建工作，引领保障现代化新重庆建设持续稳步向前推进。

1.始终把党的政治建设摆在首位

党的政治建设是党的根本性建设，决定党的建设方向和效果。重庆坚持以党的政治建设统领党的建设各项工作，努力健全坚定拥护"两个确立"、坚决做到"两个维护"政治铸魂体系，不断提高全市广大党员干部的政治判断力、政治领悟力、政治执行力。

坚决维护党中央权威和集中统一领导。健全政治忠诚淬炼机制，大力加强对党忠诚教育和理想信念教育，引导全市广大党员干部进一步深刻领悟"两个确立"的决定性意义，增强"四个意识"、坚定"四个自信"、坚决做到"两个维护"，时时忠诚核心、事事紧跟核心、处处维护核心，始终同以习近平同志为核心的党中央保持高度一致。带着感情、带着责任、带着工作深刻感悟习近平总书记对重庆的深情厚爱、关怀重托，不断转化为建设新重庆的强大动力、为民服务的务实行动、干事创业的精神状态。严明政治纪律和政治规矩，严格执行重大事项请示报告制度，加强对纪律规矩执行的监督检查，进一步增强党员干部的纪律意识、规矩意识。着力夯实政治根基，深入践行以人民为中心的发展思想，走好新时代党的群众路线，精心打造践行全过程人民民主基层单元，始终保持同人民群众的血肉联系，健全常态化服务基层、服务企业、服务群众工作机制，用党员干部辛苦指数换来人民群众和企业发展满意指数。

坚持用新时代党的创新理论凝心铸魂。持续巩固拓展主题教育成果，督促各级党员干部联系实际梳理形成学习模块，在以学铸魂、以学增智、以学正风、以学促干方面取得实效，真正学出知识体系和价值判断。实施党的创新理论"走心走深走实"工程，健全理论学习中心组学习、第一议题、专题研讨班等学习制度，构建多形式、分层次、全覆盖的学习体系。健全党的创新理论宣传研究阐释制度，抓实党的创新理论深入基层工作载体，深入总结提炼学习贯彻习近平新时代中国特色社会主义思想的生动实践，形成学习传播党的创新理论的浓厚氛围。

推动党中央决策部署落细落地。坚持第一时间传达贯彻习近平总书记最新重要指示批示精神，将其作为各项事业发展的政治指引、根本遵循、动力之源。制定实施《关于建立习近平总书记重要指示批示和党中央重大决策部署闭环落实机制工作方案》，系统梳理党的十八大以来习近平总书记对重庆所作重要讲话和重要指示精神，建立贯彻落实工作台账纳入"政治要件闭环落实"数字化应用系统，逐条逐项细化分解重要任务、重大举措，制定配套目标体系、工作体系、政策体系、评价体系。坚持和完善"回头看"制度，强化专班运作、打表推动、评估分析、督查考核，对照任务台账定期盘点销号，确保习近平总书记重要指示要求和党中央决策部署一贯到底。

持续修复净化政治生态。迭代升级破立并举长效机制，完善和落实政治生态分析研判机制，研究制定政治生态评价指标体系，营造干事创业、唯实争先、团结和谐、风清气正的良好政治生态。全面开展网上网下清理，每年定期开展肃清情况"回头看"，坚决清除死角盲区，全面纠正少部分人的错误认知。坚持查办案件首先从政治纪律查起，严肃查处对党不忠诚不老实、做"两面人"的典型案件。发展积极健康的党内政治文化，大力弘扬红岩精神，坚决防止和反对圈子文化、码头文化，弘扬正气、抵制邪气。

2.健全抓党建带全局工作体系

中国共产党领导是中国特色社会主义最本质的特征，是中国特色社会主义制度的最大优势，党是最高政治领导力量。党的领导是全面、系统、整体的，必须全面、系统、整体加以落实。重庆坚持全面提高党的执政能力和本领，推动管党治党全面系统布局、协同高效推进，切实把党的领导落实到事业发展各方面各领域各环节。

发挥党总揽全局、协调各方的领导核心作用。严格落实《中国共产党地方委员会工作条例》《中国共产党党组工作条例》，健全党委（党组）领导机制，全面贯彻市委重大工作、重要战略、重大决策，形成贯彻落实工作闭环。围绕中心工作，成立数字重庆、服务保障推动民营经济高质量发展、制造业高质量发展等工作专班，加强专题部署，推动市委中心工作有力有序开展。切实加强对市人大常委会、市政府、市政协、市法院、市检察院党组的领导，支持人大、政府、政协、两院以及人民团体依法依章程履职，定期听取工作汇报。完善党委议事协调机构职能机制，精简规范和优化调整党委议事协调机构及其办事机构设置，加强对跨区域、跨领域、跨部门工作的统筹。

加强党对重大工作的领导。着眼抓大事、促改革、定政策、抓落实，完善党建统领的理论创新体系、战略执行体系、组织保障体系，强化党建统领重大决策落地、重大工作推进、重大风险防控。加强党对经济工作的领导，健全重大经济议题审议机制，强化经济运行监测和经济形势分析，科学绘制全市经济社会发展蓝图。加强党对全面深化改革工作的领导，把党的全面领导贯穿改革全过程各领域各环节，健全全面深化改革责任体系，强化各级党委（党组）全面深化改革主体责任，建立市领导领衔推进机制、专班运作机制、例会推进机制，扎实推动国企改革、园区开发区改革、政企分离改革攻坚和有效盘活国有资产等重点领域改革。加强党对意识形态工作的领导，建立媒情、网情、社情"三情"联动机制，构建"双网格化"管网治网体系，开展"清朗"系列专项整治行动，妥善应对突发敏感舆情和风险隐患，网络空间日益清朗。加强党对风险防控和应急管理工作的领导，建立健全应急处突的领导体系、指挥体系、作战体系、保障体系，推动"突发事件直报快响"应用建设，全力打好保交楼惠民生、信访突出问题化解、社会矛盾纠纷化解处置、地方政府隐性债务和国有企业债务防范化解、长江经济带污染治理和生态保护、三峡库区危岩治理六大攻坚战。切实加强党对统战工作的全面领导，全面加强统战系统党的建设，巩固发展统一战线风清气正政治生态。

提高党委作决策和抓落实能力。健全落实民主集中制的具体制度，规范领导班子议事规则和决策程序，完善"三重一大"事项清单和流程标准，不断提高科学决策、民主决策、依法决策水平。建立吸纳民意、汇集民智工作机制，构建高水平新型智库体系，建立健全重大决策专家咨询机制和程序，完善重大决策前专题调研、科学论证、风险评估和合法合规性审查等机制，努力使决策更加符合重庆实际、符合发展需要。完善党建统领整体智治体系，综合集成党委核心业务，在"渝快办""渝快政"统一部署系列"三融五跨"多跨协同重大场景，运用数字思维、系统思维引领党政机关体系重构、业务再造、制度重塑、能力变革，使数字化与党政机关组织运行深度融合，党政机关服务和内部事务线上线下融合，切实畅通决策、执行、服务、监督、评价有机衔接通道，推进市域治理体系和治理能力现代化。

创新党建统领"885"工作机制。聚焦中央重大决策部署和重庆重点工作，设置"八张报表"关键指标，及时总结、提炼、推广最佳实践案例。牢固树立"问题发现靠党建、问题发生查党建、问题解决看党建"理念，设置"八张问题清单"，健全各级党委及时感知、生成、归集、解决问题机制，形成以党建统领问题解决、以问题解决推进党建工作的良性循环。着眼健全完善工作推进落实机制，建立常态化"三服务"、最佳实践案例激励推广和典型问题复盘、领导班子运行评估和群众口碑评价、区县委书记和市级部门"一把手"例会、争先创优赛马比拼"五项机制"，构建体系化、全贯通、可衡量、闭环式的长效机制，确保各项工作有序有效运转。建立"885"工作体系成果运用机制，构建纪检监察、审计、财会、统计、人大等监督与"885"工作体系衔接机制，推动各类监督成果联动运用。

3. 加强领导班子和干部人才队伍建设

党的二十大报告指出，建设堪当民族复兴重任的高素质干部队伍。党的干部是党和国家事业的中坚力量，新时代谱写中国式现代化重庆篇章需要一支忠诚干净担当的高素质干部队伍。深入落实新时代党的组织路线，始终牢固树立实干实绩选人用人导向，不断优化干部选育管用工作，推动全市广大干部成为堪当现代化新重庆建设重任的骨干力量。

持续抓好"一把手"和各级领导班子建设。把健全领导班子运行评估和群众口碑评价机制作为干部工作变革重塑的总引擎总抓手，建立以"两个维护"政治力、"一把手"领导力、班子整体凝聚力、攻坚克难战斗力、依法依规公信力、清正廉洁形象力和群众口碑满意度为主要内容的"六力一度"评估指标体系，全量归集"八张报表""八张问题清单"等信息，每季度逐一分析评估各级班子，开发数字化评估系统，生成"五色图"定等赋色，将评估结果作为班子建设和干部选用的重要依据，通过约谈提醒、职务调整等方式推动评估发现问题整改。深入实施领导班子结构优化计划，坚持结构服从功能，注重能力素质和岗位需求匹配度，精准选配既有领导才干又有专业本领的干部，突出选优配强党政正职，用好各年龄段干部和女干部、少数民族干部、党外干部，以班子成员优化配置提升班子整体功能。实施"一把手"选任储备计划，建立区县、部门、高校、医院、国企"一把手"储备库和近期可使用、中长期可关注名单，掌握一批具有发展潜力、敢闯敢为的干部。充分运用"一把手"例会交流机制，将例会作为了解"一把手"履职能力、作风状态的重要渠道，作为选拔使用、培养锻炼和表彰奖励的重要参考。

完善精准科学选人用人机制。不折不扣落实新时代好干部标准，始终把政治标准放在首位，坚持全方位分析岗位、全口径筛查干部、全要素比选择优"三全"选任机制，摸透摸准干部情况特别是政治素质、口碑评价、实际履职能力，立足岗位需求拉通考虑所有符合条件人选，真正把敢干事、能干事、干成事的干部选出来用起来。聚焦成渝地区双城经济圈建设、园区开发、国企改革等战略任务，选配熟悉现代产业、经济金融等领域的干部优化市管班子。制定《加强干部制度性交流实施办法》，畅通党政机关、国有企业、高校、科研院所等单位领导干部的交流渠道，开展任职时间较长市管干部交流专项行动。

大力提升干部现代化建设能力。深入实施干部现代化建设能力提升计划，创办"智荟巴渝"大讲堂，聚焦打造"33618"现代制造业集群体系开展知识集训，定期举办专题讲座，邀请两院院士、权威专家来渝授课。实施服务新重庆建设"百千万"培训行动，开展领导干部"增强新本领、建设新重庆"主题培训，组织领导干部"上讲台、讲政策、讲实战"，推动领导干部"走出去、学先进、促发展"。开展大规模数字能力培训，分级分类组织数字重庆建设市级示范培训、重点专题培训、行业系统培训、常态学习培训，着力提升干部数字思维、数字认知、数字技能。

提振干部队伍精气神。深入实施干部担当作为正向激励计划，优化争先创优、赛马比拼机制，加强差别化评价考核激励，优化党建统领高质量发展政绩考核体系，表彰"重庆市担当作为好干部"，推动公务员分类改革扩面增效。严格干部监督管理，制定完善年轻干部、区县事业单位领导人员管理办法，优化区县法检副职管理体制，开展重点领域政商"旋转门""逃逸式辞职"问题整治，推动规范领导干部配偶、子女及其配偶经商办企业与个人有关事项报告并轨，规范公务员考录、遴选、调任、转任以及辞去公职后的从业行为。推进干部能上能下，对不适宜担任现职干部及时调整，引导推动广大党员干部实干担当、求真务实，始终保持奋进者姿态、激发创造性张力。健全培养选拔优秀年轻干部常态化工作机制，分级分类建立优秀年轻干部储备库并坚持动态调整，保持各层级年轻干部"蓄水池"相对充盈，让更多现代化新重庆建设的生力军行稳致远，争当落实落地习近平总书记重要讲话重要指示精神的实干家、行动派。

引才聚才赋能发展。坚持人才强市首位战略，围绕数智科技、生命健康、新材料、绿色低碳等科创高地和"33618"现代制造业集群体系建设，健全创新链、产业链、资金链、人才链和服务链高效协同体系。以创建国家吸引和集聚人才平台为总抓手，突出"顶尖、全职、海外、年轻"导向，大力引进全球顶尖人才及创新创业团队。加快壮大科技创新主力军，加强人才项目、科研项目、产业项目联动，营造良好的传帮带机制和育才环境，推动人才队伍从数量型向质量型转变。着力完善人才工作格局，强化党管人才职责，深化人才发展体制机制改革，打造"近悦远来"人才生态。

4.推动基层党组织全面进步全面过硬

基层党组织是党执政的组织基础，必须把这个基础夯得实实的，推动基层党组织全面进步、全面过硬，让党的领导和重大决策部署落到实处。重庆坚持大抓基层的鲜明导向，以打造新时代"红岩先锋"变革型组织为总抓手，加快组织运行全方位、系统性重构，持续深化整治形式主义为基层减负，为基层干部干事创业创造良好条件，持续增强党组织政治功能和组织功能。

统筹推进各领域党的建设。学习"千万工程"好经验好做法，深化抓党建促乡村振兴，健全县乡村三级联动争创先进、整顿软弱涣散党组织机制，持续选优育强村"两委"特别是带头人队伍，深化落实驻村帮扶长效机制，努力把每个村党组织都建好建强。做实"三级党建联席会议"和资源、需求、项目"三张清单"，健全落实社区工作者职业体系。健全党建"三级七岗"责任体系，推进机关党建"三基"建设，评选表彰市直模范机关和先进集体。完善党的领导有效融入公司治理制度机制，建立落实"两张清单""四步工作法"，创建"四强四好"党支部，助力企业"止损、瘦身、提质、增效"。深入推进"双创行动""五双工程"，一体推进大中小学校党建工作，推进高校党组织对标争先。切实提高党委领导下的院长负责制运行质量，完善廉政风险防控机制。注重在青年岗位能手、优秀青年知识分子、学科带头人、工作一线发展党员，打造高素质专业化的专兼职党务干部队伍。在新经济组织、新社会组织、新就业群体，深入开展"党建联建·助企强链"专项行动和实施"党建暖'新'·健康发展"工程，确保"两个覆盖"横向到边纵向到底。

深入推进"党建扎桩·治理结网"党建统领基层治理现代化改革。着眼提升超大城市基层治理现代化水平，制定实施意见，推动构建"一中心四板块一网格"基层智治体系，1031个镇街全覆盖建立基层治理指挥中心，设置党的建设、经济发展、民生服务、平安法治"四板块"，按照"越向下越简单"的原则，明确镇街、村（社区）、网格三级职责事项清单。建设镇街一体化治理智治平台，充分发挥网格在为民服务、除险清患等方面的"探头""前哨"作用，相关做法在中央组织部抓党建促乡村振兴推进会上作经验交流。

从严加强党员教育监督管理。坚持严把入口和疏通出口一起抓、线下管理和线上管理一起抓、常态服务和应急动员一起抓，完善符合新时代特点的党员吸纳、素质提升、严管约束、组织动员机制，持续推动队伍净化、结构优化、管理精细化。健全县级联审和"两级审查"制度，严把发展党员入口关。升级打造党员教育"中央厨房"，党员冬训入选全国典型案例。开展流动党员组织关系排查，组织在职党员常态服务基层、服务企业、服务群众。对接数字重庆建设总体架构，加强核心业务梳理，从基层党建重大需求出发谋划多跨场景，开发"红岩先锋智慧党务"重点应用，做好试点探索，从最熟悉领域入手，创新基层党组织管理方式和活动方式，提高基层党建工作质量。

深化整治形式主义为基层减负。持续健全基层减负常态化机制，让基层干部把心思精力集中到落实落细习近平总书记殷殷嘱托上，集中到为群众提供最优服务上。完善基层权责清单管理制度和运行机制，迭代镇街、村社、网格等事项清单、责任清单，着力破解基层"小马拉大车"突出问题。规范督查检查考核，有效治理工作中层层加码、文山会海等问题。充分发挥《今日关注》等舆论监督作用，拓宽群众监督渠道，及时发现形式主义典型案例，严肃通报、严厉问责。全域全面推广"一表通""一键报事"等典型应用，总结提炼更多基层减负最佳实践，坚决纠治"指尖上的形式主义"。

5. 深入推进党风廉政建设和反腐败斗争

习近平总书记指出，"把全面从严治党作为党的长期战略、永恒课题，坚决摒弃权宜之计、一时之举的思想，坚决克服松劲歇脚、疲劳厌战的情绪，坚决防止转变风向、降调变调的错误期待，始终坚持问题导向，保持战略定力，发扬彻底的自我革命精神，永远吹冲锋号，把严的基调、严的措施、严的氛围长期坚持下去，把党的伟大自我革命进行到底"[①]。只有不断提高管党治党水平，推动全市广大党员干部作风优良、清正廉洁，新时代市域党建新高地的成色才能更足、底色才能更亮。重庆认真落实管党治党政治责任，健全全面从严治党体系，加强清廉重庆建设，不断推进以党的自我革命引领社会革命的市域实践。

坚持以严的基调强化正风肃纪。持之以恒加固中央八项规定精神堤坝，健全"四风"突出问题专项治理工作机制、纠治"四风"联动机制，抓住普遍发生反复出现的问题深化整治。坚持纠"四风"树新风并举，扎实开展党纪学习教育，做到深入联系实际，把自己摆进去、职责摆进去、工作摆进去，用党规党纪校正思想和行动，力戒形式主义，推动党员干部涵养浩然正气，自觉抵制歪风邪气。全面加强党的纪律建设，完善常态化纪律教育机制，严格执行党的各项纪律，深化运用监督执纪

[①] 习近平：《论党的自我革命》，党建读物出版社、中国方正出版社、中央文献出版社2023年版，第354页。

"四种形态"，严格落实"三个区分开来"，促进党员干部进一步养成良好的工作生活习惯。

提升一体推进"三不腐"治理效能。完善动态清除、常态惩治工作机制，紧盯工程建设、金融、国企、政法、粮食购销等重点领域，开展行业性、系统性、地域性腐败问题专项整治，坚决遏制增量、削减存量。深化"以案四说"警示教育、推进促改促治，把当下"改"和长久"治"相结合，从机制制度上防范风险、推动整改、促进改革、优化治理。健全完善清廉重庆建设体系，抓好清廉单元试点示范，打造一批清廉建设试点示范标杆，形成一批最佳清廉建设实践案例。加强新时代廉洁文化建设，挖掘用好重庆本地优秀传统文化、红色文化中的廉洁元素，持续开展廉洁文化建设行动，用廉洁文化滋养身心。

完善和落实党的自我革命制度规范体系。健全完善党内法规制度制定和实施机制，动态调整党内法规执行责任清单，常态化开展执规情况监督检查，不断增强用制度管权、管事、管人的刚性。推进政治监督具体化、精准化、常态化，把"一把手"作为开展日常监督、专项督查等的重点，健全党委（党组）领导班子权力运行制约机制，增强对"关键少数"的监督效果。巩固深化政治巡视，完善巡视巡察上下联动格局，深化拓展巡视带巡察、提级交叉巡察、同步巡视巡察。推进基层公权力大数据监督平台建设，健全基层监督网络，推动提升基层治理水平。

（三）以高质量党建引领和保障新重庆建设

新重庆，意味着新使命、新任务，新作为、新贡献，新气象、新状态。我们要以建设新时代市域党建新高地为总目标，着眼加强党的全面领导、全面加强党的建设、深入推进全面从严治党，持续修复净化政治生态，围绕增强政治领导能力、思想引领能力、担当落实能力、服务群众能力、变革塑造能力、风险管控能力、拒腐防变能力，以高质量党建引领和保障新重庆建设。

到 2025 年，全市各领域党的领导全面覆盖、一体贯通，党的建设全面加强、整体跃升，政治生态持续修复净化，党建统领整体智治体系基本建成，新时代"红岩先锋"变革型组织建设取得明显成效，全市各级党组织体系更加完备、流程更加优化、能力更加过硬，形成一批具有重庆辨识度的党建名片，初步建成新时代市域党建新高地。在此基础上，到 2027 年，党建统领整体智治体系更加成熟，党建统领各项机制和治理水平跻身全国先进行列，新时代"红岩先锋"变革型组织建设形成一系列实践成果、理论成果、制度成果，全面建成新时代市域党建新高地。

1.完善政治铸魂体系，不断提高政治判断力、政治领悟力、政治执行力

始终把维护党中央权威和集中统一领导作为最高政治原则，坚定拥护"两个确立"、坚决做到"两个维护"，确保沿着正确的方向推进党的自我革命。

健全坚定拥护"两个确立"、坚决做到"两个维护"的制度机制。始终把党的政治建设作为根本性建设，持续健全政治忠诚淬炼机制，完善领导班子政治力评价体系，实施领导干部政治能力提升行动，加强对政治纪律规矩执行的监督检查，严肃查处违反政治纪律行为，确保全市上下始终自觉在政治立场、政治方向、政治原则、政治道路上同以习近平同志为核心的党中央保持高度一致。

健全学习贯彻习近平新时代中国特色社会主义思想走深走实机制。持续巩固拓展主题教育成果，建立健全以学铸魂、以学增智、以学正

风、以学促干长效机制，实施党的创新理论"走心走深走实"工程，加强党的创新理论宣传研究阐释体系建设，深入总结提炼习近平新时代中国特色社会主义思想在重庆的生动实践，不断推动党的创新理论内化于心、外化于行。

健全"总书记有号令、党中央有部署，重庆见行动"闭环落实机制。健全闭环责任、闭环推进、监督问责机制，用好"政治要件闭环落实"数字应用系统，确保习近平总书记重要指示批示要求和党中央决策部署一贯到底。

健全坚定理想信念加强党性锻炼机制。自觉用习近平新时代中国特色社会主义思想改造主观世界，弘扬伟大建党精神，实施红岩精神传承弘扬工程，大力弘扬党的光荣传统和优良作风，传承弘扬中华优秀传统文化。扎实开展党纪学习教育，引导党员、干部真正把纪律规矩转化为政治自觉、思想自觉、行动自觉，树立和践行正确权力观、政绩观、事业观。

健全政治生态持续修复净化机制。完善用好政治生态评价指标体系，强化政治生态动态分析研判，深化细化"十破十立"要求，着力纠正政绩观扭曲、选人用人导向模糊、纪律规矩执行不力、"一把手"和领导班子监督不严管偏差，着力解决管党责任缺失、政商勾结破坏营商环境等问题，着力解决思想不纯、组织不纯、作风不纯等方面存在的突出问题，持续修复净化政治生态，营造风清气正的良好环境。

2. 加强党的全面领导，切实把党的领导落实到事业发展各领域各方面各环节

着眼提高党把方向、谋大局、定政策、促改革的能力和本领，确保党始终总揽全局、协调各方。

提高政治领导能力。核心要义是坚持以党的政治建设为统领，坚决

维护党中央权威和集中统一领导，推动广大党员干部更加自觉地坚定拥护"两个确立"、坚决做到"两个维护"。

提高思想引领能力。核心要义是坚持用党的创新理论武装头脑、指导实践、推动工作，广泛凝聚共识，引领干部群众的思想行为和实际行动始终沿着习近平总书记指引的正确方向前进。

提高担当落实能力。核心要义是保持干事创业的精气神，主动在推动高质量发展、创造高品质生活、实现高效能治理中攻坚克难、争创一流，创造性推动各项任务落地落实。

提高服务群众能力。核心要义是深入践行以人民为中心的发展思想，突出惠民有感工作导向，千方百计解决群众急难愁盼问题，全面提升人民群众的获得感、幸福感、安全感和认同感。

提高变革塑造能力。核心要义是坚持系统观念，树立系统思维、数字化思维、现代化思维，加快理念、方式、手段等全方位创新，通过全面深化改革充分激发新的动能，塑造更多变革性实践、突破性进展、标志性成果。

提高风险管控能力。核心要义是发扬斗争精神、增强斗争本领，有效防范化解经济、社会、安全生产、自然灾害等各领域风险，更好地统筹发展和安全，维护社会和谐稳定。

提高拒腐防变能力。核心要义是发扬自我革命精神，持之以恒正风肃纪反腐、营造良好政治生态，始终保持党的先进性和纯洁性，始终保持共产党人清正廉洁的政治本色。

3. 全面加强党的建设，加快打造新时代"红岩先锋"变革型组织

聚焦现代化新重庆建设各项任务，深入贯彻新时代党的建设总要求

和新时代党的组织路线，大力推动党建统领目标管理、问题管控效能持续提升，不断增强全市各级党组织变革重塑、整体提升。

健全完善以实干实绩选人用人机制。全面落实新时代好干部标准，迭代完善多维度的领导班子运行评估和群众口碑评价机制，实施优秀年轻干部递进培养计划，把敢干事、能干事、干成事的干部选好用好，引导党员干部树立正确权力观、政绩观、事业观，真抓实干、积极进取、担当作为。

推动党员干部特别是领导干部增强政治能力、提高工作水平。提升干部队伍适应和引领现代化能力，建立健全"一把手"变革能力提升机制，深入实施现代化建设能力提升计划，开展专业干部选配专项行动，每年举办数字经济、现代产业、城建规划、投资金融等专题培训班，推动干部提升专业能力、培养专业精神。

持续增强基层党组织政治功能和组织功能。持续深化整治形式主义为基层减负，突出分类施策，在农村实施"头雁领航·强村富民"工程，在城市实施"党建扎桩·治理结网"工程，在机关实施"模范创建·示范争先"工程，在国企实施"强根铸魂·提效增能"工程，在事业单位实施"双融共进·聚力优服"工程，在新经济组织、新社会组织、新就业群体实施"党建暖'新'·健康发展"工程，同时，强化横向协同，探索产业链带和、功能型临时党组织等新型组织设置方式，构建基层组织建设新形态。

扎实推进基层治理体系优化。推动资源和力量下沉，坚持和发展新时代"枫桥经验"，建立与"一中心四板块一网格"基层智治体系相适应的乡镇（街道）管理体制，整合优化乡镇（街道）党政机构和事业站所，健全"行政村党支部（总支、党委）—网格（村民小组）党小组（党支部）—党员联系户"和"街道—社区—小区（网格）—楼栋"组织体系，构建权责清晰、运行顺畅、充满活力的基层治理工作体系。

深入实施人才强市首位战略。实施全球顶尖人才引进"渝跃行动"和新重庆引才计划，加快打造最优人才生态，统筹推进国家级人才扩容、"青创 500"、博士后倍增、卓越工程师培养集聚等重点专项，大力引进全球顶尖人才及创新创业团队。

4. 深入推进全面从严治党，着力打造清廉建设高地

持续深化整治形式主义为基层减负，为干事创业创造良好条件。习近平总书记在重庆考察时强调，持续深化整治形式主义为基层减负，为基层干部干事创业创造良好条件。持续深化整治形式主义为基层减负，必须标本兼治完善长效机制。要进一步树牢正确政绩观，把为民造福作为最重要的政绩，不慕虚荣、不务虚功、不图虚名，多做打基础、利长远、出实效、创实绩的事；各级党组织要树立重实干、重实绩、重担当的鲜明导向，积极营造有利于干事创业的良好环境。要继续在常和长、严和实、深和细上下功夫，健全基层减负长效机制，督促落实好基层减负各项措施，强化并充分发挥常态化整治工作合力。要扎实推进基层治理体系和治理能力现代化，树立大抓基层的鲜明导向，完善重实干、重实绩、重担当的考核机制，持续推动精准问责、规范问责。

完善党纪学习教育长效机制，增强党员自觉性。建立经常性和集中性相结合的纪律教育机制。习近平总书记在重庆考察时强调，扎实开展党纪学习教育，引导党员干部真正把纪律规矩转化为政治自觉、思想自觉、行动自觉。新征程，完善党纪学习教育长效机制，要坚持以习近平新时代中国特色社会主义思想为指导，教育引导党员干部学纪、知纪、明纪、守纪，并内化为言行准则，增强政治定力、纪律定力、道德定力、抵腐定力，始终做到忠诚干净担当。抓住学习重点，在学习贯彻

《中国共产党纪律处分条例》上下功夫见成效，真正使学习党纪的过程成为增强纪律意识、提高党性修养的过程。注重融入日常、学用结合，必须常抓不懈、久久为功，通过开展好党纪学习教育，不断强化纪律意识，要加强警示教育，让党员干部受警醒、明底线、知敬畏。要坚持两手抓两促进，力戒形式主义，切实防止"两张皮"，推动党纪学习教育取得实实在在的长久成效。

一以贯之反对和惩治腐败，营造风清气正的政治生态。各级领导干部特别是主要负责同志必须切实担负起管党治党政治责任，始终保持"赶考"的清醒，保持对"腐蚀""围猎"的警觉，把严的主基调长期坚持下去，以系统施治、标本兼治的理念正风肃纪反腐，不断增强党自我净化、自我完善、自我革新、自我提高能力，跳出治乱兴衰的历史周期率，引领和保障中国特色社会主义巍巍巨轮行稳致远。一体推进不敢腐、不能腐、不想腐，必须三者同时发力、同向发力、综合发力，把不敢腐的强大震慑效能、不能腐的刚性制度约束、不想腐的思想教育优势融于一体，用"全周期管理"方式，推动各项措施在政策取向上相互配合、在实施过程中相互促进、在工作成效上相得益彰。完善和落实政治生态分析研判机制，完善清单管理、闭环落实的推进机制和量化评价机制，迭代升级破立并举长效机制。认真落实持续修复净化政治生态的各项举措，积极营造干事创业、唯实争先、团结和谐、风清气正的良好政治生态。建立健全"法德结合"工作机制，发展积极健康的党内政治文化。

一个时代有一个时代的主题，一代人有一代人的担当。面对新时代新征程沉甸甸的历史使命，重庆必须胸怀"两个大局"、心怀"国之大者"，自觉从全局谋划一域、以一域服务全局，充分发挥比较优势、后发优势，以时不我待的责任感、舍我其谁的使命感、只争朝夕的紧迫感迅速行动、狠抓落实，确保习近平总书记殷殷嘱托在重庆大地落地生根、开花结果，以纵深推进现代化新重庆建设的新气象新业绩向习近平总书记和党中央交上高分答卷。万里长江浩浩荡荡，山城儿女始终牢记习近平总书记殷殷嘱托，正沿着习近平总书记擘画的蓝图，豪情满怀、与时俱进、团结拼搏、唯实争先，奋力谱写中国式现代化重庆篇章，为强国建设、民族复兴伟业作出新的更大贡献。

后　记

本书由人民出版社策划，旨在全面客观准确反映党的二十大以来，重庆干部群众深入学习贯彻习近平新时代中国特色社会主义思想，对标对表贯彻落实党的二十大和二十届二中、三中全会精神，全面落实习近平总书记视察重庆重要讲话重要指示精神，立足中国式现代化宏大场景，谋划推动现代化新重庆建设，奋力书写中国式现代化重庆篇章的生动实践。

本书编写工作全面启动于 2024 年，由中共重庆市委宣传部组织，重庆社会科学院实施。中共重庆市委常委、宣传部部长姜辉牵头统筹，中共重庆市委宣传部副部长（主持日常工作）管洪、副部长陈劲组织协调，重庆社会科学院党组书记、院长刘嗣方负责编写工作。

中共重庆市委宣传部参加编写工作的人员有：程晓宇、徐久清、姜晓飞、王刚、蔡霄、万小红、杨龙车等；重庆社会科学院参加编写工作的人员有：彭劲松、吴大兵、杨果、彭国川、黄意武、朱旭森、曹银涛、邓靖、张莉、罗重谱、李钰、张伟进、张永恒、唐于渝、周迪、谢攀、万凌霄。重庆市相关部门和单位也参与了有关章节的编写工作。

对以上参与本书编写的人员及部门单位一并致谢。

策划编辑：张双子

责任编辑：张双子

装帧设计：石笑梦

责任校对：东　昌

图书在版编目（CIP）数据

奋力谱写中国式现代化重庆篇章 / 中共重庆市委
宣传部，重庆社会科学院编著 . -- 北京 ：人民出版社，
2025. 4. -- ISBN 978 - 7 - 01 - 027110 - 1

Ⅰ. D677.19 - 53

中国国家版本馆 CIP 数据核字第 2025GS5865 号

奋力谱写中国式现代化重庆篇章
FENLI PUXIE ZHONGGUOSHI XIANDAIHUA CHONGQING PIANZHANG

中共重庆市委宣传部　重庆社会科学院　编著

人民出版社 出版发行
（100706　北京市东城区隆福寺街 99 号）

中煤（北京）印务有限公司印刷　新华书店经销

2025 年 4 月第 1 版　2025 年 4 月北京第 1 次印刷
开本：710 毫米 ×1000 毫米 1/16　印张：19.25
字数：236 千字

ISBN 978 - 7 - 01 - 027110 - 1　定价：79.00 元

邮购地址 100706　北京市东城区隆福寺街 99 号
人民东方图书销售中心　电话（010）65250042　65289539